# 魯迅與周作人

張耀杰 著

# 目錄

# 周氏兄弟的政學傳奇

「周氏兄弟」即魯迅和周作人。在正式出版物中，最早把兄弟二人並稱的，是《新青年》4卷3號的輪值編輯劉半農，他在〈除夕〉詩中寫道：「主人周氏兄弟，與我談天；欲招『繆撒』，欲造『浦鞭』，説今年已盡，這等事，待來年。」

周氏兄弟憑藉文學成就直接影響甚至主導了幾代中國人的精神生活和路徑選擇，迄今為止，無論是魯迅金剛怒目的絕望吶喊，還是周作人顛倒反覆的娓娓而談，都沒有喪失其政學兩界的話語魅力。周氏兄弟之間即使反目決裂也依然藕斷絲連、息息相通的絕情恩怨，所觸動的更是充滿血親家族觀念的中國人，最為深邃也最為敏感的心弦。

## 一、周氏兄弟的政學傳奇

1935年2月24日，魯迅在致楊霽雲信中寫道：「中山革命一世，雖只往來於外國或中國之通商口岸，足不履危地，但究竟是革命

一世，至死無大變化，在中國總算是好人。假使活在此刻，大約必如來函所言，其實在那時，就已經給陳炯明的大炮擊過了。」[註1]

「足不履危地」，是魯迅對於孫中山最為真切的蓋棺定論。然而，要評價孫中山的歷史貢獻和歷史地位，應該依據的是他作為同盟會創始人和國民黨最高領袖的歷史事實和歷史地位，而不是「在中國總算是好人」之類既不可以量化又難以操作的道德判斷。要評價魯迅的歷史貢獻和歷史地位，也同樣不能採用「在中國總算是好人」之類的道德判斷，而應該依據他作為現代短篇小說和現代雜文開拓者的文學成就。

換言之，魯迅和周作人兄弟並不是像孫中山、黃興、陳炯明、陶成章那樣奔走於革命鬥爭的行動者，而是以文章安身立命進而干預社會的言論者。關於這一點，晚年胡適在標題為〈中國文藝復興運動〉的演講稿中評價說：「我們那時代一個《新青年》的同事，他姓周，叫做周豫才，他的筆名叫魯迅，他在我們那時候，他在《新青年》時代是個健將，是個大將。我們這班人不大十分作創作文學，只有魯迅喜歡弄創作的東西，他寫了許多《隨感錄》、《雜感錄》，不過最重要他是寫了許多短篇小說。他們弟兄是章太炎先生的國學的弟子，學的是古文。所以他們那個時候（在他們復古的時期，受了章太炎先生的影響最大的時期），用古文，用最好的古文翻譯了兩本短篇小說，《域外小說集》。《域外小說集》翻得實在比林琴南的小說集翻得好，是古文翻小說中最了不得的好，是地道的古文小說。……等到後來我們出來提倡新文藝時，他們也參加了這個運動，他們弟兄的作品，在社會上成為一個力量。但是，魯迅先生不到晚年——魯迅先生的毛病喜歡

人家捧他，我們這般《新青年》沒有了，不行了；他要去趕熱鬧，慢慢走上變質的路子。」[註2]

早在日本留學期間，周氏兄弟就寫作了大量文章。然而，他們苦苦掙扎卻沒有闖出一條人生出路和精神出路，反而換來徹底的失敗和徹底的絕望。直到1918年1月，由陳獨秀、胡適、錢玄同、劉半農四大「台柱」主持「復活」的《新青年》，才給周氏兄弟的文壇崛起提供了一個平台，初步成就了兄弟二人政學兩界的話語傳奇。隨著《新青年》同人團隊的解體，周氏兄弟曲折前行，各自選擇了自己的精神路徑進而貢獻出了自己的話語成就。

到了1937年8月30日，郭沫若在《逸經‧宇宙風‧西風非常時期聯合旬刊》第1期發表〈國難聲中懷知堂〉，拿「苦住在敵人重圍」中的周作人（知堂）大做愛國文章：「近年來能夠在文化界樹風格，撐得起來，對於國際友人可以分庭抗禮，替我們民族爭得幾分人格的人，並沒有好幾個。而我們的知堂是這沒有幾個中的特出一頭地者，雖然年青一代的人不見得盡能瞭解。……我們如損失了一個知堂，那損失是不可計量的。『如可贖兮，人百其身』，知堂如真的可以飛到南邊來，比如就像我這樣的人，為了掉換他，就死上幾千百個，都是不算一回事的。」

郭沫若的詩人式的誇張抒情雖然不可以十分當真，周作人在魯迅去世之後所擁有的不可替代的政學地位，卻是不容置疑的。只可惜與魯迅反目決裂的周作人，在消極退隱的精神路徑上越走越遠，以至於退隱到「自己的園地」之中不思進取。在無處歸隱的情況下，與日本侵略當局的政治合作成了他逃避自由和明哲保身的唯一抉擇。周作人

已經成就的光彩奪目的政學傳奇，也因此被消解在極端政治化的話語批判之中。

## 二、八道灣的王府氣派

1906年暑期，遠在日本留學的魯迅奉母親魯瑞之命回到紹興，與大自己三歲的朱安女士舉行婚禮。這是一椿一再推遲的婚姻，魯迅26歲，朱安29歲，早已超過了結婚成家的正常年齡。

對於由母親魯瑞一手包辦的這椿婚事，魯迅從內心深處是不予承認的。1910年11月15日，正在紹興府中學堂任植物教員兼學監的魯迅，在致老同學許壽裳的私人書信中表白說：「中國今日冀以學術幹世，難也。……學生於僕，尚無間言；顧身為屠伯，為受斥者設身處地思之，不能無惻然。頗擬決去府校，而尚無可之之地也。起孟在日本，厥狀猶前，……僕荒落殆盡，手不觸書，惟搜采植物，不殊曩日，又翻類書，薈集古逸書數種，此非求學，以代醇酒婦人者也。」

身邊有一個活生生的妻子，魯迅卻偏要到故紙堆中尋求「醇酒婦人」的替代品，他與朱安的夫妻生活可想而知。

1925年4月11日，魯迅向學生輩的趙其文傾訴說：「感激，那不待言，無論從那一方面說起來，大概總算是美德罷。但我總覺得這是束縛人的。譬如，我有時很想冒險，破壞，幾乎是忍不住，而我有一個母親，還有些愛我，願我平安，我因為感激她的愛，只能不照自己所願意做的做，而在北京尋一點糊口的小生計，度灰色的生涯。因為感激別人，就不能不慰安別人，也往往犧牲了自己，——至少是一部分。」

正是在這封私人書信裏，魯迅提出了「反抗絕望」的著名話題：「〈過客〉的意思不過如來信所説的那樣，即是雖然明知前路是墳而偏要走，就是反抗絕望，因為我以為絕望而反抗者難，比因希望而戰鬥者更勇猛，更悲壯。但這種反抗，每容易蹉跌在『愛』——感激也在內——裏，所以那過客得了小女孩的一片破布的佈施也幾乎不能前進了。」註3

1926年11月28日，魯迅在寫給許廣平的情書中表白説：「我一生的失計，即在歷來並不為自己生活打算，一切聽人安排，因為那時預計是生活不久的。後來預計並不確中，仍須生活下去，於是遂弊病白出，十分無聊。後來思想改變了，而仍是多所顧忌，這些顧忌，大部分自然是為生活，幾分也為地位，所謂地位者，就是指我歷來的一點小小工作而言，怕因我的行為的劇變而失去力量。但這些瞻前顧後，其實也是很可笑的，這樣下去，更將不能動彈。」註4

1922年5月23日，周氏兄弟與俄國盲詩人愛羅先訶等人在北京世界語學會合影。

由於自己深受包辦婚姻的毒害，魯迅對於周作人與日本女子羽太信子的跨國婚姻，是非常支持的。只是這種支持一旦超過合情合理的人倫邊界，就會形成新一輪的強制「包辦」。

　　1911年3月7日，魯迅在致許壽裳信中談到準備讓周作人（起孟）中止學業回國謀生：「起孟來書，謂尚欲略習法文，僕擬即速之返，緣法文不能變米肉也，使二年前而作此語，當自擊，然今茲思想轉變實已如是，頗自閔歎也。」

　　同年5月，魯迅親赴日本，把已經成婚的周作人與羽太信子帶回國內。到了同年7月31日，魯迅在致許壽裳信中介紹說：「兩月前乘間東行，居半月而返，不訪一友，亦不一遊覽，僅一看丸善所陳書，咸非故有，所欲得者極多，遂索性不購一書。閉居越中，與新顥氣久不相接，未二載遽成村人，不足自悲悼耶。……中學事難財絀，子英方力辭，僕亦決擬不就，而家食既難，它處又無可設法，京華人才多於鯽魚，自不可入，僕頗欲在它處得一地位，雖遠無害，有機會時，尚希代為圖之。」

　　由於找不到合適工作，魯迅依然留在紹興府中學堂任職，留學歸來的周作人乾脆呆在家裏，與魯迅一起抄錄《古小說鈎沈》、《會稽郡故書雜集》之類的舊書。是辛亥革命的爆發，給周氏兄弟帶來了人生轉機。昔日的革命黨朋友王金發，於第一時間委任魯迅為浙江山會初級師範學堂監督。革命元老蔡元培，又在許壽裳等人的推薦下，聘請魯迅到教育部任職。周作人在老同學朱希祖的推薦下，也一度到浙江省軍政府的教育司任職。

1912年5月5日，魯迅隨教育部來到北京，任社會教育司第二科科員。在每月只有六十元津貼的情況下，他於同年7月10日開始給弟媳羽太信子遠在日本的娘家寄錢：「午前赴東交民巷日本郵局寄東京羽太家信並日銀十圓。」[註5]

這種以兄長身份替代自己的弟弟行使贍養岳父母及其家人的義務，儘管體現了魯迅對於周作人及遠在日本的羽太一家人的特殊關愛，同時也有一點越俎代庖的「包辦」味道。如此越俎代庖的「包辦」，竟然一直維持到周作人於1917年到北京大學任職之後。與此同時，魯迅對於自己的妻子朱安及其家人，卻從來沒有表現出同等的關愛。

1919年12月，紹興新台門的房屋被出賣，魯迅攜家移居北京，遷入西直門內的八道灣11號。這裏以前曾經是小王府，共有三進院落，周作人夫婦和周建人夫婦的兩個小家住在裏面的第三進，魯迅與母親魯瑞和妻子朱安住第二進；外院另有兩間門房和三間南屋，主要供男女僕人和投宿客人居住。

自從住進王府大院之後，由兄弟三人的小家庭組合而成的大家庭，表現出的是遠比紹興周家闊綽大方的王家氣派。據周建人在《魯迅與周作人》中回憶：「在紹興，是由我母親當家，到北京後，就由周作人之妻當家。日本婦女素有溫順節儉的美稱，卻不料周作人碰到的卻真是個例外。她並非出身富家，可是氣派極闊，架子很大，揮金如土。家中有管家齊坤，還有王鶴招和燒飯司務、東洋車夫、打雜採購的男僕數人，還有李媽、小李媽等收拾房間、洗衣、看孩子等女僕二三人，即使祖父在前清做京官，也沒有這樣眾多的男女傭工。……

魯迅不僅把自己每月的全部收入交出，還把多年的積蓄賠了進去，有時還到處借貸，自己甚至弄得夜裏寫文章時沒有錢買香煙和點心。魯迅曾感歎地對我說，他從外面步行回家，只見汽車從八道灣出來或過去，急馳而過，濺起他一身泥漿，或撲上滿面塵土，他只得在內心感歎一聲，因為他知道，這是孩子有病，哪怕是小病，請的外國醫生，這一下又至少是十多塊錢花掉了。」

此文發表在《新文學史料》1983年第4期。比起這種是非分明的事後追憶，魯迅和周作人在日記中另有更加真實的原始記錄：1919年前後的八道灣是肯定沒有什麼「東洋車夫」的，「眾多的男女傭工」也不是初來乍到且不通漢語的日本女性羽太信子出面雇用的。請外國醫生看病，更是痛恨中醫的魯迅的一貫做法，連幾乎沒有收入的周建人的兒子「豐二」即「土步」，也一直由魯迅和周作人出錢到山本醫院去看病。《魯迅日記》中的金錢出入一直都是一絲不苟的，其中從來沒有留下過把「全部收入」交給弟媳掌管的記載。魯迅與周作人決裂之後，無論是在北京西三條胡同的家中還是在上海的家中，都雇用有兩名以上的僕人。

## 三、周氏兄弟的絕情恩怨

1923年7月14日，魯迅在日記中留下了家庭裂變的資訊：「是夜改在自室吃飯，自具一肴，此可記也。」

7月17日晚上，周作人為日本著名作家、新村運動發起人武者小路實篤的短篇小說〈某夫婦〉寫作譯後附記時，也透露出相關資訊：

約翰福音裏說，文人和法利賽人帶了一個犯奸的婦人來問耶穌，應否把她按照律法用石頭打死。耶穌答說：「你們中間誰是沒有罪的，誰就可以先拿石頭打她。」這篇的精神很與他相近，唯不專說理而以人情為主，所以這邊的人物只是平常的，多有缺點而很可同情、可愛的人，彷彿是把斯特林堡的痛苦和陀斯妥也夫斯基的深厚的感情合併在一起的樣子。像莎士比亞的阿賽羅那樣猛烈的妒忌，固然也是我們所能瞭解的，但是這篇裏所寫的凡人的妒忌，在我們平凡人或者覺得更有意義了。註6

〈某夫婦〉描寫的是一個當大學教師的丈夫，在年輕美貌的妻子受到在他的家裏自由出入的學生們的歡迎時，所表現出的「凡人的妒忌」。與譯後附記中的內容相銜接，周作人在7月18日晚上寫下絕交信：「魯迅先生：我昨天才知道，——但過去的事不必再說了。我不是基督教，卻幸而尚能擔受得起，也不想責難，——大家都是可憐的人間，我以前的薔薇的夢原來都是虛幻，現在所見的或者才是真的人生。我想訂正我的思想，重新入新生活。以後請你不要再到後邊院子裏來，沒有別的話。祝你安心，自重。7月18日，作人。」

第二天上午，周作人親手把絕交信交到魯迅手中。1923年8月2日，魯迅離開由自己購置改建的八道灣小王府，「攜婦遷居磚塔胡同六十一號」。兄弟二人的決裂反目，無論是對於魯迅還是對於周作人，所造成的精神創傷都是致命性的。

從1923年10月1日至11月18日，魯迅大病一場。直到1936年病危之際，他在寫給母親魯瑞的家信中依然耿耿於懷：「男所生的病，報上雖說是神經衰弱，其實不是，而是肺病，且已經生了二三十年，被八道灣趕出後的一回，和章士釗鬧後的一回，躺倒過的，就都是這病。」

1924年5月25日，魯迅攜妻子朱安移居西三條胡同新居。

同年6月11日，魯迅在日記中隱晦地提到兄弟二人反目決裂以至於大打出手的真實原因：「下午往八道灣取書及什器，比進西廂，啟孟及其妻突出罵詈毆打，又以電話招重久及張鳳舉、徐耀辰來，其妻向之述我罪狀，多穢語，凡捏造未圓處，則啟孟救正之，然終取書、器出。」

1924年9月，魯迅輯成《俟堂文雜集》，署名為「宴之敖」，意思是被家裏的日本女人驅逐的人。

1925年1月24日，魯迅寫作〈風箏〉，其中反思了對於「我的小兄弟」

魯迅在八道灣的寓所。

的「精神的虐殺」：「我也知道還有一個補過的方法的：去討他的寬恕，等他說，『我可是毫不怪你呵。』那麼，我的心一定就輕鬆了，這確是一個可行的方法。」

同年3月16日，魯迅寫作的〈犧牲謨〉發表，對於專要別人犧牲的「利己主義者」予以嘲諷。6月29日，魯迅寫作〈頹敗線的顫動〉，表現一個通過出賣肉體養育女兒的老妓女，被女兒一家逐出家門的屈辱悲憤。11月3日，魯迅以周作人1917年在北京患病的經歷為素材，寫作短篇小說〈兄弟〉，揭示了所謂「兄弟怡怡」的不可靠。1927年4月3日，魯迅在〈鑄劍〉中用「宴之敖」命名小說中替別人復仇的黑衣人。

## 四、周作人的不懈攻擊

1923年7月25日，周作人在《自己的園地‧自序》裏再一次重覆了絕交信中的話語：「我平常喜歡尋求友人談話，現在也就尋求想像的友人，請他們聽我無聊賴的閒談。我已明知我過去的薔薇色的夢都是虛幻，但是我還在尋求——這是生人的弱點——想像的友人，能夠理解庸人之心的讀者。」

到了1924年6月，也就是兄弟二人大打出手之後，周作人寫作〈破腳骨〉。據當時寄住在八道灣的紹興同鄉章廷謙（川島）介紹，這篇文章是在暗示魯迅是個「無賴子」：「破腳骨官話曰無賴曰光棍，古語曰潑皮曰破落戶，上海曰流氓，南京曰流屍曰青皮，日本曰歌羅支其，英國曰羅格……；《英漢字典》中確將『流氓』這字釋作劫掠者，盜賊等等也。」[註7]

在1925年的女師大風潮中，同為《語絲》周刊精神領袖的魯迅和周作人，雖然沒有恢復兄弟情感，卻有過站在以國民黨元老李石曾為首的「法日派」一邊並肩戰鬥並且配合默契的政學傳奇。由昔日的《新青年》同人胡適、陶孟和、高一涵以及陸續從歐美各國歸來的北京大學教授王世杰、陳源、徐志摩、周鯁生、李四光、高仁山、陳翰笙等人形成的「英美派」，成為周氏兄弟及其追隨者竭力攻擊的目標對象。然而，隨著魯迅與許廣平雙雙南下以及魯迅的一再左轉，周作人對於同胞兄長所表現出的卻偏偏就是持之以恆、堅持不懈的惡毒攻擊，與魯迅婚外同居的許廣平，更被他貶稱為「妾」和「姨太太」。

1930年3月，周作人在〈中年〉中寫道：「本來人生是一貫的，其中卻分幾個段落，如童年，少年，中年，老年，各有意義，都不容空過。譬如少年時代是浪漫的，中年是理智的時代，到了老年差不多可以說是待死堂的生活罷。然而中國凡事是顛倒錯亂的，往往少年老成，擺出道學家超人志士的模樣，中年以來重新來秋行春令，大講其戀愛等等，這樣地跟著青年跑，或者可以免於落伍之譏，實在猶如將畫作夜，『拽直照原』，只落得不見日光而見月亮，未始沒有好些危險。……譬如普通男女私情我們可以不管，但如見一個社會棟樑高談女權或社會改革，卻照例納妾等等，那有如無產首領浸在高貴的溫泉裏命令大眾衝鋒，未免可笑，覺得這動物未免有點變質了。我想文明社會上道德的管束應該很寬，但應該要求誠實，言行不一致是一種大欺詐，大家應該留心不要上當。」[註8]

1933年3月4日，周作人又在致江紹原信中寫道：「觀蔡公近數年『言行』，深感到所謂晚節之不易保守，即如『魯』公之高升為普羅首領，近又聞將刊行情書集，則幾乎喪失理性矣。」

　　這裏的「蔡公」，指的是中國民權保障同盟副主席蔡元培。「普羅」即無產階級，是英語「proletarite」的音譯。所謂「高升為普羅首領」，指的是魯迅充當了中國左翼作家聯盟的盟主。「情書集」就是即將由李小峰的北新書局以上海青光書局的名義出版發行的《兩地書》。在周作人看來，魯迅出版《兩地書》是「幾乎喪失理性」的一種表現。

　　與此同時，48歲的周作人自己，卻偏偏像魯迅一樣以青光書局的名義編輯出版了《周作人書信》，並且在1933年4月17日寫給李小峰的「序信」中再一次攻擊魯迅道：「沒有辦法，這原不是情書，不會有什麼好看的。這又不是宣言書，別無什麼新鮮話可講。反正只是幾封給朋友的信，現在不過附在這集裏再給未知的朋友們看看罷了。……兼好法師常説人們活過了四十歲，便將忘記自己的老醜，想在人群中胡混，私欲益深，人情物理都不復瞭解。行年五十，不免為兼好所訶，只是深願尚不忘記老醜，並不以老醜賣錢耳。」

　　1935年7月，周作人在〈談文〉中表示説：「少年老成的人是把老年提先了，少年未必就此取消，大抵到後來再補出來，發生冬行春令的景象。我們常見智識階級的權威平日超人似地發表高尚的教訓，或是提倡新的或是擁護舊的道德，聽了著實叫人敬服，可是不久就有些浪漫的事實出現，證明言行不一致，於是信譽掃地，一塌糊塗，我們見了破口大罵，本可不必，而且也頗冤枉，這實是違反人性的教育習慣之罪，這些都只是犧牲耳。」

　　同年8月，他又在〈責任〉中寫道：「中國不患思想界之缺權威，而患權威之行不顧言，高臥溫泉旅館者指揮農工與陪姨太太者引導青年，同一可笑也。」

居住在北京西三條的魯瑞。

　　1936年3月28日，周作人在〈蒿庵閒話〉中寫道：「我對於文人向來用兩種看法，純粹的藝術家，立身謹重而文章放蕩固然很好，若是立身也有點放蕩，亦以為無甚妨礙，至於以教訓為事的權威們我覺得必須先檢查其言行，假如這裏有了問題，那麼其紙糊冠也就戴不成了。」

　　1936年10月18日，周作人在〈家之上下四旁〉中寫道：「父母少壯時能夠自己照顧，而且他們那時還要照顧子女呢，所以不成什麼問題。成問題的是在老年，這不但是衣食等等，重要的還是老年的孤獨。兒子闊了有名了，往往在書桌上留下一部《百孝圖説》，給老人家消遣，自己率領寵妾到洋場官場裏為國民謀幸福去了。……聞昔有龔橙自號半倫，以其只有一妾也，中國家庭之情形何如固然一言難盡，但其不為龔君所笑者幾希矣。家之上下四旁如只有半倫，欲求朋友於父子之間又豈可得乎。」

　　上述話語中的「高臥溫泉旅館者指揮農工」、「智識階級的權威」、「思

想界的權威」、「紙糊冠」等等，都是魯迅與年輕一代的成仿吾、高長虹等人進行論戰時留下的著名典故。「龔橙自號半倫」的典故，又因劉半農《新青年》時代署名「半農」而一度成為周氏兄弟與「某籍某系」的錢玄同、沈尹默等人的趣談。稍知文壇故事的人，都明白周作人影射攻擊的是他自己的大哥魯迅。

最為不堪的是，在魯迅去世之後，周作人的此類攻擊依然持續不斷。1944年10月，周作人在〈記杜逢辰君的事〉中寫道：「一個人過了中年，人生苦甜大略受過，這以後如不是老成轉為少年，重覆想納妾再做人家，他的生活大概漸趨於為人的，……」同年12月，他在〈十堂筆談〉中寫道：「但是，說老當益壯，已經到了相當的年紀，卻從新納妾成家，固然是不成話，就是跟著青年跑，說時髦話，也可以不必。」

直到1963年1月20日，周作人還在日記中加寫了一段跋語：「余與信子結婚五十餘年，素無反目情事。晚年臥病，心情不佳，以余兄弟皆多妻，遂多猜疑，以為甲戌東遊時有外遇，冷嘲熱罵幾如狂易。日記中所記，即指此也。即今思之，皆成過去，特加說明，並志感慨云爾。」由此可以見出他對於魯迅與許廣平婚外同居的切齒之恨。

在對魯迅的婚外情愛展開不懈攻擊的同時，周作對於魯迅一再左轉的政治選擇，以及隨之而來的文壇鬥爭，也一直採取含沙射影的攻擊態度。1931年12月13日，周作人在〈志摩紀念〉中借題發揮道：

　　這個年頭兒，別的什麼都有，只是誠實卻早已找不到，便是爪窪國裏恐怕也不會有了罷，……我們平常看書看雜誌報

章，第一感到不舒服的是那偉大的說謊，上自國家大事，下至社會瑣聞，不是恬然地顛倒黑白，便是無誠意地弄筆頭，其實大家也各自知道是怎麼一回事，自己未必相信，也未必望別人相信，只覺得非這樣地說不可，知識階級的人挑著一副擔子，前面是一筐子馬克思，後面一口袋尼采，也是屢見不鮮的事，……假如是文以載道派的藝術家，以教訓指導我們大眾自任，以先知哲人自任的，我們在同樣謙恭地接受他的藝術以前，先要切實地檢察他的生活，若是言行不符，那便是假先知，須得謹防上他的當。現今中國的先知有幾個禁得起這種檢查的呢，這我可不得而知了。

1935年4月，周作人在〈「蛙」的教訓〉中寫道：「有些本來能夠寫寫小說戲曲的，當初不要名利所以可以自由說話，後來把握了一種主義，文藝的理論與政策弄得頭頭是道了，創作便永遠再也寫不出來，這是常見的事實，也是一個很可怕的教訓。日本的自然主義信徒也可算是前車之鑑，雖然比中國成績總要好點。把靈魂賣給魔鬼的，據說成了沒有影子的人，把靈魂獻給上帝的，反正也相差無幾。不相信靈魂的人庶幾站得住了，因為沒有可賣的，可以站在外邊，雖然罵終是難免。」

1936年7月31日，周作人在〈老人的胡鬧〉中寫道：「往往名位既尊，患得患失，遇有新興占勢力的意見，不問新舊左右，輒靡然從之，此正病在私欲深，世味濃，貪戀前途之故也。雖曰不自愛惜羽毛，也原是個人的自由，但他既然戴了老醜的鬼臉蹀出戲台來，則自

亦難禁有人看了欲嘔耳。這裏可注意的是，老人的胡鬧並不一定是在
守舊，實在卻是在維新。蓋老不安分，重在投機趨時，不管所擁戴的
是新舊左右，若只因其新興有勢力而擁戴之，則等是趨時，一樣的可
笑。……即我國的老人們亦宜以此為鑑，隨時自加檢點者也。」

　　1936年11月30日，周作人在〈論罵人的文章〉中，針對逝世不久
的魯迅以及整個左翼文壇，另有更加惡毒的攻擊：

> 於是官罵事業照舊經營下去，不過如智士所云已「易主」
> 耳。鄙人記性不佳，文獻匱乏，愧未能詳徵博引，考其源
> 流，但就所知說來，這個運動大約是始於成仿吾的詩壇之防
> 禦戰，……隨後又聽見「剿」的口號，「剿」的對面自然還
> 有「撫」，雖然這個名稱沒有顯明的聽說過。這樣，官罵便
> 以一種新的姿態第二次出現於舞台上了。……也有硬朗一點
> 的，始終力戰不屈，罵不絕口，……相持不下，終究有個了
> 局，如何了法其機密不能詳知，大抵看《水滸傳》可以知道
> 一點，如及時雨之率眾推戴玉麒麟，歸根結蒂仍是一種撫
> 法，又是一種降法，不過是極高妙的一種罷了。

　　1944年12月，周作人在〈文壇之外〉中還有意思基本相同的一段
話：「我有一種意見想起來與時代很有點不相容，這便是我的二不主
義，即是一不想做嘍囉，二不想做頭目。……因為文壇上很是奇怪，
他有時不肯讓你不怎麼樣，譬如不許可不做嘍囉，這還是可以瞭解
的，但是還有時候並不許可不做頭目。……剿如不成則改用撫，撫如

不行則改用請。單只不過不肯做嘍囉的人這樣也就沒有話了，被人請去做個小頭目也還沒啥，這一場爭鬥成了和棋，可以就此了結。假如頭目也不願意做，那麼不能這樣就算，招撫不成之後又繼以攻剿，周而復始，大有四日兩頭髮瘧子之概矣。」

## 五、藕斷絲連的深層關愛

　　在幾乎所有的文壇鬥爭中，魯迅一直是主動進取並且戰無不勝的優勝者，只有在與同胞兄弟周作人互不點名的話語較量中，他才委曲求全地採取了保守退讓的態勢。

　　隨著林語堂主編的《論語》和《人間世》的相繼創刊，周作人式的「以自我為中心，以閒適為筆調」的「性靈小品」，一時間成為南北文壇的主旋律。強調文藝作品的戰鬥性的左翼文人，是無論如何容不得這種「性靈小品」的。於是，魯迅在1933年8月27日奮筆寫作〈小品文的危機〉，把批判的矛頭直指周作人、林語堂等人：

　　　「小擺設」當然不會有大發展。到五四運動的時候，才又來了一個展開，散文小品的成功，幾乎在小說戲曲和詩歌之上。這之中，自然含著掙扎和戰鬥，但因為常常取法於英國的隨筆（Essay），所以也帶一點幽默和雍容；寫法也有漂亮和縝密的，這是為了對於舊文學的示威，在表示舊文學之自以為特長者，白話文學也並非做不到。以後的路，本來明明是更分明的掙扎和戰鬥，因為這原是萌芽於「文學革命」以至「思想革命」的。但現在的趨勢，卻在特別提倡那和舊

文章相合之點，雍容，漂亮，縝密，就是要它成為「小擺設」，供雅人的摩挲，並且想青年摩挲了這「小擺設」，由粗暴而變為風雅了。……小品文就這樣的走到了危機。但我所謂危機，也如醫學上的所謂「極期」（krisis）一般，是生死的分歧，能一直得到死亡，也能由此至於恢復。麻醉性的作品，是將與麻醉者和被麻醉者同歸於盡的。生存的小品文，必須是匕首，是投槍，能和讀者一同殺出一條生存的血路的東西；但自然，它也能給人愉快和休息，然而這並不是「小擺設」，更不是撫慰和麻痺，它給人的愉快和休息是休養，是勞作和戰鬥之前的準備。

一年之後的1935年4月14日，魯迅又在〈「京派」與「海派」〉中，更加明確地批判周作人說：「一，是選印明人小品的大權，分給海派來了；以前上海固然也有選印明人小品的人，但也可以說是冒牌的，這回卻有了真正老京派的題簽，所以的確是正統的衣缽。二，是有些新出的刊物，真正老京派打頭，真正小海派煞尾了；以前固然也有京派開路的期刊，但那是半京半海派所主持的東西，和純粹海派自說是自掏腰包來辦的出產品頗有區別的。要而言之：今兒和前兒已不一樣，京海兩派中的一路，做成一碗了。」

所謂「老京派的題簽」，指的是遠在北平的周作人為施蟄存編選的《晚明二十家小品》題寫的書簽。在魯迅出版於1934年12月的《准風月談》中，共有八篇文章涉及到施蟄存勸告青年人讀《莊子》與《文選》的問題，而且最初發表時大都使用的是外人不知道的化名。

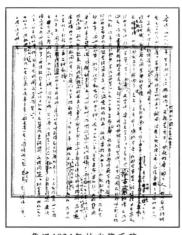

魯迅1934年的自傳手稿。

在寫作於1935年3月18日的《現代作家筆名錄序》中，周作人針鋒相對地反擊道：「言論不大自由，有些人的名字用不出去，只好時常換，有如亡命客的化裝逃難。也有所謂東瓜咬不著咬瓠子的，政治方面不敢說卻來找文學方面的同行出氣，這情形亦可憐憫，但其行徑則有如暴客的化裝嚇人也。出版物愈多，這種筆名也就加多，而讀者讀得糊裡糊塗，有時須去弄清楚了作者的本性，才能夠瞭解他的意義。」

1935年4月，周作人又在〈關於命運〉中寫道：「代聖賢立言，就題作文，各肖口吻，正如優孟衣冠，是八股時文的特色，現今有多少人不是這樣的？功令以時文取士，豈非即文藝政策之一面，而又一面即是文章報國乎？讀經是中國固有的老嗜好，卻也並不與新人不相容，不讀這一經也該讀別一經的。近來聽說有單罵人讀莊子文選的，這必有甚深奧義，假如不是對人非對事。」

　　魯迅在展開不點名的公開批評的同時，私下裏卻針對周作人給出了更加公正的評價。1934年4月5日，由林語堂主編的《人間世》半月刊在創刊號中發表了周作人的〈五秩自壽詩〉，隨後又接連推出了沈尹默、劉半農、林語堂、蔡元培、沈兼士、錢玄同等人的和詩。此舉引起左翼文化人的極端不滿，一時間釀成一場文化圍剿。作為左翼盟主的魯迅，卻在4月30日致曹聚仁信中表達了自己的保留態度：「周作人自壽詩，誠有諷世之意，然此種微辭，已為今之青年所不憭，群公相和，則多近於肉麻，於是火上添油，遂成眾矢之的，而不作此等攻擊文字，此外近日亦無可言。此亦『古已有之』，文人美女，必負亡國之責，近似亦有人覺國之將亡，已在卸責於清流或輿論矣。」

　　同年5月6日，魯迅又在致楊霽雲信中表示說：「至於周作人之詩，其實是還藏些對於現世的不平的，但太隱晦，已為一般讀者所不憭，加以吹捧太過，附和不完，致使大家覺得討厭了。」

　　魯迅逝世後，許廣平把這兩封信編入《魯迅書簡》公開出版，周作人看到後並不領情，反而在1937年6月3日的《桑下談序》中寫道：「三年前戲作打油詩有云：『且到寒齋吃苦茶』。不知道為什麼緣故，批評家哄哄的嚷了大半年，大家承認我是飲茶戶，而苦茶是閒適的代表飲料。這其實也有我的錯誤，詞意未免晦澀，有人說此種微詞已為今之青年所不憭，而不作此等攻擊文字此外亦無可言云云，鄙人不但活該，亦正是受驚若寵也。」

　　直到晚年，主要依賴寫作與魯迅有關的回憶文章養家糊口的周作人，才在《知堂回想錄》中重新評價了魯迅對於自己的關愛之情：

魯迅平素是主張以直報怨的，並且還更進一步，不但是以眼還眼，以牙還牙，還說過這樣的話（原文失記，有錯當改），人有怒目而視者，報之以罵，罵者報之以打，打者報之以殺。其主張的嚴峻有如此，而態度的偉大又如此，我們可不能學他的百分之一，以不辯解報答他的偉大乎？而且這種態度又並不是出於一時的隱忍，我前回說過對於所謂五十自壽的打油詩，那已經是那事件的十年之後了。當年經胡風輩鬧得滿城風雨，獨他一個人在答曹聚仁楊霽雲的書簡中，能夠主持公論，胸中沒有絲毫蒂芥，這不是尋常人所能做到的了。註9

　　周作人所說的「那事件」，指的就是1923年7月的兄弟決裂，他把自己所堅持的「不辯解」態度美化為對於魯迅的「報答」，同時還進一步表白說，自己「自幸能夠不俗，對於魯迅研究供給了兩種資料，也可以說對得起他的了，……。」

　　1964年10月17日，晚年周作人在寫給香港友人鮑耀明的書信中再次提到兄弟失和的事情，說是1964年香港友聯出版公司出版的趙聰的《五四文壇點滴》，「大體可以說是公平翔實，甚是難得。關於我與魯迅的問題，亦去事實不遠，因為我當初寫字條給他，原是只請他不再進我們的院子裏就是了。」

　　同年11月16日，他在致鮑耀明信再次強調說：「魯迅事件無從具體說明，唯參照《五四點滴》中所說及前次去信約略已可以明白。」

按照錢理群的介紹，趙聰《五四文壇點滴》中有關周氏兄弟失和的文字，除引證《魯迅日記》中有關兄弟失和的記載外，也僅有這樣幾句話：「許壽裳説過，他們兄弟不和，壞在周作人那位日本太太身上，據説她很討厭她這位大伯哥，不願同他一道住。」看來，周作人只肯定了一點：兄弟失和的原因是他的妻子不願同魯迅一道住。至於為何「不願」，周作人卻避而不談。<sup>註10</sup>

## 六、「超人」的關愛與「凡人的妒忌」

在作為當事人的周氏兄弟沒有提供正式答案的情況下，其他人關於周氏兄弟反目決裂的解釋，都只能充當僅供參考的旁證。

許壽裳（季市）在《亡友魯迅印象記》中介紹説：「作人的妻羽太信子是有歇斯台里性的。她對於魯迅，外貌恭順，內懷忮忌。作人則心地糊塗，輕信婦人之言，不加體察。我雖竭力解釋開導，竟無效果。致魯迅不得已移居外客廳而他總不覺悟；魯迅遣工役傳言來談，他又不出來；於是魯迅又搬出而至磚塔胡同。從此兩人不和，成為參商，一變從前『兄弟怡怡』的情態。」<sup>註11</sup>

針對這種説法，周作人斷然否定道：「一九二三年與魯迅失和的事件，……我一向沒有公開的説過，過去如此，將來也是如此，在我的日記上七月十七日項下，用剪刀剪去了原來所寫的字，大概有十個左右，……這裏我要説明，徐是徐耀辰，張是張鳳舉，都是那時的北大教授，並不是什麼『外賓』，如許季市所説的，許君是與徐張二君明白這事件的內容的人，雖然人是比較『老實』，但也何至於造作謠言，和正人君子一轍呢？」

相對來說，郁達夫在〈回憶魯迅〉中的説法就顯得較為公正：「據鳳舉他們的判斷，以為他們兄弟間的不睦，完全是兩人的誤解，周作人氏的那位日本夫人，甚至説魯迅對她有失敬之處。但魯迅有時候對我説：『我對啟明，總老規勸他的，教他用錢應該節省一點，我們不得不想想將來。他對於經濟，總是進一個花一個的，尤其是他那位夫人。』從這些地方，會合起來，大約他們反目的真因，也可以猜度到一二成了。註12」

　　當年寄住在八道灣的章廷謙（川島），曾對魯迅博物館工作人員介紹説：「魯迅後來和周作人吵架了。事情的起因可能是，周作人老婆造謠説魯迅調戲她。周作人老婆對我還説過：魯迅在他們的臥室窗下聽窗。這是根本不可能的事，因為窗前種滿了鮮花。」魯迅與弟媳之間關係緊張的原因，「主要是經濟問題。她（羽太信子）揮霍得不痛快」。註13

　　另據舒蕪回憶，臺靜農曾經告訴他魯迅與周作人失和的起因：「周作人在西山養病時，魯迅忙於從各方面籌措醫藥費，有一次正是急需錢用的時候，魯迅替周作人賣一部書稿，稿費收到了，魯迅很高興，想著羽太信子也正著急，連夜到後院去通知羽太信子，不料後來羽太信子對周作人説魯迅連夜進來，意圖非禮，周作人居然信了。」註14

　　相比之下，還是魯迅的獨生子周海嬰最為大膽：「對於這段歷史，某些魯迅研究者的推測，是他看了一眼弟婦沐浴，才導致兄弟失和的。……我以為，父親與周作人在東京求學的那個年代，日本的習俗，一般家庭沐浴，男子女子進進出出，相互都不迴避。……再聯繫

當時周兄弟同住一院，相互出入對方的住處原是尋常事，在這種情況之下，偶有所見什麼還值得大驚小怪嗎？退一步說，若父親存心要窺視，也毋需踏在花草雜陳的『窗台外』吧？」[註15]

在筆者看來，魯迅與周作人的反目決裂，另有更加內在的精神因素，那就是魯迅的「超人」關愛與周作人的「凡人的妒忌」的難以調和。前面已經提到過魯迅以越俎代庖的「包辦」姿態替周作人給羽太家寄錢的事情。到了1919年8月13日，周作人已經從日本回國，連新式標點符號都不太熟練的魯迅，依然在致錢玄同信中「包辦」〈訪日本新村記〉的發表事宜：「子秘已偕妻、子到京、現在住在山會邑館間壁曹宅裏面、門牌是第五號。關於〈新村〉的事、兩面都登也無聊、我想《新青年》上不登也罷、因為只是一點記事、不是什麼大文章、不必各處登載的。」

在1921年7月31日致周作人信中，魯迅又留下了「包辦」周作人稿費的確切證據：「今日得信並譯稿一篇。孫公因家有電報來云母病，昨天回去了。……好在《晨報》之款並不急，前回雉雞燒烤費，也已經花去，現在我輩文章既可賣錢，則賦還之機會多多也矣。」

按照《魯迅全集》中提供的注解，「孫公」指的是《晨報》副刊的編輯孫伏園，「雉雞燒烤費」指的是周作人翻譯日本作家佐滕春夫的小說〈雉雞的燒烤〉所得的稿費，該文載1921年7月9、10兩日的《晨報》副刊。在周作人住進西山養病期間，他的信件和稿費都是由魯迅經辦的。兄弟失和之後魯迅所寫作的〈犧牲謨〉、〈頹敗線的顫動〉、〈兄弟〉充分證明，習慣於「包辦」周作人的私人生活的魯迅，給自己預設的是施恩於周作人的尼采式「超人」的地位。這

25

恰恰是追求精神自由的周作人，最不能夠忍受的一個根本點。其道理很簡單，任何人的關愛都不能夠成為干涉甚至「包辦」別人的私人生活的正當理由。早在《新青年》時代，胡適就通過獨幕戲劇《終身大事》，向出於關愛而包辦兒女婚姻大事的父母，提出了現代意義上的反抗心聲：「這是孩兒的終身大事。孩兒應該自己決斷。孩兒現在坐了陳先生的汽車去了。暫時告辭了。」

　　1930年3月27日，魯迅在致章廷謙信中，盡情表白了自己「甘為人梯」的「超人」情懷：「中國之可作梯子者，其實除我之外，也無幾了。所以我十年以來，幫未名社，幫狂飆煽動，幫朝花社，而無不或失敗，或受欺，但願有英俊出於中國之心，終於未死，所以此次又應青年之請，除自由同盟外，又加入左翼連盟，於會場中，一覽了薈萃於上海的革命作家，然而以我看來，皆茄花色，於是不佞又不得不有作梯子之險，但還怕他們尚未必能爬梯子也。哀哉！」接下來，他還專門談到曾經爬上自己的「梯子」的周作人及羽太信子：

　　　　想望休息之心，我亦時時有之，不過一近漩渦，自然愈捲愈緊，或者且能捲入中心，握筆十年，所得的是疲勞與可笑的勝利與進步，而又下台不得，殊可慨也。……要之北京（尤其是八道灣），上海情形大不相同，皇帝氣之積習，終必至於不能和洋場居民相安，因為目擊流離，漸失長治久安之念，一有壓迫，很容易視所謂「平安」者如敝屣也。例如賣文生活，上海情形即大不同，流浪之徒，每較安居者好。這也是去年「革命文學」所以興盛的原因，我因偶作梯子，現已不

能住在寓裏（但信寄寓中，此時仍可收到），而譯稿每千字十元，卻已有人預約去了，但後來之興衰，則自然仍當視實力和壓迫之度矣。註16

這裏所說的八道灣的「皇帝氣之積習」，並不是一些研究者所說的羽太信子的「積習」，而恰恰是魯迅自己的「積習」。在此之前的1927年10月25日，魯迅應上海勞動大學校長、國民黨政要易培基的邀請發表〈關於知識份子〉的演講，毫不含糊地表白了自己的「皇帝氣之積習」：「我從前也很想做皇帝，後來在北京去看到宮殿的房子都是一個刻板的格式，覺得無聊極了。所以我皇帝也不想做了。」

在1927年1月11日寫給許廣平的情書中，魯迅也明確談到了自己以「偶像」和「中心」自居的「超人」情懷：「我就是這樣，橫豎種種謹慎，還是被人逼得不能做人。我就來自畫招供，自說消息，……但現在之所以只透一點消息於人間者，（一）為己，是還念及生計問題；（二）為人，是可以暫以我為偶像，而作改革運動。……這回廈大風潮，我又成了中心，正如去年之女師大一樣。」註17

不願意被「包辦」的周作人及羽太信子，與以「皇帝」、「偶像」、「中心」自居的「超人」情懷為人處世的魯迅之間的徹底決裂，其實只是早晚的事情。不過，無論周氏兄弟之間有多少的精神歧異，最深層次的心心相印和息息相通依然存在。魯迅逝世六天後，周建人於1936年10月25日致信周作人，專門談到這一點：

大哥去世的夜裏，我聞知消息趕去。他大概並不知道。因此亦無遺言。唯他於前數天病中講到關於你的話，追述於下。有一天說到一日本記者（？）登一篇他的談話，內有「我的兄弟是豬」，其實並沒有說這話，不知記者如何記錯的云云。

又說到關於救國宣言這一類的事情，謂連錢玄同、顧頡剛一班人都具名，而找不到你的名字，他的意見，以為遇到此等重大題目時，亦不可過於後退云云。

有一回說及你曾送XXX之子赴日之事，他謂此時別人並不肯管，而你卻偏護他，可見是有同情的，但有些作者，批評過於苛刻，責難過甚，反使人陷於消極，他亦極不贊成此種過甚的責難云。又謂你的意見，比之於俞平伯等甚高明（他好像又引你講文天祥（？）的一段文章為例），有許多地方，革命青年也大可採用，有些人把他一筆抹煞，也是不應該的云云。但對於你前次趁（赴）日時有一次對日本作家關於他的談話則不以為然。總起來說，他離北平之後，他對於你並沒有什麼壞的批評，偶然想起，便說明幾句。註18

　　需要說明的是，限於種種主客觀的原因，本文及本書並不是關於周氏兄弟的政學傳奇的完整敘述，而是多年積累並且有待完善的相關文章的集納整合。其價值所在，依然是筆者在《歷史背後——政學兩界的人和事》序言中所說過的「以不惑之思面對歷史」的「生命感悟和公民理性」。

## 【注釋】

註1：《魯迅全集》第13卷，北京：人民文學出版社，1981年，第65頁。

註2：耿雲志：〈胡適回憶《新青年》和白話文運動〉，文載中國社會科學院近代史研究編選《五四運動回憶錄》，北京：中國社會科學出版社，1979年。

註3：1939年10月19日，趙其文在成都《華西日報‧華西副刊》發表回憶文章〈感激是於自己有害的〉，其中公開了魯迅寫給他的兩封信，此為第二封。收入《魯迅全集》第11卷，第440頁。

註4：《兩地書》原信九十五，1926年11月28日，《兩地書全編》，杭州：浙江文藝出版社，1998年，第562頁。

註5：《魯迅日記》1912年7月10日，《魯迅全集》第14卷，第9頁。

註6：辛曉徵：《魯迅：國民性的締造者》，武漢：湖北教育出版社，2000年，第123頁。

註7：錢理群：《周作人傳》，北京十月文藝出版社，1990年，第289頁。

註8：《益世報‧副刊》第88期，署名豈明，1930年3月18日。

註9：周作人：《知堂回想錄》下冊，石家莊：河北教育出版社，2002年，第484頁。

註10：錢理群《周作人傳》，第285頁。

註11：許壽裳：《亡友魯迅印象記》，北京：人民文學出版社，1977年，第61頁。

註12：郁達夫：〈回憶魯迅〉，《宇宙風乙刊》1939年創刊號。

註13：陳漱渝：〈東有啟明西有長庚〉，《魯迅研究動態》，1985年第5期。

註14：舒蕪：〈憶臺靜農先生〉，《新文學史料》，1919年第2期。

註15：周海嬰：《魯迅與我七十年》，海口：南海出版公司，2001年，第73頁。

註16：《魯迅全集》第12卷，第9頁。

註17：《兩地書》原信一二四，《兩地書全編》，第605頁。

註18：XXX即李大釗，《魯迅研究資料》第12期，第82頁，天津人民出版社，1983年5月。

## 周福清的科舉大案

**19**22年8月11日，胡適在日記中記錄了自己與周氏兄弟的親密接觸：「演講後，去看啟明，久談，在他家吃飯；飯後，豫才回來，又久談。周氏兄弟最可愛，他們的天才都很高。豫才兼有賞鑒力與創作力，而啟明的賞鑒力雖佳，創作較少。啟明說，他的祖父是一個翰林，滑稽似豫才；⋯⋯豫才曾考一次，啟明考三次，皆不曾中秀才，可怪。」

到了1956年11月26日，胡適又在日記中寫道：「房兆楹兄給我看他的〈魯迅的祖父〉稿本，此文甚有趣味，可以使我們知道，魯迅早年確因其祖父曾有犯罪，『斬監候』，而受親友冷落的苦痛。致有憤世疑忌的心理！」註1

由此看來，「滑稽似豫才」的清朝翰林周福清，與自己的長孫周豫才即魯迅之間的精神傳承，是後人深入瞭解魯迅及周作人的一個不可替代的切入點。

## 一、周福清的科舉美夢

周福清原名致福，字震生，又字介孚，號梅仙，1871年參加清政府的科舉大考，欽點翰林院庶吉士，是紹興周家考進士、點翰林的第一個也是最後一個，同時也是本家子弟頂禮膜拜的精神偶像。

1881年9月25日魯迅誕生時，周福清正在京城候補內閣中書，是一名無職無權的閒散京官。當他接到長孫出生的家信時，剛好有一名張姓官員登門拜訪，便為長孫取小名為阿張，本名樟壽，字豫山，希望他長大之後託這位張姓京官的福份升官發財。

魯迅七歲時進入家塾開蒙讀書，因為塾中同學常用「豫山」的諧音開玩笑叫他「雨傘」，他便請求祖父改字，初改為豫亭，再改為豫才。少年魯迅出於對祖父的崇拜，還曾經自號震孫，周樹人是他到南京入水師學堂讀書時使用的名字。

1885年1月16日周作人出生，由祖父周福清取名櫆壽，取字星杓。據《知

紹興東昌坊新台門周家，魯迅1881年9月25日出生於此。

堂回想錄》介紹，「櫆」字「原來乃是一位在旗的京官的姓，碰巧去訪問我的祖父。那天他得到家信，報告我的誕生，於是就拿來做了我的小名。其後撿一個木旁的同音的字，加上了『壽』字，那麼連我的『書名』就有了。但是不湊巧，木部找不著好看的一個字，只有木旁的一個櫆字，既不好寫，也沒有什麼意思，就被派給我做了名字。」[註2]

　　1898年12月參加本縣的科舉考試時，周作人改名奎綬，自號介孫，與魯迅的震孫一樣，是根據祖父周福清的字型大小得來的。

　　據周福清〈同治丁卯科並補甲子科浙江鄉試硃卷·履歷〉介紹：周家遠祖是「宋封汝南伯，元封道國公，學者稱濂溪先生，從祀文廟」的宋代理學大師周敦頤。在周作人的童年記憶裏，印象最為深刻也最值得驕傲的，就是周家紅色大燈籠上的三個黑色大字「汝南周」。

　　紹興周家儘管沒有提供其遠祖是周敦頤的可靠證據，整個家族以理學（又稱道學）傳家的用心卻是不容置疑的。周福清曾經有過讓兒孫幾代全部考取翰林、在周府門口掛上一塊「祖孫父子兄弟叔侄翰林」匾額的夢想，對於周氏兄弟的學業，他更是關懷備至。好在他自有一套教育理念，給兒孫們規定的開蒙課本並不是一般人家讀的四書五經，而是通俗歷史讀本《鑒史》，然後是《詩經》，再以後還可以看《西遊記》、《鏡花緣》之類的野史雜記。1889年，他還專門從北京託「本科進士、江西知縣許笑雲」帶回《詩韻釋音》兩部，說是「可分與張、魁兩孫逐字認解，審音考義，小學入門（吾鄉知音韻者頗少，蒙師授讀別字連篇），勉之。」[註3]

　　對於祖父的教育法，周作人在標題為〈鏡花緣〉的文章中回憶說：「我的祖父是光緒初年的翰林，……他不曾聽到國語文學這些名

稱，但是他的教育法卻很特別。他當然仍教子弟做時文，唯第一步的方法是教人自由讀書，特別是獎勵讀小說，以為最能使人『通』，等到通了之後，要弄別的東西便無所不可了。他所保舉的小說，是《西遊記》、《鏡花緣》、《儒林外史》這幾種，這也就是我最初所讀的書。以前也曾念過《四子全書》，不過那只是『念』罷了。」

在〈我學國文的經驗〉中，周作人又寫道：「恰好十四歲時往杭州去，不再進書房，只在祖父旁邊學做八股文試貼詩，平日除規定看《綱鑑易知錄》，抄《詩韻》以外，可以隨意看閒書，因為祖父是不禁小孩看小說的。」

## 二、周福清的科舉大案

1893年春天，周氏兄弟的曾祖母戴氏病逝，周福清帶領姨太太泮大鳳和小兒子伯升回家奔喪，這是13歲的魯迅和9歲的周作人第一次見到祖父。祖父的歸來帶給全家人的並不是福音，而是一次又一次的家庭風暴。據周作人在《知堂回想錄》中回憶，就在曾祖母五七這一天，回家還不到半個月的祖父「忽爾大發雷霆，發生了第一個風暴」：

> 大約是他早上起來，看見家裏的人沒有早起，敬謹將事，當時父親因為是吃洋煙的，或者也不能很早就起床，因此遷怒一切，連無辜的小孩子也遭波及了。那天早上我還在祖母的大床上睡著，忽然覺得身體震動起來，那眠床咚咚敲得震天價響，趕緊睜眼來看，只見祖父一身素服，拼命的在捶打那床呢！他看見我已是捶醒了，便轉身出去，將右手大姆指的

爪甲，放在嘴裏咬的戛戛的響，喃喃咒罵著那一班「速死肥」吧。我其時也並不哭，大概由祖母安排我著好衣服，只是似乎驚異得呆了，也沒有聽清祖母的說話，彷彿是說「為啥找小孩子出氣呢！」但是這種粗暴的行為只賣得小孩們的看不起，覺得不像是祖父的行為，這便是第一次風暴得到的結果。

半年之後，周福清為確保參加科舉考試的兒子周伯宜連同親友中的馬、顧、陳、孫、章五姓子弟考中舉人，專程赴蘇州賄賂主考官殷如璋，從而引出一樁科場大案，給整個紹興周氏帶來致命打擊。

1893年9月7日，殷如璋的官船到達蘇州，等在蘇州的周福清派隨從陶阿順帶著裝有一萬兩銀子期票的書信前往拜會。由於副主考周錫恩在船上談天，殷如璋沒有打開信封，等不到回話的陶阿順為此大發牢騷，從而洩露了機密。副主考周錫恩按照慣例當場拆閱信件，發現裏面裝有兩張信紙，「一書憑票洋銀一萬元等語；一書考生五人：馬（官卷）、顧、陳、孫、章，又小兒第八，均用『宸衷』、『茂育』字樣。又周福清名片一紙，外年愚弟名帖一個，各等因。」陶阿順當即被送往蘇州府訊問，周福清逃回家中躲了起來。蘇州府在上報朝廷的同時，把陶阿順移交浙江臬台衙門，已經進入考場親自監考的浙江巡撫崧駿當場查獲與行賄有關的馬家壇和以周用吉名字參加考試的周伯宜。逃回家的周福清幾天後投案自首，被押往杭州府關押。

在皇權專制時代，科舉舞弊一直是皇帝親自過問的重大案件，涉及該案的全部材料幾乎全部是公開透明的：先是刊登在官報《邸鈔》

上，後來又被編入《光緒朝東華錄》，甚至連《清史稿》中也有記錄：「癸酉，刑部奏：革員周福清，於考官途次函通關節，擬杖流；改斬監候。」[註4]

顧、陳、孫、章四姓子弟並沒有到場應試，周福清於是把全部罪過攬在自己一個人身上，以便洗清親戚馬家壇連同自己的兒子周伯宜的罪責。

周福清在杭州監獄服刑期間，14歲的周作人長住杭州陪侍祖父。他在〈五十年前杭州府獄〉中，記錄有祖父周福清服刑期間的精神風貌：「祖父有時也坐下看書，可是總是在室外走動的時候居多。我亦不知道是否在獄神祠中閒坐，總之出去的時間很久，大概是同禁卒談笑，或者還同強盜們談談。他平時很喜歡罵人，自呆皇帝昏太后（即是光緒和西太后）起頭直罵到親族中的後輩，但是我卻不曾聽他罵過強盜或是牢頭禁子。他常講罵人的笑話，大半是他自己編造的，……」

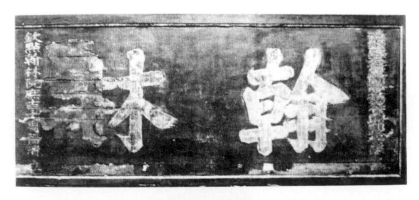

周福清的欽點翰林匾額。

特別值得注意的是，在祖父周福清的八年牢獄生活連同出獄後的四年家居生活中，與他保持較多接觸的周作人，彷彿得到一種精神免疫力，一直在努力擺脫祖父的罵人習氣。與祖父較少接觸的魯迅，登上文壇後反而以嬉笑怒罵始、以嬉笑怒罵終。

## 三、周福清的嬉笑怒罵

1899年2月27日至3月3日，周福清在杭州獄中用自己一貫的罵人筆法，寫下一本教訓子孫們做人道理的小冊子《恒訓》。正在南京讀書的魯迅以長房長孫的身份成為第一讀者，並且把《恒訓》完完整整地抄錄一遍，在抄稿後面鄭重題寫了落款：「已亥十月上幹孫樟壽謹抄於江南陸師學堂。」

1901年3月，周福清的同年進士、刑部尚書薛允升出面奏請朝廷，依照庚子年亂中出獄的犯人事定後前來投案悉予免罪的定例，周福清應予釋放。遠在南京的魯迅專門抄錄薛允升的奏摺附片，於3月19日寄回紹興家中。3月20日，周作人以〈遊趙園有感〉為題寫詩一首，落款是「汝南介孫氏」。由此可見被關入大牢的祖父周福清，在周氏兄弟心目中依然佔有崇高的地位，同時也證明《知堂回想錄》所說的「但是這種粗暴的行為只賣得小孩們的看不起，覺得不像是祖父的行為」，只是周作人一時的感想，甚而至於是周作人事後追加的一個謊言。

周作人對祖父產生強烈的逆反情緒，是周福清出獄回家以後的事情。1901年4月7日，周福清寫來家信，通知自己定於4月9日出獄返回紹興。周作人於8日雇夜船到西興迎接，10日早晨回到家中。此時的

周作人還沒有意識到，祖父的歸來對於全家人是一場更加難以忍受的
災難。13天後，他在日記中寫道：

> 初五日，雨。上午同拾玖叔伯文往舒家塢上墳，未刻歸家。
> 大父信衍治讒，怒詈。放大雨雷。
> 初七日，雨陰。……下午，大父信速死豸衍生讒，罵瑾亦叔
> 祖母，大鬧。予聞之深以為未然。讒人如此兇惡，上天如此
> 斷不能容，大眼看之可也。作致柏輝叔函講此事，說不必生
> 氣，且陪罪。傍晚天甚低黑似欲大雨。[註5]

晚年周作人在《知堂回想錄》中解釋說，母親魯瑞與隔牆居住的
「瑾亦叔祖」即周玉田家的婆媳要好，晚飯後常到玉田家玩麻將。因為
到玉田家要經過「衍太太」家門口，「衍太太」連同寄住在嬸嬸「衍太
太」家裏並且有亂倫通姦嫌疑的周衍生，便在周福清面前說閒話。「祖
父對於兒媳，不好當面斥罵，便借我來做個過渡。他叫我出去教訓，倒
也不什麼的疾言厲色，只是講故事給我聽，說某家子媳怎樣不孝公婆，
賭錢看戲，後來如何下場，流落成為乞丐，饑寒至死，或是遇見兵亂全
家被難。這裏明示暗喻，備極刻薄，說到憤極處，咬嚙指甲戛戛作響，仍
是常有的事情。至於對於祖母，則是毫不客氣的破口大罵了，有一回聽
他說出了『長毛嫂嫂』，還含糊的說了一句房闈隱語，那時見祖母哭了
起來，說『你這成什麼話呢？』就走進她的臥室去了。我當初不很懂，
後來知道老太太的家曾經一度陷入太平軍中，祖父所說的即是那件事，
自此以後，我對於說這樣的話的祖父，便覺得毫無什麼的威信了。」

關於自己隨後的離家求學，周作人在《知堂回想錄》中回憶說：

> 但是魯迅在《朝花夕拾》的一篇〈瑣記〉裏，說他的想離開
> 紹興，乃是「衍太太」所逼成的，因為她最初勸導他偷家裏
> 的東西，後來又造他的謠言，使他覺得家裏不能再蹲下去。
> 但是我卻是衍生所間接促成的。……（介孚公）雖然明知他
> 們是怎樣的人，而獨深信他們的話，這實在是不可理解的一
> 個矛盾。
> 我想從家裏脫逃的原因，這還只是一半，其他一半乃是每天
> 上街買菜，變成了一個不可堪的苦事。……我想脫去長衫，
> 只穿短衣也覺得涼快點，可是祖父堅決不許，這雖是無形的
> 虐待，卻也是忍受不下去的。

比起魯迅來，受到祖父周福清連同周衍生及「衍太太」的群體虐
待的周作人，似乎更有理由憤世嫉俗。然而，他所表現出的卻是相對
理性的中庸平和。儘管在不同時期的相關文章中，周作人也免不了有
一些自相矛盾甚至於「顛倒反覆無所不可」的「紹興師爺」式的造謠
說謊。

## 四、周氏兄弟與周福清

在《魯迅的故家》中，周作人有一篇專門介紹周福清《恒訓》
的文章：「介孚公愛罵人，自然是家裏的人最感痛苦，雖然一般人聽
了也不愉快，……我推想也是師爺學風的餘留，……介孚公著有一卷

《恆訓》，大概是丙申年所寫，是給予子孫的家訓，原本已佚，只存魯迅當時在南京的手抄本。……有旅行中須防匪人，勿露錢財，勿告訴姓名等事。這一本家訓算來幾乎全是白寫，因為大家沒有記得一條，沒有發生一點效用。但是他的影響也並不是全沒有，小時候可以看小說，這一件事的好處我們確是承認，也是永不能忘的。還有一件事是飯後吃點心，……五四後錢玄同往紹興縣館談天，飯後拿出點心來的時候，他便笑道：『一起消化麼？』也總努力奉陪吃下一個的。」註6

「這一本家訓算來幾乎全是白寫」，分明是周作人事後追加的不實之辭。1925年9月27日，正在配合魯迅與「現代評論派」的陳源等人打派仗的周作人，另有一篇短文〈我最〉，其中寫道：

> 今日在抽屜裏找出祖父在己亥年所寫的一冊遺訓，名曰《恆訓》，見第一章中有這樣一節：「少年看戲三日夜，歸倦甚。我父斥曰，汝有用精神為下賤戲子所耗，何昏愚至此，自後逢歌戲筵席，輒憶前訓，即託故速歸。」我讀了不禁覺得慚愧，好像是警告我不要多去和人糾纏似的。無論是同正人君子或學者文士相打，都沒有什麼意思，都是白費精神，與看戲三日夜是同樣的昏愚。雖然我不是什麼賢孫，但這一節祖訓我總可以也應該身體力行的。讓我離開了下賤戲子，去用我自己的功罷。註7

1926年7月28日，周作人在以書信形式寫作的〈訴苦〉中，又一次談到祖父的「家訓」：「只要我不同……正人君子們鬧，我的名譽一定要好得多，我也時常記起祖父的家訓裏『有用精神為下賤戲子所耗』之誡，想竭力謹慎，將不罵人一事作到與不看戲有同一的程度，可惜修養未足，尚不能至，……」[註8]

1927年3月20日，周作人在〈拈鬮〉中重抄了〈我最〉中關於《恒訓》的話語。到了1944年6月30日，他在〈遇狼的故事·附記二〉中再一次抄錄這段話，然後進一步解釋說：「其時正和《甲寅》派的夥計們打架，寫了不少的文章，雖然後來覺悟停止，卻也已白費了好些精神與時間。所寫的文章曾編有目錄，題曰《真談虎集》，可是這些資料早已送入字紙簍裏去，現今連目錄也散逸不存了。此次又復談起狼來，……想起上邊的雜感，覺得有重行警戒之必要。這一篇〈遇狼的故事〉尚可用，因編入以存紀念。」[註9]

周作人與紹興家人合影。

以上事實足以證明，祖父周福清和他的《恒訓》，並不像晚年周作人所說的「大家沒有記得一條，沒有發生一點效用」。在某種意義上，恰恰是周福清和他的《恒訓》，給周作人提供了克服罵人習氣的反面教材和免疫能力。1925年11月13日，周作人在病中倚枕寫下《雨天的書・自序二》，其中所表現的正是他從事精神免疫的一種努力：「我的浙東人的氣質終於沒有脫去。……本來師爺與錢店官同是紹興出產的壞東西，民國以來已逐漸減少，但是他那法家的苛刻的態度，並不限於職業，卻彌漫及於鄉間，彷彿成為一種潮流，清朝的章實齋李越縵即是這派的代表，他們都有一種喜罵人的脾氣。……檢閱舊作，滿口柴胡，殊少敦厚溫和之氣；嗚呼，我其終為『師爺派』矣乎？」

　　到了〈《陶庵夢憶》序〉中，周作人再次寫道：「不知從什麼時候起的，紹興的風水變了的緣故罷，本地所出的人才幾乎限於師爺與錢店官這兩種，專經苛細精幹見長，那種豪放的氣象已全然消失。」

　　1949年，周作人在改朝換代的歷史拐點上，更以一篇〈關於紹興師爺〉，公開暴露了自己在文壇之爭中戰無不勝的「刀筆的秘訣」：「筆記中説老幕友講刀筆的秘訣，反覆顛倒無所不可，有云欲使原告勝者，曰彼如不真吃虧，何至來告狀；欲使被告勝，則斥原告曰：彼不告而汝來告狀，是汝健訟也。欲使老者勝，曰不敬老宜懲。欲使少者勝，則曰：年長而不慈幼，何也（彷彿是紀曉嵐所說，但查過閱微五記卻又不見）。」註10

　　把上述話語説得通俗一點，應該是這樣的：總是以凌駕於法律程式之上的特殊材料或特殊超人自居的紹興師爺，在處理各種案件時

永遠正確的根本秘訣，就在於「反覆顛倒無所不可」。具體說來，紹興師爺想讓原告勝訴，他就會說：「這個人要不是吃了虧，何必要來告狀呢？」紹興師爺想讓被告勝訴，他就會斥責原告說：「人家被告不來告狀，你這個原告卻偏要來告狀，肯定是你善於打官司惹事生非！」紹興師爺要想讓老年人勝訴，他就會對年輕人說：「你不尊敬老年人就應該受到懲罰！」紹興師爺想讓年輕人勝訴，他又會質問老年人說：「你那麼大年紀偏偏不知道愛護年輕人，是什麼道理呢？！」

晚年周作人在《知堂回想錄》中，依然在清算紹興師爺「反覆顛倒無所不可」的劣根性：「紹興人在北京，很為本地人所討厭，或者在別處也是如此。我因為是紹興人，深知道這種情形，但是細想自己也不能免，實屬沒法子，唯若是叫我去恭維那樣的紹興人，則我唯有如〈望越篇〉裏所說：『撮灰散頂』，自己詛咒而已。」

這種「自己詛咒」的免疫努力，在認真抄寫過《恒訓》的魯迅身上也時有發生，這其中最為真誠的，應該是已經成為左聯盟主的魯迅，在寫於1932年4月30日的〈《二心集》序言〉中，對於自己前半生的「壞脾氣」的徹底反省：「我時時說些自己的事情，怎樣地在『碰壁』，怎樣地在做蝸牛，好像全世界的苦惱，萃於一身，在替大眾受罪似的：也正是中產的智識階級分子的壞脾氣。只是原先是憎惡這熟識的本階級，毫不可惜它的潰滅，後來又由於事實的教訓，以為唯新興的無產者才有將來是的確的。」註11

1932年12月10日，魯迅又在寫給左聯黨團書記、《文學月報》主編周起應即周揚的公開信〈辱罵和恐嚇決不是戰鬥〉中寫道：

無產者的革命，乃是為了自己的解放和消滅階級，並非因為要殺人，即使是正面的敵人，倘不死於戰場，就有大眾的裁判，決不是一個詩人所能提筆判定生死的。現在雖然很有什麼「殺人放火」的傳聞，但這只是一種誣陷。中國的報紙上看不出實話，然而只要一看別國的例子也就可以恍然，德國的無產階級革命（雖然沒有成功），並沒有亂殺人；俄國不是連皇帝的宮殿都沒有燒掉麼？而我們的作者，卻將革命的工農用筆塗成一個嚇人的鬼臉，由我看來，真是魯莽之極了。

自然，中國歷來的文壇上，常見的是誣陷，造謠，恐嚇，辱罵，翻一翻大部的歷史，就往往可以遇見這樣的文章，直到現在，還在應用，而且更加屬害。但我想，這一份遺產，還是都讓給叭兒狗文藝家去承受罷，我們的作者倘不竭力的拋棄了它，是會和他們成為「一丘之貉」的。

不過我並非主張要對敵人陪笑臉，三鞠躬。我只是說，戰鬥的作者應該注重於「論爭」；倘在詩人，則因為情不可遏而憤怒，而笑罵，自然也無不可。但必須止於嘲笑，止於熱罵，而且要「喜笑怒罵，皆成文章」，使敵人因此受傷或致死，而自己並無卑劣的行為，觀者也不以為污穢，這才是戰鬥的作者的本領。註12


　　1936年8月，左聯內部的黨組織負責人周揚、沈端先（夏衍）、陽翰笙、田漢、徐懋庸等人，偏偏成了魯迅在〈答徐懋庸並關於抗日統

一戰線問題）中「因為情不可遏而憤怒，而笑罵」的對象，並且因此留傳下來了「四條漢子」的綽號。到了30年後的「文化大革命」中，「四條漢子」成為周揚、沈端先（夏衍）、陽翰笙、田漢四個人遭受政治清算的致命罪狀。以至於劫後餘生的夏衍憤憤不平地抗議道：「這是幹部向領導人匯報工作，是戰友間的會見，也不是拜謁，那麼不自覺的軒昂了一點，也不致犯了什麼不敬罪吧。」註13

在魯迅留下的文本中，很少提到自己的祖父周福清。就連《魯迅日記》中也僅有1912年9月21日的一款記載：「季市搜清殿試策，得祖父卷，見歸。」意思是說他與許壽裳一道在故宮清理檔案時，看到了祖父當年的考卷，就順便帶回自己的住處。

令人不解的是，曾經從公共檔案中違禁帶走祖父考卷的魯迅，1919年回紹興搬家時卻堅持燒掉了祖父遺留下來的全部日記：「我這次回來翻了翻，好像沒有多大意思，寫了買姨太太呀，姨太太之間吵架呀，有什麼意思？」註14

## 【注釋】

註1：曹伯言整理《胡適日記全編》第3卷，安徽教育出版社，2001年，第755頁。《胡適日記全編》第8卷，第455頁。

註2：周作人《知堂回想錄》上冊，河北教育出版社，2002年，第166頁。

註3：《魯迅年譜》第1卷，北京：人民文學出版社，2000年9月增訂版，第17頁。

註4：張能耿、張款《魯迅家世》，北京：黨建讀物出版社，2002年6月，第61頁。

註5：「初五日」是陰曆的三月五日，也即西元1901年4月23日。《周作人日記》影印本上冊，鄭州：大象出版社，1996年，第217頁。另見《知堂回想錄・風暴的餘波》。

註6：周作人著、止庵編：《關於魯迅》，新疆人民出版社，1997年，第76頁。

註7：周作人：〈我最〉，《語絲》第47期，1925年10月5日。

註8：周作人致劉半農信，署名豈明，《世界日報・副刊》第1卷第31號，1926年7月28日。

註9：周作人：《苦口甘口》，河北教育出版社，2002年，第161頁。所謂「《甲寅》派的夥計們」，其實是《現代評論》周刊的同人王世杰、周鯁生、皮皓白、丁西林、錢端升、張奚若、陶孟和、楊振聲、燕樹棠、高一涵、彭浩徐、唐有壬、陳源等人，他們與作為段祺瑞的重要助手的章士釗的政治立場並不一致。

註10：周作人：〈關於紹興師爺〉，1949年4月5日《自由論壇晚報》。

註11：《魯迅全集》第4卷，北京：人民文學出版，1981年，第191頁。

註12：《魯迅全集》第4卷，第452頁。「喜笑怒罵，皆成文章」的原典，出於宋代詩人黃庭堅的《東坡先生真贊》，喜原作嬉，是魯迅筆下的錯別字。

註13：夏衍：〈一些早該忘卻而未能忘卻的往事〉，《文學評論》，1980年第1期。

註14：周建人口述、周曄編寫《魯迅故家的敗落》，福建人民出版社，2001年，第12頁。

# 魯迅筆下的「衍太太」

在中國現代文學史上，魯迅是樹敵最多的一個傳奇人物，也是最受後人崇拜的一個偶像人物。然而，從現有的文獻資料來看，出現在魯迅筆下的第一位異性仇敵，卻偏偏是與中國文壇完全隔絕的「衍太太」，也就是魯迅的叔祖母周子傳太太。

## 一、魯迅筆下的「衍太太」

1926年10月7、8日，正在廈門大學任教的魯迅，一連寫下兩篇憶舊文章〈父親的病〉和〈瑣記〉。在〈父親的病〉中，魯迅第一次提到「衍太太」：「早晨，住在一門裏的衍太太進來了。她是一個精通禮節的婦人，說我們不應該空等著。於是給他換衣服；又將紙錠和一種什麼《高王經》燒成灰，用紙包了給他捏在拳頭裏……『叫呀，你父親要斷氣了。快叫呀！』衍太太說。」[註1]

就這樣，魯迅把教唆自己「犯下對於父親的最大的錯處」的罪責，加在了「衍太

太」的頭上。到了〈瑣記〉中,他又對「衍太太」實施了更加全面的清算。

開篇第一段,是他對於叔祖母「衍太太」的總體評估:「衍太太現在是早經做了祖母,也許竟做了曾祖母了;那時卻還年青,只有一個兒子比我大三四歲。她對自己的兒子雖然狠,對別家的孩子卻好的,無論鬧出什麼亂子來,也決不去告訴各人的父母,因此我們就最願意在她家裏或她家的四近玩。」

在寫於1928年5月17日的〈我的態度氣量和年紀〉中,魯迅介紹說:「不過我要指摘,這位隱姓埋名的弱水先生,其實是創造社那一面的。……其實所斷定的先兩回的我的『正直』,也還是死了已經兩千年了的老頭子老聃先師『將欲取之必先與之』的戰略,我並不感服這類的公評。陳西瀅也知道這種戰法的,他因為要打倒我的短評,便稱讚我的小説,以見他之公正。」然而,魯迅用在「衍太太」身上的,恰恰就是自己並不「感服」的「將欲取之必先與之」的「戰略」:

> 但我對於她也有不滿足的地方。一回是很早的時候了,我還很小,偶然走進她家去,她正在和她的男人看書。我走近去,她便將書塞在我的眼前道,「你看,你知道這是什麼?」我看那書上畫著房屋,有兩個人光著身子彷彿在打架,但又不很像。正遲疑間,他們便大笑起來了。這使我很不高興,似乎受了一個極大的侮辱,……
> 父親故去之後,我也還常到她家裏去,不過已不是和孩子們玩耍了,卻是和衍太太或她的男人談閒天。我其時覺得很有

許多東西要買，看的和吃的，只是沒有錢。有一天談到這裏，她便說道，「母親的錢，你拿來用就是了，還不就是你的麼？」我說母親沒有錢，她就說可以拿首飾去變賣；我說沒有首飾，她卻道，「也許你沒有留心。到大廚的抽屜裏，角角落落去尋去，總可以尋出一點珠子這類東西……」這些話我聽去似乎很異樣，便又不到她那裏去了，但有時又真想去打開大廚，細細地尋一尋。大約此後不到一月，就聽到一種流言，說我已經偷了家裏的東西去變賣了，這實在使我覺得有如掉在冷水裏。流言的來源，我是明白的，倘是現在，只要有地方發表，我總要罵出流言家的狐狸尾巴來，但那時太年青，一遇流言，便連自己也彷彿覺得真是犯了罪，怕遇見人們的眼睛，怕受到母親的愛撫。

就這樣，「衍太太」在魯迅筆下被證明為先用春宮圖侮辱他，後來又用流言蜚語污衊他，以至於逼迫他背井離鄉到南京去學習洋務的罪魁禍首。

需要特別說明的是，〈瑣記〉中第一次提到的「她正在和她的男人看書」和第二次談到的「和衍太太或她的男人談閒天」，所說的並不是同一個「男人」。前一個男人是「衍太太」的丈夫周子傳，後一個是與她有通姦嫌疑的侄子輩的周衍生。據張能耿、張款著《魯迅家世》介紹，周子傳生於1852年6月27日，比周氏兄弟的父親周伯宜大8歲，與周氏兄弟的祖父周福清是同一個祖父的堂兄弟。周衍生小名五十，生於1854年12月19日，比周子傳小兩歲，比周伯宜大6歲，是

周伯宜的同輩堂兄，也就是魯迅和周作人兄弟的堂伯父。周子傳的夫人姓陳，因為周子傳在周氏同輩中的大排行是第25位，所以人稱廿五太太。[註2]

另據周建人在《魯迅故家的敗落》中介紹，周子傳夫婦連同周衍生、周伯宜都抽鴉片。1893年周福清科場案發生後，周子傳連夜帶著500塊大洋的鉅款到會稽知縣俞鳳岡的衙門行賄，遭到拒絕後又連夜趕回，因路上受到驚嚇而一病不起，不久便離開了人世。[註3]

在叔叔輩的周子傳去世之後，獨身未娶的周衍生住進周子傳家，並與同門嬸嬸周子傳太太發生了通姦私情。魯迅所謂的「衍太太」，就是周衍生太太的意思。這是作為晚輩的魯迅，為周子傳太太起的「綽號」。借用他在〈補白〉中提供的說法，「中國老例，凡要排斥異已的時候，常給對手起一個諢名，——或謂『綽號』。這也是明清以來訟師的老手段；……最簡單的打官司教科書《蕭曹遺筆》裏就有著不少慣用的惡謔，現在鈔一點在這裏，省得自己做

魯迅的父親周伯宜。

文章——親戚類：孽親、梟親、獸親、鱷親、虎親、歪親；長類：鱷伯、虎伯（叔同）、孽兄、毒兄、虎兄；卑幼類：悖男、惡侄、孽侄、悖孫、虎孫、梟甥、孽甥、悖妾、潑媳、梟弟、惡婿、凶奴。其中沒有父母，那是例不能控告的，因為歷朝大抵『以孝治天下』。」[註4]

## 二、周作人筆下的「衍太太」

魯迅去世之後，他的兄弟周作人卻一再為「衍太太」鳴冤辯護。在《魯迅的故家‧四七與五十》中，周作人介紹說：「五十據說曾在縣衙門的什麼庫房做過事，不過我們認識他時，早已什麼事都不幹，只在誠房寄食，過著相當舒適的生活，這也是一個不可解的謎。」[註5]

在《魯迅的故家‧五十在誠房》中，周作人進一步介紹說：「誠房的子林外出，子貞早死，只剩下子傳夫婦和他們的兒子鳴山，住在大堂前東邊的一間大房裏。西邊的兩間和蘭花間出租給李楚材，在子傳死後，鳴山要結婚的時候，才收了回來，由子傳太太和兒子媳婦分住，東屋就讓給了五十，所以我們所有的五十的印象是與那間大房子分不開的。」「五十也吃鴉片煙，因此很瘦，那寄主家裏的鳴山雖是獨養子，年紀也比他青得多，舒服還是比不上他，……」

在《魯迅的故家‧煙與酒》中，周作人還分析了魯迅與「衍太太」的結怨：「（父親周伯宜）在少年時代進了秀才，在家裏沒有什麼事，……子傳夫婦都吃鴉片煙，『抽一筒試試吧』，勸誘的結果乃上了癮，可是他一直自己不會煮煙，須得請他們代辦，其被揩油也正是不得免的了。魯迅對於衍太太個人固然多有反感，如〈瑣記〉中所說鼓勵阿祥轉鏇子以至磕破頭，即是實例，但上邊這事也是一個很大的原因。」

到了《魯迅的故家・後記》中，周作人抄錄了族叔周冠五（觀魚）的來信，其中涉及到「衍太太」與周衍生之間的通姦私情：

　　　　介孚公向來是歡喜談論人家的短長的，因之往往談到衍太太的那一件事，一而再的談論不已。藕琴公素性是剛而且扭的，所以他的小名叫鐵牛，有一天又談到這事了，藕琴公就說這其實也沒有什麼，「有寡婦見鰥夫而欲嫁之」這句成語，也就說的是這些曠夫怨女吧！你想他們近在咫尺，年齡相近，而又正是一鰥一寡，雖然有乖倫常，卻也是人情，你何必一再的刺刺不休呢？介孚公聽了大不以為然，於是反駁說道，那末豬八戒遊盤絲洞也是合乎情理的了。自此以後，他們兩人一碰到，介孚公就大講其《西遊記》，而所講都只限於盤絲洞的這一段，大堂前恰巧正是衍太太住房的窗口，所以藕琴公只好卻步不前了。[註6]

　　祖父周福清對於周衍生與周子傳太太的極端態度，對於魯迅是不會沒有影響的，這也許是他仇恨周子傳太太並稱之為「衍太太」的原因之一。

　　在《知堂回憶錄・老人轉世》中，周作人談到自己童年害饞癆病時，再一次提到「衍太太」：「只記得本家的老輩有時提起說：『二阿官那時的吃飯是很可憐相的，每回一茶盅的飯，一小牙（四分之一）的醃鴨子，到我們的窗口來吃』。她對我提示這話，我總是要加以感謝的。雖然在她同情的口氣後面，可能隱藏著什麼惡意，因為她是挑

撥離間的好手，此人非別，即魯迅在《朝花夕拾》裏所寫的『衍太太』是也。」註7

在《知堂回想錄・父親的病》中，周作人以見證人的身份，指出了魯迅加在「衍太太」身上的不實之詞：「經過了兩位『名醫』一年多的治療，父親的病一點不見輕減，而且日見沉重，結果終於在丙申年（一八九六）九月初六日去世了。……這裏所說都是平凡的事實，一點兒都沒有詩意，沒有『衍太太』的登場，很減少了小說的成分。因為這是習俗的限制，民間俗言，凡是『送終』的人到『轉煞』當夜必須到場，因此凡人臨終的時節，只是限於平輩以及後輩的親人，上輩的人決沒有在場的。『衍太太』於伯宜公是同曾祖的叔母，況且又在夜間，自然更無特地光臨的道理，《朝花夕拾》裏請她出台，鼓勵作者大聲叫喚，使得病人不得安穩，無非想當她做小說裏的惡人，寫出她陰險的行為罷了。」

周建人晚年也在〈魯迅故家的敗落〉中回憶說，父親去世前讓魯迅大叫「爹爹」的，是老奶媽「長媽媽」而不是被魯迅稱為「衍太太」的「子傳奶奶」：「善知過去未來的長媽媽突然催促我大哥：『大阿官，叫呀，快叫呀！』……我記不清我們哭了多久，總之，很久很久，祖母來了，也哭，子傳奶奶、謙叔、謙嬸、玉田叔祖母統統都來了，他們都再三勸慰我的母親。」

## 三、〈我的父親〉中的「老乳母」

行文至此，筆者又從《魯迅全集》第8卷第95頁意外看到魯迅的另一篇短文〈我的父親〉，抄錄如下：

魯瑞和三子周建人合影。

我的父親躺在床上，喘著氣，臉上很瘦很黃，我有點怕敢看他了。

他的眼睛慢慢閉了，氣息漸漸平了。我的老乳母對我說，「你的爹要死了，你叫他罷。」

「爹爹。」

「不行，大聲叫！」

「爹爹！」

我的父親張一張眼，口邊一動，彷彿有點傷心，——他仍然慢慢的閉了眼睛。我的老乳母對我說，「你的爹死了。」

阿！我現在想，大安靜大沉寂的死，應該叫他慢慢到來。誰敢亂嚷，是大過失。我何以不聽我的父親，徐徐入死，大聲叫他。

阿！我的老乳母。你並無惡意，卻教我犯了大過，擾亂我的父親的死亡，使他只聽得叫

「爹」，卻沒有聽到有人向荒山大叫。

那時我是孩子，不明白事理。現在，略略明白，已經遲了。

我現在告知我的孩子，倘若閉了眼睛，萬不要在我的耳朵邊叫了。


這篇短文與另一篇〈我的兄弟〉一起，以黃棘的署名發表在1919年9月9日北京《國民公報》的「新文藝」欄目，是總標題為《自言自語》的一組文章中的一篇。文章中的「老乳母」，就是魯迅在〈阿長與《山海經》〉中深情懷念過的老奶媽「長媽媽」。周作人在《知堂回憶錄》中之所以沒有提到〈我的父親〉，是因為他當時恰好去日本迎接妻子和三個兒女回國，沒有讀到魯迅生前一直沒收入集子中的這篇短文。

就在廈門大學教授魯迅寫作〈父親的病〉和〈瑣記〉期間，他又在《兩地書》和《故事新編·奔月》中，對被他誤認為情敵的高長虹展開攻擊。許廣平為此在1926年11月16日寫給他的情書中直言相勸：「你的弊病，就是對一些人太過深惡痛絕，簡直不願同在一地呼吸，而對一些人則期望太殷，於是不惜赴湯蹈火，一旦人家不以此種為殊遇而淡漠處之，或以尋常人者對你，則你感覺天鵝絨了。這原因，是由於你的感覺太銳敏太熱情，其實世界上你所深惡痛絕的和期望太殷的，走到十字街頭，還不是一樣嗎，而你把十字街頭的牛鬼蛇神硬搬到『象牙之塔』『藝術之宮』，這不能不說是小說家，取材失策，如果明瞭凡有小說材料，都是空中樓閣，自然心平氣和了。你說因為長虹輩的批評而氣短嗎？別人的批評你就不顧，而只任一面之辭而信託嗎？」註8

《朝花夕拾》是紀實文本，儘管魯迅在〈小引〉中有過「這十篇就是從記憶中抄出來的，與實際容或有些不同，然而我現在只記得是這樣」的自謙，但是，像寫小說一樣憑空虛構既成事實，無論如何都是不妥當的。感謝現代傳播手段對於美國攻打伊拉克的即時報導，使得筆者切實感受到這樣一條普世公理：即使是戰場上俘虜的武裝人員和恐怖分子，軍事人員和軍事法庭也是不可以任意侮辱和虐待的。同樣道理，周子傳太太即使確實是一個令魯迅先生「深惡痛絕」的壞女人，她也不應該承擔不屬於自己的那一份罪責。

　　事實上，就在魯迅寫作〈我的父親〉的同時，他還在〈《一個青年的夢》譯者序〉十分陽光地表達了自己所認同的大同理想：「我對於『人人都是人類的相待，不是國家的相待，才得永久和平，但非從民眾覺醒不可』這意思，極以為然，而且也相信將來總要做到。現在國家這個東西，雖然依舊存在；但人的真性，卻一天比一天的流露：歐戰未完時候，在外國報紙上，時時可以看到兩軍在停戰中往來的美談，戰後相愛的至情。他們雖然蒙在國的鼓子裏，然而已經像競走一般，走時是競爭者，走了是朋友了。」

　　魯迅寫作《朝花夕拾》和《故事新編》的時候，卻處於愛情與事業的歧路彷徨之中。關於這一點，他在1926年11月21日致章廷謙信中分析說：「我的脾氣不太好，吃了三天飽飯，就要頭痛，加以一卷行李一個人，容易作怪，毫無顧忌。你們兩位就不同，自有一個團體，只要還他們應盡的責任，此外則以薪水為目的，以『愛人呀』為宗旨，關起門來，不問他事，即偶有不平，則於回房之後，夫曰：某公是畜生！婦曰：對呀，他是蟲豸！悶氣既出，事情就完了。我看凡有

夫人的人，在這裏都比別人和氣些。顧公太太已到，我覺得他比較先前，瘦得多了，但也許是我的神經過敏。若夫不佞者，情狀不同，在有感觸，就坐在電燈下默默地想，越想越火冒，而無人澆一杯冷水，於是決定曰：『仰東碩殺，我勿來帶者！』」

作為一名天才小説家，「越想越火冒，而無人澆一杯冷水」的魯迅，幾乎是情不自禁地在《故事新編》中針對高長虹、顧頡剛等人採用了自稱「油滑」的人身攻擊，又在《朝花夕拾》的紀實文本中頗不恰當地採用了小説化的虛構筆法。

## 四、魯迅與族叔周鳴山

魯迅的女性仇敵並不多，加上北京女子師範大學校長楊蔭榆和周作人的日本妻子羽太信子也只有兩三位，在這兩三位中，最值得同情的就是自己連挨了罵都不可能知道的「衍太太」。

按照《周作人日記》的相關記載，比起「衍太太」，周衍生其實是更加陰險的角色。與魯迅把「流言」主要記在「衍太太」頭上不同，周作人在記於1901年3月的日記中寫道：「二月初五日，雨。上午同伯文叔往舒家坳上墳，未刻歸家。大父信衍生讒言，怒詈。」「三月初七日，雨。下午，大父信速死夛衍生讒，罵玉田叔祖母，大鬧。予聞之深以為未然，讒人如此兇惡，上天斷不能容，大眼看之可也。」[註9]

在壬寅十一月二十七日也就是西元1902年12月26日的日記中，周作人另有記載：「仲翔叔來信雲，五十已於十八日死矣，聞之雀躍，喜而不寐，從此吾家可望安靜，實周氏之大幸也。」

紹興周家的百草園。

晚年周作人在《知堂回想錄‧脫逃》中，更加明確地把自己對於家庭壓迫的「脫逃」，記在父親一輩的周衍生連同祖父周福清的帳上：「魯迅在《朝花夕拾》的一篇〈瑣記〉裏，説他的想離開紹興，乃是『衍太太』所逼成的，因為她最初勸導他偷家裏的東西，後來又造他的謠言，使他覺得家裏不能再蹲下去。但是我卻是衍生所間接促成的。……（介孚公）雖然明知他們是怎樣的人，而獨深信他們的話，這實在是不可理解的一個矛盾。」

有趣的是，魯迅在對「衍太太」深惡痛絕的同時，反而與周子傳和「衍太太」的獨生兒子周鳴山保持了深厚的友誼。周鳴山譜名鳳岐，小名方，周氏兄弟稱之為方叔，是周氏家族到南京水師學堂學習洋務的第一人。他被開除學籍後回到紹興任英文教師，又因為與人稱翠姑奶奶的一名中年寡婦婚外通姦，被校方以有傷風化為名開除教職。周鳴山夫妻在家中飽受母親「衍太太」和周衍生的虐待，一再服毒自殺，直到妻子去世後才得以娶翠姑奶奶為妾。

　　周鳴山後來在紹興南街施醫局做事，因為患痔瘡久治不癒，魯迅在1919年7月17日的日記留有「為方叔買膏藥二枚，寄三弟轉交」的記錄。同年12月17日，魯迅回紹興搬家，日記中有「上午陳子英來，晚張伯燾來，夜方叔出殯」的記載。12月19日，魯迅在日記中寫道：「晴。上午得朱可銘信。午後酈藕人來。晚傳叔祖母治饌餞行，隨母往，三弟亦偕。夜雨。」

　　「傳叔祖母」就是魯迅在《朝花夕拾》中寫到「衍太太」。當魯迅關於「衍太太」的文章公開發表時，「衍太太」依然健在，周鳴山卻已經去世了整整七年。

**【注釋】**

註1：《魯迅全集》第2卷，北京：人民文學出版社，1981年，第288頁。

註2：張能耿、張款著《魯迅家世》，北京：黨建讀物出版社，2002年，第95頁。

註3：周建人口述、周嘩編寫《魯迅故家的敗落》，福建人民出版社，2001年，第78頁。

註4：《魯迅全集》第3卷，第103頁。

註5：周作人著、止庵編：《關於魯迅》，新疆人民出版社，1997年，第82頁。

註6：周作人著、止庵編：《關於魯迅》，第191頁。「介孚公」即周氏兄弟的祖父周介孚（福清），「藕琴公」是周冠五的父親周藕琴。

註7：《知堂回想錄》上冊，石家莊：河北教育出版社，2002年，第8頁。

註8：《兩地書》原信八十七，1926年11月16日。《兩地書全編》，浙江文藝出版社，1998年，第548頁。

註9：《周作人日記》影印本上冊，鄭州：大象出版社，1996年，第217頁。

# 紹興周氏的實業與科舉

**紹興**周氏從明朝正德年間歷經400年的興衰，最終以魯迅、周作人兄弟連同另一支系的周恩來而聞名於世。紹興周氏起於實業敗於科舉的家族史，其實是中國社會和中國歷史的一個縮影。

## 一、由實業到科舉的敗家之路

按照《越城周氏支譜》的記載，紹興周氏的遠祖是宋代理學鼻祖周敦頤，程顥、程頤兄弟是周敦頤的得意門生，朱熹是他的再傳弟子。周氏兄弟的祖父周福清，在〈同治丁卯科並補甲子科浙江鄉試硃卷‧履歷〉中，曾有周家遠祖是「宋封汝南伯伯，元封道國公，學者稱濂溪先生，從祀文廟」的説法。在周作人的童年記憶裏，印象最為深刻也最值得驕傲的，就是周家紅色燈籠上的三個黑色大字「汝南周」。

不過，諸暨豐江《周氏宗譜》和紹興周氏《越城周氏支譜》之間，實際上是靠傳説

聯繫在一起的，這就是《周氏支譜・周氏壽一公世系表》所説的「南門譜楮齋公列傳云，宗子德，贅吳江張氏，開族爛溪，六傳吏部尚書用，諡恭肅。十六傳御史宗建，諡忠毅，裔最盛，先世相傳，逸齋公其後云。」[註1]

逸齋公是紹興周氏的第一代祖宗，周作人在《魯迅的故家》中寫道：

> 會稽姓周的大族很不少，但和我們都是同姓不宗。他們家譜上的世系從南北宋列記下來，有的可以上達漢唐，有五六十代之多，我們的便不行，從始遷祖算起到我們這一輩才有十四代，以三十年一代計算，只有四百年的歷史。實際上也是對的，據說第一世逸齋公移至紹興城內居住是在明正德年間，我們從正德元年（1506）算起，至清末剛是400年。一般家譜的辦法，始遷雖是晚近或微末，卻可以去別找一個闊的始祖來，最普通的是拉住那做過「愛蓮說」的周茂叔，喜歡往上爬的還可以硬說是周公之後，大家弄慣了也不以為可笑，但是我們的家譜上不曾採用此法，乾脆地說逸齋公以前不可考了，不但他從什麼地方移來，是什麼樣的人，都無從知悉，便是名字也已失傳，總之他帶了兩個兒子進城住下是事實，兒子長名壽一，次名壽二，以後世系完全存在，老太爺沒有名字不好叫，後來修譜的人便送他這一個筆名，逸齋者言逸其名也。……

據我們推測，逸齋公的一家，當初或者是務農的，但在他搬
進城來的時候一定也已由農轉為商了，工也未始不可以，不
過那更是空虛的揣測了。由農轉商，生活大概漸見寬裕，又
因為在城市裏的便利，子弟可以進私塾，讀書以至赴考，運
氣來時便可由商工而進入士大夫隊裏去了。[註2]

這篇文章寫於1951年思想改造時期，「我們的家譜上不曾採用此
法，乾脆地說逸齋公以前不可考了」一句話，其實是周作人對於紹興
周氏的改寫美化。「兒子長名壽一，次名壽二」，更是周作人的誤記
誤寫。「壽一」實際上江蘇吳江爛溪「南門譜」的第一代祖宗，也就
是傳說中的紹興周氏第一代祖宗逸齋公的祖宗。逸齋公的兩個兒子是
周南洲和周聰。周南洲與兒子周子信都生活在明代萬曆年間，紹興周
氏的初步創業，是在周南洲父子手中完成的。

紹興周氏的第一位舉人是第六代的周煌，周煌的兒子周紹鵬靠
著從本家「十太郎」那裏借錢開辦的「尊德」與「崇德」當鋪開始發
家，並且在他的兒子周渭手中得到最大限度的繁榮發展，從而在整個
紹興周氏中一枝獨秀。據《越城周氏支譜》記載，周渭「端瑾多謀
略，能以財力起其家。初樂庵（紹鵬）公家僅小康，歲足自給外，囊
無多金。」周渭「積資擴先緒，置典庫，親司出納，不十數年，而家大
起」，然「家雖饒而公總以勤儉終其身」。周氏兄弟的出生地東昌坊口
新台門，連同福彭橋南側的周家過橋台門，都是在周渭手中建造的。

關於紹興周氏的興衰歷史，周福清在《恒訓》中寫道：「余族明
萬曆年，家已小康，述先公祭田，俱萬曆年置。累世耕讀。至乾隆年

分老七房小七房（韞山公生七子），合有田萬餘畝，當鋪十餘所，稱大族焉。逮嘉道時，族中多效奢侈，遂失其產。復遭十七房爭繼，訟至京師，各房中落者多。……自昆季輩不事生計，侄輩繼之賣田典屋，產業盡矣。」[註3]

周福清的「自昆季輩不事生計」，說穿了就是周氏後人不再像前輩祖宗那樣以實業立家，而是靠著前輩祖宗留下來的遺產過起「四體不勤，五穀不分」的精神貴族生活，專門像傳說中的遠祖周敦頤那樣以孔教理學立身傳家。紹興周家第一位也是最後一位考取進士的周福清，就是這方面的最高代表。周福清的母親戴氏，反倒是紹興周氏反對科舉考試的先驅人物。

## 二、科舉敗家的眾生相

周福清的父親周以埏曾經參加過兩次鄉試都沒有成功，只好花錢捐了一個國子監生的頭銜。人稱九老太太的周以埏夫人戴氏，是國子監戴有年的孫女和監生戴琳的長女，娘家很富有也很奢

紹興周氏新老台門所在的東昌坊口。

侈，只是沒有維持多少年便敗家破落。據周冠五（觀魚）〈回憶魯迅房族及社會環境35年間（1902-1936年）的演變〉介紹：「九老太太係介孚公的母親，孤僻任性，所言所行多出常人意料以外。當介孚公中進士，京報抵紹，提鑼狂敲，經東昌坊、福鼓橋分道急奔至新台門，站在大廳桌子敲鑼報喜之際，這位九老太太卻在裏面放聲大哭。人家問她説，這是喜事為什麼這樣哭？她説，拆家者，拆家者！」[註4]

周作人在《知堂回想錄》中對此事另有補充：「拆家者是句土話，意思是説這回要拆家敗業了。她平常就是這種意見，做官如不能賺錢便要賠錢，後來介孚公知縣被參革了，重謀起復，賣了田產捐官（內閣中書）納妾，果然應了她的話，不待等科場案發，這才成為預言。平常介孚公在做京官，每有同鄉回去的時候，多託帶些食品去孝敬母親，有一回記得是兩三隻火腿，外加杏脯桃脯葡萄乾之類，裝在一隻麻袋裏，可是曾祖母見了怫然不悦道：『誰要吃他這樣的東西！為什麼不寄一點銀子來的呢。』她這意思是前後相符，可以貫穿得起來的。」

點了翰林的周福清，儘管沒有給紹興周家帶來財富，卻有過讓兒孫幾代考取翰林並在周府門口懸掛一塊「祖孫父子兄弟叔侄翰林」匾額的科舉夢想。從現存的一封周福清於光緒十五年即1889年寫給兒子周伯宜的家信中可以看出，他最大的希望就是兒子參加本年鄉試時能夠「和順」，並且要求兒子把「場作及題解詳細抄來」，自己也把這一年順天鄉試中的欽命闈題抄錄給兒子參考交流。他對於孫子的學業也十分重視，專門從北京託「本科進士、江西知縣許笈雲帶回」《詩韻釋音》兩部，囑咐説「可分與張、魁兩孫逐字認解，審音考義，小學入門（吾鄉知音韻者頗少，蒙師授讀別字連篇），勉之。」[註5]

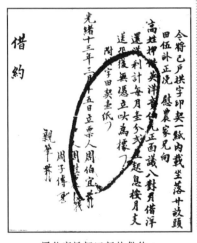

周伯宜抵押田契的借約。

1893年，周伯宜以周用吉的名字參加本省招考舉人的科舉會考，周福清為了確保兒子連同親友中的馬、顧、陳、孫、章五姓子弟如願中舉，專程赴蘇州賄賂主考官殷如璋，從而釀成轟動全國的科場大案。周伯宜在考場中被當場拘捕，連此前已經獲得的秀才功名也被剝奪。1894年1月31日，光緒皇帝諭旨判定周福清「斬監候」，也就是現在所說的死刑緩期。突如其來的科場大案，不僅徹底斷送了周福清的仕途和周伯宜的科舉，家裏的幾十畝水田也被換成現款去挽救周福清的性命。據周建人《魯迅故家的敗落》回憶，周伯宜一直把科場大案的罪責歸咎在自己身上：「『用吉』這名字多不好，把『周』字拆散了！奇怪！怎麼會起這樣一個名字？」「他不責備任何人，似乎只怨恨自己，臨終前，他按在自己身上的那隻手，輕輕地抬起來，又輕輕地落下，這樣重覆幾次，一邊嘴裏喃喃地說：『呆子孫，呆子孫！』」註6

1899年2月27日至3月3日，被關在杭州獄中的周福清痛定思痛，在寫給子

孫的《恒訓》中反思並超越了正統文化人的科舉道路：「我歷盛衰，眼見致敗之由。習聞祖父起家之訓，如聞昨事。……唯有業可立於不敗之地。……爾輩知之，如用錢有餘，以買田為最好之計。勿存銀號。」魯迅當年以長房長孫的身份完完整整地把《恒訓》抄錄一遍，並在抄稿後面鄭重寫上落款：「已亥十月上幹孫樟壽謹抄於江南陸師學堂。」

此前的1898年12月18日，正在南京礦路學堂學習洋務的魯迅，曾經回鄉與周作人一同參加會稽縣考，也就是最初級的科舉考試。這是魯迅第一次也是最後一次參加科舉考試，在此後的兩年中，不再參加科舉考試的魯迅並沒有忘情於科舉之路。1901年2月18日陰曆除夕，回紹興家中過寒假春節的魯迅，按照當地風俗下午接神、夜拜祖像，吃過年夜飯又帶領兩個弟弟祭奠書神長恩，祈求兄弟三人在來年的科舉考試中榜上題名：「錢神醉兮錢奴忙，君獨何為兮守殘籍？」「俗丁儈父兮為君仇，勿使履閾兮增君羞。……寧召書癖兮來詩囚，君為我守兮樂未休。他年芹茂而檞香兮，購異籍以相酬。」

## 三、紹興周家的敗落與新生

紹興周家400年間共有4位舉人，六世祖周煌是第一位舉人；第二位是道光甲午科的舉人、第十一代的周以均。第三位是同治丁卯並補行甲子科舉人、十二代的周福清，第四位是光緒丙子科舉人周慶蕃。周家歷代捐錢買官的有幾十位，真正做過官的只有考取進士、欽點翰林的周福清。紹興周家的徹底敗落，正是發生在周福清身上。由此可知，掛靠官府的科舉之路，遠比經商營利的實業之路要艱難得多也兇險得多。

周福清在《恒訓》中，把人世間的劫難總結為五種：水、火、刀、兵和鴉片，並把鴉片說成是「輕者促其壽、破其家，重則殺其身，絕其嗣」的劫中之劫：「至今思之，凡嗜洋煙者，親友本家不下百餘，四者之中，必犯其一也。」他的這種見識，比起同為浙江人的吳敬梓，在《儒林外史》把科舉考試認定為中國文化人的最大劫難，要粗陋淺薄得多。比起周氏兄弟日後對於包括孔教理學、民間道教及科舉制度在內的國民劣根性的全面清算，就差得更遠。魯迅在〈孔乙己〉、〈白光〉、〈肥皂〉等一系列小說中對於遭受科舉毒害的眾生相的深刻描寫，大都是以紹興周氏的真人真事為原型模特的。

　　1919年，紹興周氏聚族而居的新台門被集體出賣，這既是紹興周氏徹底敗落的標誌，也是以周氏兄弟為代表的新一代走向輝煌新生的一個標誌。1938年10月19日，周恩來在武漢舉行的魯迅逝世二周年紀念會上發表演說，公開承認自己與魯迅同屬紹興周家的宗親關係：「我自己不是文學作家，然而卻參加了文藝協會，同時在血統上我『也或』許是魯迅先生的本家，因為都是出身紹興城的周家。」

　　另據李海文主編的《周恩來家世》介紹，周恩來曾經當面向許廣平表示過自己與魯迅確實是本家，輩份上比魯迅低了一代。[註7]

## 四、「隔壁的大富豪」朱閬仙

　　1911年3月7日，魯迅在致許壽裳信中介紹說，紹興周家「賣田之舉去年已實行，資亦早罄，邇方析分公田」。出資購買周家田產的，是當地的首富朱閬仙。

1921年10月23日，魯迅以「風聲」的署名在《晨報副刊》「開心話」中發表〈智識即罪惡〉，其中化用中國民間宗教所常見的走陰還陽的故事，對北京大學哲學系學生朱謙之的〈教育上的反智主義〉加以嬉笑怒罵，捎帶著也提到買斷自家房產的朱閬仙：「到過陰間的前輩先生多説，陰府的大門是有匾額和對聯的，我留心看時，卻沒有，只見大堂上坐著一位閻羅王。希奇，他便是我的隔壁的大富豪朱朗翁。大約錢是身外之物，帶不到陰間的，所以一死便成為清白鬼了，只是不知道怎麼又做了大官。他只穿一件極簡樸的愛國布的龍袍，但那龍顏卻比活的時候胖得多了。」

紹興周氏的絕賣屋契。

文章末尾寫到自己從陰間地獄轉世還陽時，魯迅又補充道：「這還陽還得太冷靜，簡直不像還陽，我想，莫非先前也並沒有死麼？倘若並沒有死，那麼，朱朗翁也就並沒有做閻羅王。」

　　1926年10月10日，〈從百草園到三味書屋〉在《莽原》半月刊發表，魯迅在開場白中寫道：「我家的後面有一個很大的園，相傳叫做百草園。現在是早已併屋子一起賣給朱文公的子孫了，連那最末次的相見也已經隔了七八年，……」

　　「朱文公」就是宋代的理學家朱熹，「朱文公的子孫」指的就是朱閬仙。而被紹興周家奉為遠祖的周敦頤，恰恰是朱熹的祖師爺。據張耿能在《魯迅家世》中介紹，朱閬仙出生於1872年12月25日，比魯迅大9歲，原名世煥，字心燾，號閬仙，原籍紹興鄉下安昌鎮白洋村。他的父親朱增富在上海行醫30年，1892年以母老歸里，帶回195000兩大洋，暫住大營。20歲的朱閬仙娶候補道台陶浚宣之女為妻，又拜道台夏槐卿為義父，躋身於紹興紳士行列。他在廣置良田之餘，還熱心於慈善事業。從1909年開始，個人出資在王廣思火燒場埋六隻大鍋，開辦施粥廠，每年從臘月初一到大年除夕，每日施早中兩餐，他自己早上三四點鐘起床，親自監督淘洗幾石碗米。北洋軍閥時期，大總統徐世昌曾經為朱閬仙頒發金質嘉禾獎章和「急公好義」匾額。國民黨統治時期，浙江省教育廳也曾經授予他捐資興學獎章。從1918年開始，朱閬仙買進魯迅故居紹興周家新台門及別姓房屋建造磐廬，終因建築規模過大而導致破產，已經建成的大多數房屋都被抵押給了債主。由於當年的建築工人都住在原蘭門的二樓二底的房子裏，磐廬沒有完工朱家就宣告破產，魯迅故

居及其廚房才得以保全。今天的紹興魯迅博物館,大都是朱閬仙留下的房產。

　　魯迅1919年回紹興搬家時,朱閬仙曾經設宴招待,遭到魯迅的婉言拒絕。對於並沒有死掉的朱閬仙。1939年,67歲的朱閬仙在抗日戰爭的家難國難中去世,他生前唯一的惡名,就是在給婦女診斷婦科病時,要求病人必須由他當面診斷、親自把脈,而不是由家人代為介紹病情並且代為取藥。

【注釋】

**註1：** 張能耿、張款《魯迅家世》，北京：黨建讀物出版社，2002年，第7頁。

**註2：** 周作人著、止庵編：《關於魯迅》，新疆人民出版社，1997年，第92頁。

**註3：** 《魯迅年譜》第1卷，北京：人民文學出版社，2000年9月增訂版，第5頁。另見張能耿、張款《魯迅家世》，第18頁。

**註4：** 周作人《知堂回想錄》，河北教育出版社，2002年，第10頁。

**註5：** 《魯迅年譜》第1卷，第16頁。

**註6：** 周建人口述、周曄編寫《魯迅故家的敗落》，福建人民出版社，2001年，第81、105頁。

**註7：** 參見張能耿、張款《魯迅家世》，第330頁。

# 周氏兄弟的科舉與洋務

**魯迅**開始記日記的時間是1896年，至1902年去日本留學時一度中斷，只是這部分日記已經散佚，現存的《魯迅日記》從1912年5月隨教育部遷往北京時開始，一直記到逝世前一天的1936年10月18日。在這種情況下，周作人從1898年2月18日開始記錄的日記，就成了周氏兄弟由科舉考試到洋務維新的最為可靠的原始記錄，同時也是政學兩界文化人的心路歷程的一個縮影。

## 一、初學洋務的魯迅

1898年2月18日是陰曆正月28日，周作人與祖父周福清的泮姨太一起，留在杭州陪侍獄中的祖父，同時在祖父的指導下準備科舉考試。這一天，魯迅同家裏的幫工章慶到杭州探望祖父，21日返回紹興。此時的魯迅已經離開三味書屋在家自學，他寫作的專門應付科舉考試的八股文章，依舊請塾師壽洙鄰批閱，有時也寄到杭州請祖父和弟弟過目。

2月27日即陰曆二月初七日，魯迅從紹興寄家信到杭州，周作人在日記中寫道：「下午接越函，……云諸暨武童刺死洋人四名。」3月7日即陰曆二月十五日，周作人又在日記中澄清事實：「聞諸暨之事，唯拆教堂，餘俱訛傳。」

3月22日即陰曆二月三十日，魯迅的另一封家信寄到杭州，周作人在日記中寫道：「下午接紹廿九日函，……云有《新知報》內有瓜分中國一圖，言英、日、俄、法、德五國，謀由揚子江先取白門瓜分其地，得浙英也。又云紹謠有苗兵三千入杭城守鎮海關，未知果否云云。按近日亦有此謠，報云近將創謠之首二人各枷責以懲云。」註1

《新知報》是由維新派的康廣仁、何廷光等人在澳門出版的一份報刊，在紹興水澄橋墨潤堂書坊設有發行處。「白門」即南京。從這些文字中不難看出18歲的魯迅和14歲的周作人對於國家大事的關心。

三味書屋，魯迅12歲起在這裏讀書。

　　4月29日，魯迅再次寄來家信時，告知自己已經決定到南京學習洋務。5月2日，魯迅來到杭州，次日離開杭州經上海前往南京，到達南京後與叔祖周椒生住在一起，準備投考江南水師學堂。周椒生覺得本族子弟進入洋學堂「當兵」，是很不體面的一件事情，不應該也不值得使用本名，於是給本名周樟壽的魯迅改名周樹人。5月24日，魯迅在致杭州家信中告訴祖父和弟弟，自己考取了水師學堂的試習生。

　　江南水師學堂1890年由兩江總督曾國荃奏請朝廷創辦於南京，是一所免交學費並且有少量津貼的海軍軍官學校。據魯迅寫於1925年5月26日的《集外集》‧〈俄文譯本《阿Q正傳》序及著者自敘傳略〉介紹：「我漸至於連極少的學費也無法可想；我的母親便給我籌辦了一點旅費，教我去尋無需學費的學校去，因為我總不肯學做幕友或商人，——這是我鄉衰落了的讀書人家子弟所常走的兩條路。其時我是十八歲，便旅行到南京，考入水師學堂了，……」[註2]

　　在寫於1926年10月8日的《朝花夕拾‧瑣記》中，魯迅運用充滿仇恨的筆觸，介紹了自己離開紹興外出求學時的情緒衝動：「但是，那裏去呢？Ｓ城人的臉早經看熟，如此而已，連心肝也似乎有些了然。總得尋別一類人們去，去尋為Ｓ城人所詬病的人們，無論其為畜生或魔鬼。那時為全城所笑罵的是一個開得不久的學校，叫做中西學堂，漢文之外，又教些洋文和算學。然而已經成為眾矢之的了；……但我對於這中西學堂，卻也不滿足，因為那裏面只教漢文，算學，英文和法文。功課較為別致的，還有杭州的求是書院，然而學費貴。無須學費的學校在南京，自然只好往南京去。」

魯迅在水師學堂學習期間，發生了1898年9月21日的「戊戌政變」，時任水師學堂管輪堂監督的叔祖周椒生，以監護人的身份給魯迅上了一堂道學課。1925年4月14日，魯迅在〈忽然想到（五）〉中把此事記錄在案：「政變之後，有族中的所謂長輩也者教誨我，說：康有為是想篡位，所以他的名字叫有為；有者，『富有天下』，為者，『貴為天子』也。非圖謀不軌而何？我想：誠然。可惡得很！……但有時心裏也發生一點反抗。」

　　隨後，魯迅於10月15日投考江南陸師學堂附設的礦務鐵路學堂，並於26日被錄取。

## 二、周氏兄弟的科舉考試

　　關於自己離開水師學堂的原因，魯迅提供過多種說法。他先在《朝花夕拾・瑣記》中寫道：「總覺得不大合適，可是無法形容出這不合適來。現在是發現了大致相近的字眼了，『烏煙瘴氣』，庶幾乎其可也。只得走開。……於是毫無問題，去考礦路學堂去了。」

　　在寫於1934年的《集外集・自傳》中，他又改變說法，說是因為沒有分到畢業後可以當船長的駕駛班：「分在管輪班，我想，那就上不了艙面了，便走出，又考進了礦路學堂。」

　　相比之下，寫於1925年5月13日的〈忽然想到（八）〉，更接近於實際情況：「我在N的學堂做學生的時候，也曾經因這『釗』字碰過幾個小釘子，但自然因為我自己不『安分』。一個新的職員到校了，勢派非常之大，學者似的，很傲然。可惜他不幸遇見一個同學叫『沈釗』的，就倒了楣，因為他叫他『沈鈞』，以表白自己的不識

字。於是我們一見面就譏笑他，就叫他為『沈鈞』，並且由譏笑而至於相罵。兩天之內，我和十多個同學就疊連記了兩小過兩大過，再記一小過，就要開除了。」

在此之前的1922年8月21日，魯迅在《吶喊·序》中乾脆抹掉了水師學堂的這段經歷：

> 有誰從小康人家而墜入困頓的麼，我以為在這途路中，大概可以看見世人的真面目；我要到N進K學堂去了，彷彿是想走異路，逃異地，去尋求別樣的人們。我的母親沒有法，辦了八元的川資，說是由我自便；然而伊哭了，這正是情理中的事，因為那時讀書應試是正路，所謂學洋務，社會上便以為是一種走投無路的人，只得將靈魂賣給鬼子，要加倍的奚落而且排斥的，而況伊又看不見自己的兒子了。然而我也顧不得這些事，終於到N去進了K學堂了，在這學堂裏，我才知道世上還有所謂格致，算學，地理，歷史，繪圖和體操。生理學並不教，但我們卻看到些木版的《全體新論》和《化學衛生論》之類了。我還記得先前的醫生的議論和方藥，和現在所知道的比較起來，便漸漸的悟得中醫不過是一種有意的或無意的騙子，同時又很起了對於被騙的病人和他的家族的同情；而且從譯出的歷史上，又知道了日本維新是大半發端於西方醫學的事實。

「到N進K學堂」就是到南京進礦路學堂。魯迅在這裏除了略去自己在水師學堂求學的經歷之外，還略去自己1898年12月18日與周作人一同參加會稽縣考也就是最為初級的科舉考試的經歷。1899年1月9日縣考成績公布，魯迅名列三圖三十七即第187位，周作人名列十圖三十四即534位。這是魯迅第一次也是最後一次參加科舉考試，卻足以證明進入洋學堂的魯迅，與「學而優則仕」的科舉道路依然是藕斷絲連。

## 三、文章立命與尊王攘夷

據周作人在《魯迅的故家》中介紹，魯迅並不是周氏家族第一個「學洋務」的人，他之所以投考南京水師學堂，與中過舉人的叔祖周椒生有直接關係：

> 周椒名慶蕃，小名慶，魯迅這一輩叫他作慶爺爺，又因為他的大排行係十八，所以魯迅從前的日記上常寫作十八叔祖。他是個舉人，這科名在以前不容易得到手，秀才只能稱相公，中了舉就可以叫老爺了，所以他自己也頗自傲，雖然「新台門周家」大家知道，他總要信上寫明「文魁第周宅」的，……他以候補知縣的資格到南京去投奔妻族的長親，一個直樂旗人姓施的，是個老幕友，以辦理洋務名，一直在兩江總督衙門裏，……因了他的幫忙，被派在江南水師學堂教漢文，兼當監督。……水師學堂原有駕駛、管輪和魚雷三班，椒生所任的是管輪堂監督，大概前後有十年之久。周氏子弟因了他的關係進那學堂的共有四人，最早是誠房的鳴

山，本名鳳歧，由椒生為改作行芳，那時學校初辦，社會上
很看不起，水陸師學生更受輕視，以為是同當兵差不多，因
此讀書人覺得不值得拿真名字出去，隨便改一個充數。鳴山
大抵是考的分數不夠，據他說是不幸分派在駕駛班，那邊的
監督蔣超英和椒生有意見，所以把他開除了。其次是伯升改
名文治，於丁酉年入學，甲辰年畢業。得到「把總」的頂
帶，上兵船去練習，仕至聯鯨軍艦正管輪。魯迅是戊戌春間
進去的，名字也是椒生所改，但他覺得裏邊「烏煙瘴氣」，
於次年退學，改入陸師附設的礦路學堂，至辛丑畢業，壬寅
派往日本留學。註3

　　江南陸師學堂是兩江總督張之洞於1896年奏請朝廷設立的陸軍軍
官學校，總共辦了4期，1905年解散。魯迅考取的陸師學堂附設礦路
學堂只辦了一期便宣告結束。在南京學習洋務期間，魯迅最初接觸到
的只是洋為中用的自然科學，人文思想方面依然是中國本土儒、釋、
道三教合流的傳統宗教文化。借用張之洞寫於1898年5月的《勸學
篇》的說法，洋務運動的宗旨就是「中學為體，西學為用」和「舊學
為體，新學為用」。

　　自1898年第一次參加科舉考試之後，周作人離開杭州回到三味
書屋就讀，並連續參加了1899和1900年的科舉考試。1899年2月4
日張榜公布的府考成績中，周作人名列會稽縣四圖四十七名即第247
名。一個月後，他在3月15日的日記中留下一首七言詩〈題「滅官風
箏」〉：

周作人日記1901年3月15日。

飄飄兩腋覺風生，
搔首看時識是君。
滿腹經綸皆在握，
遍身錦繡盡成文。
上天定有沖天翮，
下世還為救世臣。
自歎無能不如汝，
羨君平步上青雲。

　　關於這首詩的最好注解，是周作人發表於1925年1月2日《語絲》第9期的〈元旦試筆〉：「我當初和錢玄同先生一樣，最早是尊王攘夷的思想，……後來讀了《新民叢報》、《民報》、《革命軍》、《新廣東》之類，一變而為排滿（以及復古），堅持民族主義者計有十年之久，到了民國元年這才軟化。」

　　周作人這種「上天定有沖天翮，下世還為救世臣」的「尊王攘夷的思想」，其實就是「普天之下，莫非王土」的中國人——特別是中國文化人的共同信仰。在《水滸傳》中，連已經成

為綠林強盜的宋江、吳用、林沖、盧俊義,也要固執地打出替天行道的聖戰旗號,積極主動地致力於反人欲不反天理、反貪官不反皇帝的尊王救世。有所不同的是,宋江、吳用們以中國本土的貪官污吏為頭號仇敵的替天行道,到了1840年的鴉片戰爭之後,已經變換成以海外洋人為頭號仇敵的「尊王攘夷」。

1900年1月26日即陰曆1989年臘月26日,魯迅自南京回家過年,2月19日離家返校後,寫下〈別諸弟三首(庚子二月)〉,其中的第三首所表達的正是傳統文化人「下世還為救世臣」的「尊王攘夷的思想」:

從來一別又經年,
萬里長風送客船。
我有一言應記取,
文章得失不由天。

魯迅的家信和二首詩於1900年4月14日被同鄉捎回紹興家中,在此之前的3月12日,周作人還在日記中記錄了自己的科舉夢想:「黎明夢一家匾上題『花甲登科』四字」,充分證明周氏兄弟「文章得失不由天」和「下世還為救世臣」的息息相通。

在南京學習期間,魯迅在文章立命之餘還曾經自號「戎馬書生」和「戛劍生」,並且愛好騎馬,表現出了尚武好鬥的另一面。據他在1935年1月29日致蕭軍、蕭紅信中介紹,自己當年是「每天總要跑它一兩點鐘的」。

## 四、周氏兄弟的道學傳家

　　1900年是舊曆庚子年，這一年的6月10日，英、俄、美、法、德、意、日、奧組成八國聯軍，由天津向北京發起進攻。打出「尊王攘夷」、「扶清滅洋」的聖戰口號並且自稱刀槍不入的義和團，被清政府倚重為抵禦侵略的主力軍。然而，在真刀真槍的戰場上，義和團虛張聲勢的巫術神道卻不堪一擊。8月14日，八國聯軍攻陷北京。隨後，偕光緒逃往西安的慈禧下令剿滅義和團。10月17日，發生在中國本土的一場喪權辱國的國際化戰爭，以中國人的自相殘殺加割地賠款宣告結束。這在高唱「文章得失不由天」和「下世還為救世臣」的周氏兄弟心目中，自然會留下難以磨滅的印象。查閱周作人1900年日記，可以看到如下記載：

　　6月15日（陰曆五月十九日）：「聞天津義和拳匪三百人，拆毀洋房、電桿、鐵路下鬆樁300里，頃刻變為麩炭。為首姓郜，蓋妖術也。又聞天津水師學堂亦已拆毀。此等教匪，雖有扶清滅洋之語，然總是國家之頑民也。」

　　6月20日（陰曆五月廿四日）：「接江南函，由郵政局十七日發，云拳匪滋事是實，並無妖術，想是謠傳也。」

　　7月1日（陰曆六月初五）：「聞拳匪與夷人開仗，洋人三北，今決於十六日上海大戰，倘拳匪不勝，洋人必下杭州。因此紹人多有自杭州逃歸者。時勢如此，深切杞憂。」

　　7月2日（陰曆六月初六）：「聞近處教堂與洋人皆逃去，想必有確信或拳匪得勝，聞之喜悅累日。又聞洋人願帖中國銀六百兆求和，義和有款十四條，洋人已依十二條云。」

在日記夾縫裏，周作人還留有「若果是真，亦覺可喜，惜俱是謠傳也」的批註。在日記的天頭，周作人另用大字寫出「驅逐洋人在此時矣」、「非我族類其心必異」、「臥榻之側豈容他人酣睡」之類中國特色的標語口號。他所說的「接江南函」，指的是魯迅從南京寄來的家信。20歲的魯迅顯然比16歲的周作人要冷靜一些，不過，周氏兄弟既要「尊王攘夷」又看不起「總是國家之頑民」的「拳匪」的雙重思想，還是基本一致的。

1900年7月19日晚上，正在家裏納涼的周作人，忽然得到紹興知府點兵守城的消息，説是台州殷萬登的子孫為報父仇而拆毀教堂聚眾造反，當時離紹興府城只有七、八十里的路程。城中居民紛紛逃避城外，周家也一度有過逃難的打算。到了第二天，官府貼出告示，説是並無其事，並禁止訛傳，大家才知道是虛驚一場。辛亥革命之後，沒有親身經歷這次事件的魯迅還以此為素材寫作了文言小説〈懷舊〉。到了1912年6月27日，已經在北京教育部任職的魯迅，又在日記中重新提到義和團：「下午假《庚子日記》二冊讀之，文不雅馴，又多訛奪，皆記『拳匪』事，其舉止思想直無以異於斐、澳野人。齊君宗頤及其友某君云皆親歷，幾及於難，因為陳述，為之瞿然。」[註4]

就在八國聯軍攻入北京的當天即1900年8月4日，魯迅從南京託返鄉親友給周作人、周建人帶回一些書籍，其中有一部《周濂溪集》，也就是被紹興周氏奉為遠祖的宋代理學家周敦頤的傳世文集。10月9日，周作人根據《周濂溪集》中《通書‧樂上》第十七的「淡則欲心平，和則躁心釋」，寫作了一篇八股文策論。19日又根據《通書‧順化》第十一的「以義正萬民」，寫作另一篇八股文策論。周氏兄弟在

《新青年》時代以反孔反儒的姿態所從事的改造國民性的文化事業，在一定程度上恰恰是周敦頤「以義正萬民」的儒教理學的發揚光大；而「淡則欲心平，和則躁心釋」的修身養性，又是中年周作人日趨消極保守的精神法寶。

魯迅在本年度所寫的署名戛劍生的七律舊詩〈蓮蓬人〉，透露出的同樣是遠祖周敦頤在〈愛蓮說〉中以荷花自比的「出污泥而不染」的道學精神：「掃除膩粉呈風骨，褪卻紅衣學淡妝。好向濂溪稱淨植，莫隨殘葉墮寒塘。」

1901年2月4日是陰曆庚子年的臘月16日，回到紹興家中過春節的魯迅，與周作人一起到紹興府署觀看科舉大案，周作人名列三圖三十四名即第154名。1901年2月18日是舊曆除夕，魯迅按照當地風俗下午接神、夜拜祖像，吃過年夜飯又帶領兩個弟弟祭奠書神長恩：「上章困敦之歲，賈子祭詩之夕，會稽戛劍生等謹以寒泉冷華，祀書神長恩，而綴之以俚詞……。」

這裏的「俚詞」顯然是客套話，〈祭書神文〉所採用的是屈原《離騷》中的最為典雅筆調，魯迅祭書神的目的，是祈求書神長恩保護周家的書籍文獻並且保佑自己及兩個弟弟在科舉考試中榜上題名：

> 錢神醉兮錢奴忙，君獨何為兮守殘籍？華筵開兮臘酒香，更點點兮夜長。人暄呼兮入醉鄉，誰薦君兮一觴。絕交阿堵兮尚剩殘書，把酒大呼兮君臨我居。……俗丁儉父兮為君仇，勿使履閾兮增君羞。若弗聽兮止以吳鉤，示之《丘》《索》兮棘其喉。令管城脫穎以出兮，使彼慴慴以心憂。寧召書癖

兮來詩囚，君為我守分樂未休。他年芹茂而樨香兮，購異籍
以相酬。

由此可知，寫作〈祭書神文〉的魯迅，雖然在「走異路，逃異
地」的江南陸師學堂之礦路學堂，初步接觸了現代科學知識，他所奉
行的卻依然是孔教儒學「勞力者治人，勞心者治於人」、「萬般皆下
品，唯有讀書高」的重文輕商、重義輕利的文化傳統。

## 五、周作人的學習洋務

對於已經放棄科舉考試的魯迅一邊學習洋務一邊留意科舉的矛盾
心態，周作人在《知堂回想錄》中解釋說：

前清時代士人所走的道路，除了科舉是正路外，還有幾路叉
路可以走得。其一是做塾師，其二是做醫師，可以號儒醫，
比普通的醫生要闊氣些。其三是學幕，即做幕友，給地方官
「佐治」，稱作「帥爺」，是紹興人的一種專業。其四則是
學生意，但也就是錢業和典當兩種職業，此外便不是穿長衫
的人所當做的了。另外進學堂，實在此乃歪路，只有必不得
已，才往這條路走，可是「跛者不忘履」，內心還是不免有
留戀的。在庚子年的除夕，我們作〈祭書神長恩文〉，結末
還是說，「他年芹茂而樨香兮」，可以想見這魔力之著實不
小了。註5

1901年3月15日即陰曆正月二十五日，魯迅與叔祖周椒生一道離開紹興回南京上學，周作人一直送到船上，並套用〈菩薩蠻〉的詞牌為魯迅聯詞一首：

> 風力漸添帆力健（陸遊），
> 蕭條落葉垂楊岸（李紳）。
> 人影夕陽中（高蟾），
> 遙山帶日紅（唐太宗）。
> 齊心同所願（古詩十九首），
> 努力加餐飯（岑參）。
> 橋上送君行（張籍），
> 綠波舟楫輕（鄭獬）。

　　當天夜裏，周作人又以〈送戛劍生往白〉為題寫作三首七絕，第三首的「家食於今又一年，羨人破浪泛樓船。自漸魚鹿終無就，欲擬靈均問昊天。」[註6]明確表現了他對於學習洋務的魯迅的羨慕神往之情。

　　這三首詩寄到南京後，魯迅寫下和詩〈別諸弟三首（辛丑二月）〉，其中的第三首借著急難相助的脊令鳥，抒發了要與周作人並駕齊驅、同舟共濟的豪情壯志：「春風容易送韶年，一棹煙波夜駛船。何事脊令偏傲我，時隨帆頂過長天！」

　　在為這三首詩所寫的跋語中，魯迅另有「登樓隕涕，英雄未必忘家；執手消魂，兄弟竟居異地！」的感慨。

1901年4月7日，祖父周福清從杭州獄中寫來家信，說是定於4月9日出獄回家。周作人於8日雇夜船到西興迎接祖父，10日早晨回到家中。晚年周作人在《知堂回想錄》中，把自己的背井離鄉歸結為堂叔周衍生的挑撥離間和祖父周福清指桑罵槐的精神虐待，以及被迫穿長衫上街的道學禁錮：「魯迅在《朝花夕拾》的一篇〈瑣記〉裏，說他的想離開紹興，乃是『衍太太』所逼成的，因為她最初勸導他偷家裏的東西，後來又造他的謠言，使他覺得家裏不能再蹲下去。但是我卻是衍生所間接促成的。……但是我想從家裏脫逃的原因，這還只是一半，其他一半乃是每天上街買菜，變成了一個不可堪的苦事。……我想脫去長衫，只穿短衣也覺得涼快點，可是祖父堅決不許，這雖是無形的虐待，卻也是忍受不下去的。」

1901年5月5日，周作人參加科舉院試，23日張榜公佈成績，周作人再次落選，家族中只有堂叔仲翔考取第40名即末名秀才。這是周作人最後一次參加科舉考試，兩天前的21日，他已經給魯迅寫信表示要到南京學習洋務：「託另圖機會，學堂方面乞留意。」

6月8日，周作人在日記中更加明確地表達了想通過學習洋務到海外建功立業的雄心壯志：「連日鬱鬱不快，故日記亦多掛漏，未知何時得乘長風，破萬里浪，作海外遊也。毛錐誤我，行當投筆執戈，從事域外，安得鬱鬱居此與草木同朽哉。春宵有感，書此自勉。」

## 六、周作人的拒絕科舉

1901年7月11日，南京方面寄回家信。這封家信不是魯迅所寫，而是比魯迅還要小1歲的叔叔周伯升所寫。信中介紹說已經把周作人

想到南京上學的事情稟報叔祖周椒生，
周椒生答應讓周作人到南京當額外生，
並且替他繳納飯費。到了8月25日，魯
迅也寄回家信，並附上叔祖周椒生致祖
父周福清的信，讓周作人於陰曆的八月
中旬「同封燮臣出去。……託其臨行
關會。」

周作人在《知堂回想錄》中，把
自己到南京學習洋務形容為對於祖父周
福清的「脫逃」：「他對於學堂也贊成
的，……不過當時我如提出此種要求，
倘或他覺察了我想脫逃的意思，那也可
能不許可的，因此我不敢來直接請求，
寧可轉彎抹角的去想辦法，叫南京方面
替我說話，那就可以保險了。」

1901年9月18日，17歲的周作人
來到南京住進叔祖周椒生的寓所，考試
合格後從10月12日開始在水師學堂學
習，一個星期中用五天的時間學習英
語、數學、物理、化學等中學課程，用
一天的時間學習漢文：「監督公用了
『周王壽考，遐不作人』的典故，給
我更名，又起號曰樸士，不過因為叫

魯迅1904年與在日本留學的紹興
同鄉合影。

起來不響亮，不曾使用，那時魯迅因為小名曰『張』，所以別號『弧孟』，我就照他的樣子自號曰『起孟』。」

對於周作人來說，進入水師學堂並不等於與科舉考試徹底告別。1902年7月28日，也就是陰曆6月24日，周作人日記中出現這樣的記載：「下午接家信，促歸考，即作答，歷陳利害，堅卻不赴。」晚年周作人在《知堂回想錄》中解釋說：

> 這是很嚴重的一個誘惑，可是勝利的拒絕了。……當時家裏的人大概還覺得當水手不及做秀才的正路，或者由於本家文童的力勸，也未可知，而同時在學堂本身也存有著這樣的空氣，這是很奇妙的，雖然是辦著學堂，實際卻還是提倡科舉，即如我們同班丁東生告假去應院試，進了秀才，總辦還特別掛虎頭牌，褒獎他一番呢。……這時我的反漢文的空氣也很嚴重。如十月二十四項下云：「今日漢文堂已收拾，即要進館，予甚不樂。人若有以讀書見詢者，予必曰否否，寧使人曰予為武夫，勿使人謂作得好文章也。」又十一月十六日項下云：「上午作論，文機鈍塞，半日不成一字，飯後始亂寫得百餘字，草率了事。顧予甚喜，此予改良之發端，亦進步之實證也，今是昨非，我已深自懺悔，然欲心有所得，必當盡棄昔日章句之學方可，予之拼與八股尊神絕交者，其義蓋如此」。

科舉考試的中止是1905年的事情，周作人能夠在1902年就表現出「拼與八股尊神絕交」的膽識，也稱得上是難能可貴。在此之前的1902年3月24日，22歲的魯迅已經與張邦華、徐慶鑄、劉乃弼、顧琅、伍崇學等人，在南京陸師學堂總辦俞明震的親自護送下，乘日輪「大貞丸」號離開南京赴日本留學。有趣的是，在恩師章太炎等人的直接影響之下，魯迅、周作人、錢玄同等人在日本留學期間，反而又表現出了極端否定洋務維新的復古傾向。

【注釋】

註1：《周作人日記》影印本上冊，鄭州：大象出版社，1996年，第3、4、5頁。

註2：《魯迅全集》第7卷，北京：人民文學出版社，1981年，第83頁。

註3：周作人著、止庵編：《關於魯迅》，新疆人民出版社，1997年，第67頁。

註4：《魯迅全集》第14卷，第7頁。

註5：周作人《知堂回想錄》上冊，河北教育出版社，2002年，第62頁。

註6：《周作人日記》影印本上冊，第198、199頁。

**洋務**與留學，是清朝末年的中國文人最為時髦的新生路子。只有為數不多的幸運兒，才能夠依賴國家的公費津貼或家庭的鉅額財富，留學於歐美國家以及正在向歐美國家全面開放的東洋之國日本。作為一名公費留學生，魯迅並沒有按照洋務維新的時代精神全面學習歐美社會的工商業文明和憲政民主制度，反而基於中國傳統文化人「勞心者治人」的文化傳統，選擇了尼采式的超人專制加超人救世的新式宗教「神思新宗」，從而在自己的精神軌道上走出了很大的一段彎路。

## 一、弘文學院的斷髮故事

魯迅開始接觸現代西方文明，是1898至1902年在南京江南水師學堂和陸師學堂附屬礦務鐵路學堂學習洋務時的事情。這兩所新式學堂，都是以李鴻章、曾國荃、張之洞、劉坤一為代表的滿清洋務大臣「舊學為體，新學為用」、「中學為體，西學為用」的產

物。魯迅之所以要選擇新式學堂，是想為自己也為破落的家庭及破敗的國家尋找一條「新生」之路。在陸師學堂期間，魯迅對於西方人文思想的接觸與認同，既得益於新任總辦俞明震「是一個新黨」，也得益於嚴復1895年根據英國生物學家赫胥黎的論文集《進化論與倫理學及其他論文》改譯的《天演論》：「看新書的風氣便流行起來，我也知道了中國有一部書叫《天演論》。……哦！原來世界上竟還有一個赫胥黎坐在書房裏那麼想，而且想得那麼新鮮？一口氣讀下去，『物競』『天擇』也出來了，蘇格拉底，柏拉圖也出來了，斯多噶也出來了。學堂裏又設立了一個閱報處，《時務報》不待言，還有《譯學彙編》，……」註1

1902年2月19日，以一等第三名的優異成績從礦路學堂畢業的魯迅，獲准赴日本留學。3月24日，在總辦俞明震的親自護送下，他與同學張邦華、徐慶鑄、劉乃弼、顧琅、伍崇學等人乘日本輪船「大貞丸」號離開南京。據《周作人日記》記載，22歲的魯迅於4月4日抵達東京，並於4月7日致信周作人，表示自己準備進成城學校學習，「又言其俗皆席地而坐。云堂中發號衣褲及靴子。」註2

成城學校是日本人專為中國留學生開設的陸軍士官預備學校，與魯迅在南京陸師學堂期間自號「戛劍生」和「戎馬書生」的精神面貌恰好吻合。然而，就在他到日本東京留學的同時，章太炎、秦力山等人正在積極籌備定於1902年4月26日召開的「支那亡國二百四十二年紀念會」，孫中山也率領十多人自橫濱趕來參加會議。由於駐日公使蔡鈞聯合日本政府橫加阻撓，孫中山、章太炎等人只好折回橫濱，於4月26日在永樂樓聚會，號召推翻滿清王朝。隨著留日學生人數一下

子由數百人激增至數千人，更由於孫中山、章太炎等人對於「革命排滿」的提倡鼓吹，清政府開始對留學生進入軍事學校嚴加限制，致使魯迅只能進入弘文學院普通江南班學習。他的同學黃興（克強），辛亥革命後成為革命軍總司令。

弘文學院是專門為中國留學生興辦的補習學校，由日本貴族院議員、東京高等師範學校校長嘉納五治郎創建於1902年，以教授日語和普通科學知識為主，相當於現在的大學預科班。嘉納是當時的「保全支那派」，他認為中國是日本的屏障，唇亡齒寒，主張與中國政府合作，在辦學上也一直兼顧清政府的意願。當時由於院方對中國留學生多次提出的改革普通科課程的建議置之不理，反而由教務幹事三矢重松等人強行頒布增收學費和醫藥費的新條例，包括魯迅、許壽裳在內的52名留學生於1903年3月29日集體退學以示抗議，直到院方接受留學生提出的各項要求，才於4月16日勝利返校。1910年12月21日，魯迅在致許壽裳信中談起往事時，還有過「擠嘉納於清風，責三矢於牛入」的豪邁話語。

在弘文學院期間，對於魯迅影響最為深遠的一件事是陳獨秀、張繼、鄒容、翁浩、王孝縝五個人闖入留學生監督姚煜的住室集體捉姦的剪辮子。在收入《吶喊》的短篇小說〈頭髮的故事〉中，魯迅借著「前輩先生N」之口回憶說：「我出去留學，便剪掉了辮子，這並沒有別的奧妙，只為它太不便當罷了。不料有幾位辮子盤在頭頂上的同學便很厭惡我；監督也大怒，說要停了我的官費，送回中國去。不幾天，這位監督卻自己被人剪去辮子逃走了。去剪的人們裏面，一個便是做《革命軍》的鄒容，這人也因此不能再留學，回到上海來，後來死在西牢裏。」

魯迅1904年在弘文學院的畢業照片。

1934年12月17日，魯迅又在〈病後雜談之餘〉中寫道：「對我最初提醒了滿漢的界限的不是書，是辮子。這辮子，是砍了我們古人的許多頭，這才種定了的，到得我有知識的時候，大家早忘卻了血史，反以為全留乃是長毛，全剃好像和尚，必須剃一點，留一點，才可以算是一個正經人了。……因為那時捉住姦夫，總是首先剪去他辮子的，我至今還不明白為什麼；大則指為『裏通外國』，就是現在之所謂『漢奸』。」

在〈因太炎先生而想起的二三事〉中，魯迅再一次舊事重提：「剪掉辮子，也是當時一大事。……我的剪辮，卻並非因為我是越人，越在古昔，『斷髮紋身』，今特效之，以見先民儀矩，也毫不含有革命性，歸根結蒂，只為了不便：一不便於脫帽，二不便於體操，三盤在囟門上，令人很氣悶。在事實上，無辮之徒，回國之後，默然留長，化為不二之臣者也多得很。而黃克強在東京作師範學生時，就始終沒有斷髮，也未嘗大叫革命，……」

## 二、《浙江潮》的鋒芒初試

在此前的1902年11月，魯迅與陶成章、孫江東、蔣百里、許壽裳、厲綏之、張邦華等浙江籍人士101人組成同鄉會，倡議出版《浙江潮》月刊。12月16日，魯迅專門給周作人寄去一本《浙江同鄉會章程》，告訴他已經定購即將出版的《浙江潮》和梁啟超主編的《新小說》等刊物。

1903年1月28日舊曆春節前後，魯迅又與陶成章、許壽裳等29名紹興籍人士召開同鄉懇親會，聯名發出〈紹興同鄉會公函〉，倡議鄉人出國留學：「求智識於宇內，搜學問於世界」，以「驚醒我國人之鼾夢，喚起我國人之精神」。註3

《浙江潮》於1903年2月在東京創刊，最初由孫江東、蔣百里等人負責編輯，自1903年7月第5期開始，改由許壽裳等人負責編輯，並且發表了魯迅根據梁啟超的〈斯巴達小志〉改寫的歷史小說〈斯巴達之魂〉的上半部分，以及

魯迅發表在《浙江潮》中的
〈斯巴達之魂〉。

根據雨果《隨見錄》「芳梯的來歷」改譯出的短篇小説〈哀塵〉,前文署名「自樹」,後文署名「庚辰」。

1902年2月8日,梁啟超繼《清議報》旬刊停刊之後,在日本橫濱創辦《新民叢報》半月刊,致力於鼓吹君主立憲和社會改良。同年6月15日和7月1日,他在《新民叢報》12、13號連載〈斯巴達小志〉,詳細介紹古希臘的城邦小國斯巴達的「立國起源」、「立法」、「政體」、「國民教育」等8個方面,認為「凡世界之文明國未有不為法治國。……斯巴達婦人愛國之心最重。妻之送其夫,母之送其子以臨戰場也,輒祝之曰:願汝持盾而歸來,不然則乘盾而歸來。」

1903年4月8日,沙俄違反〈交收東三省條約〉,不按期從東北撤兵,反而提出長期獨佔東北的七條要求,激起中國民眾新一輪的抗俄高潮。留日學生於4月29日在東京集會,提出「寧死不為亡國人」的口號,決定成立「拒俄義勇隊」,並派員回國向清政府請願,要求政府當局出兵拒俄。在《浙江潮》第4期所刊登的留學生請願書中,就有關於斯巴達戰爭的一段話:「昔波斯王澤耳士以十萬之眾,圖吞希臘,而留尼達士親率丁壯數百,扼險拒守,突陣死戰,全軍殲焉。至今德摩比勒之役,榮名震於列國,泰國三尺之童無不知之。夫以區區半島之希臘,猶有義不辱國之士,何以吾數百萬里之帝國,而無之乎?!」

正是在這樣的背景下,魯迅的〈斯巴達之魂〉把梁啟超主張的「凡世界之文明國未有不為法治國」,一下子提升到「惟斯巴達人有『一履戰地,不勝則死』之國法」的絕對境界:「戰哉!此戰場偉大而莊嚴兮,爾何為遺爾友而生還兮?爾生還蒙大恥,爾母答爾兮死則止!?」

〈哀塵〉是雨果自敘他在1841年親眼所見一名女子遭受迫害的故事。魯迅在「譯者曰」中借題發揮，把西方社會初步實現的政教分離的現代法治，與中國本土天人合一加政教合一的皇權專制掛起鈎來：「宗教、社會、天物者，人之三敵也。……宗教教義有足以殺人者。……嗟社會之陷阱！莽莽塵緣，亞歐同慨，滔滔逝水，來日方長！」

在關注歐美歷史和歐美小説的同時，魯迅對於來自歐美的自然科學也表現出了充分重視。只是他的著眼點並不在於科學本身，而是出於「中學為體，洋為中用」的功利打算：借助於以進化論為代表的洋學問來搶佔「存天理，滅人欲」式的精神制高點，然後居高臨下地寫作世道人心、尊王攘夷的道德文章。

1903年10月出版的《浙江潮》第8期中，發表有魯迅的〈説鐳〉和〈中國地質略論〉。〈説鐳〉借著「古籬夫人」（即居里夫人）發現的放射性元素鐳，一上來便搶佔了「輝新世紀之曙光，破舊學者之迷夢」的精神制高點：「自X線之研究，而得鐳線；由鐳線之研究而生電子説。由是而關於物質之觀念，倏一振動，生大變象。最大涅伏，吐故納新，敗果既落，新葩欲吐，雖曰古籬夫人之偉功，而終當脱冠以謝十九世紀末之X線發見者林達根氏。」

〈中國地質略論〉更是一篇地地道道的道德文章。當時的浙江候補道高爾伊，委託著名洋務派人物、《老殘遊記》作者劉鶚與義大利惠工公司商談出讓礦山開採權的國際合作專案，引起浙江民眾和留日學生的強烈不滿，其重要理由竟然是開採礦山會破壞當地的風水。《浙江潮》自第6期開始連續刊登相關文章，〈中國地質略論〉只是

其中之一。魯迅在第一部分即「緒言」中，基於進化論的觀點為自己所要介紹的「中國地質略論」設定了尊王攘夷、愛國護種的精神制高點：

> 吾廣漠美麗可愛之中國兮！而實世界之天府，文明之鼻祖也。凡諸科學，發達已昔，況測地造圖之末技哉。……盜據其室，持以贈盜，為主人者，漠不加察，得殘羹冷炙，輒大感歎曰：「若衣食我，若衣食我」。而獨於兄弟行，則爭錙銖，較毫末，刀杖尋仇，以自相殺。嗚呼，現象如是，雖弱水四環，鎖戶孤立，猶將汰於天行，以日退化，為猿鳥蜃藻，以至非生物。況當強種鱗鱗，蔓我四周，伸手如箕，垂涎成雨，造圖列說，奔走相議，非左操刃右握算，吾不如將何以生活也。而何圖風水宅相之說，猶深刻人心，力杜富源，自就阿鼻。不知宅相大佳，公等亦死；風水不破，公等亦亡，諡曰至愚，孰云不洽。復有冀獲微資，引盜入室，鉅資既虜，還焚其家，是誠我漢族之大敵也。凡是因迷信以弱國，利身家而害群者；雖曰歷代民賊所經營養成者矣，而亦惟地質學不發達故。
>
> 地質學者，地球之進化史也；凡岩石之成因，地殼之構造，皆所深究。……故先摭學者所發表關於中國地質之說，著為短篇，報告吾族。

在第二部分即「外人之地質調查者」中，魯迅首先確立的依然是尊王攘夷、愛國護種的道德精神制高點：「中國者，中國人之中國，

可容外族之研究，不容外族之探險；可容外族之讚歎，不容外族之覬
覦也。」

　　然而，截止到魯迅寫作這篇文章之時，對於中國本土展開科學意
義上的地質調查的，事實上只有來自德國、匈牙利、俄國、日本的科
學家，而沒有一名中國本土的科學家。魯迅的這篇文章，本身就是對
於外國學者既有的調查成果的摘編改寫。

　　在第三部分即「地質之分布」中，既反對風水迷信又反對出讓礦
產開採權的魯迅，又利用自然科學的原理，針對中國的政治制度發表
意見：「如吾中國，常於此見新，而於彼則獲古。蓋以荒古氣候水陸
之不齊，而地層遂難一致。猶譚人類史者，昌言專制立憲共和，為政
體進化之公例；然專制方嚴，一血刃而驟列於共和者，寧不能得之歷
史間哉。地層變例，亦如是耳。」

　　在該文的第六部分即「結論」中，把煤炭認定為「握一方霸權，
操一國之生死」的經濟命脈的魯迅，開出了「中學為體，西學為用」
的救國家、救浙江的藥方：

> 此垂亡之國，翼翼愛護之，猶恐不至，獨奈何引盜入室，助
> 之折楹撓棟，以速大廈之傾哉。今復見於吾浙矣。以吾所
> 聞，浙紳某者，竊某商之故智，而實為外人倀，約將定矣。
> ⋯⋯試問我畏葸文弱之浙人，老病昏瞶之政府，有何權力，
> 敢攖其鋒；闔口自臧，猶將罹禍，而此獠偏提外人耳而促之
> 曰：「若盡索吾浙礦。」嗚呼，鬼域為謀，猛鷙張口，其亡
> 其亡，復何疑焉。⋯⋯

救之奈何？曰小兒見群兒之將奪其食也，則攫而自吞之，師是可耳。夫中國雖以弱著，吾儕固猶是中國之主人，結合大群起而興業，群兒雖狡，則要索之機絕。鄉人相見，可以理喻，非若異族，橫目為仇，則民變之禍弭。況工業繁興，機械為用，文明之影，日印於腦，塵塵相續，遂孕良果，吾知豪俠之士，必有悢悢以思，奮袂而起者矣。不然，則吾將憂服箱受策之不暇，寧有如許閒情，喋喋以言地質哉。

「浙紳某者」即高爾伊，「某商」即劉鶚。「服箱受策」就是通常所說的當牛馬、做奴隸。然而，像小孩子爭搶食物一樣的無序競爭，在「專制方嚴」的中國本土，遠比在或「立憲」或「共和」的歐美國家難以操作。魯迅自己在礦路學堂「下了幾回礦洞」的青龍山煤礦，就是在沒有足夠的技術能力、資金來源——尤其是健全的社會制度及公平公開的市場競爭機制的前提之下，「攫而自吞之」的一大敗筆。晚年魯迅曾經意識到自己早年的思想幼稚，在寫於1934年12月20日的《集外集‧序言》中表示說：「我那時初學日文，文法並未了然，就急於看書，看書並不很懂，就急於翻譯，所以那內容也就可疑得很。而且文章又多麼古怪，尤其是那一篇〈斯巴達之魂〉，現在看起來，自己也不免耳朵發熱。」

1903年10月，魯迅用半文半白的話語改譯自法國儒勒‧凡爾納的科學幻想小說《月界旅行》，由東京進化書社出版。他在〈辨言〉中所表現的，依然是搶佔「存天理，滅人欲」的道德精神制高點「勞心者治人」的文化慣性：「蓋臚陳科學，常人厭之，閱不終篇，輒欲

睡去，強人所難，勢必然矣。唯假小說之能力，被優孟之衣冠，則雖析理譚玄，亦能浸淫腦筋，不生厭倦。……故掇取學理，去莊而諧，使讀者觸目會心，不勞思索，則必能於不知不覺間，獲一斑之智識，破遺傳之迷信，改良思想，補助文明，勢力之偉，有如此者！我國說部，若言情談故刺時志怪者，架棟汗牛，而獨於科學小說，乃如麟角。智識荒隘，此實一端。故苟欲彌今日譯界之缺點，導中國人群以進行，必自科學小說始。」[註4]

在魯迅的心目中，以小說形式宣傳普及科學知識，主要不是為了提升本國的以科學技術為核心的社會生產力進而推動社會化的擴大再生產，反而是為了改造世道人心的啟蒙宣傳：「獲一斑之智識，破遺傳之迷信，改良思想，補助文明。」

## 三、仙台醫專的半途而廢

1904年4月30日，魯迅在弘文學院結業。按照清朝政府當初的設想，這批礦路學堂的學生，本應該升入東京帝國大學工科所屬的採礦冶金科繼續深造。只是由於日本國立工科大學數量有限，並且對外國人有一些附加限制，考取的機會比較少。弘文學院的教師江口建議他們另選專業，而且最好是選擇日本最為發達的醫學專業。另據魯迅自己在《吶喊‧自序》中的事後回憶：「我的夢很美滿，預備卒業回來，救治像我父親似的被誤的病人的疾苦，戰爭時候便去當軍醫，一面又促進了國人對於維新的信仰。」

當時的留學生選擇醫學的有很多人，孤身一個人到遠離東京的仙台醫專的，卻只有魯迅一個人。1904年9月1日，仙台醫專給魯迅發出

許可入學並免交學費的正式通知，到校後魯迅還享受到幾個職員替他的食宿操心的善待。任課教師藤野先生，考慮到魯迅聽課困難，時常把講義拿給他抄錄並且幫助他改正講義筆記，用魯迅的話說：「在我所認為我師的之中，他是最使我感激，給我鼓勵的一個。」[註5]

相對於來自歐美先進國家的自然科學和社會科學，魯迅更樂於接受的卻是非科學或超科學的浪漫派藝術以及非理性或超理性的現代派哲學。借用他此前為《月界旅行》所寫的〈辨言〉，就是「臚陳科學，常人厭之，閱不終篇，輒欲睡去，強人所難，勢必然矣。」於是，進入仙台醫專剛剛一個月，魯迅就在致同鄉好友蔣抑卮的信中，把東京形容為美好天堂而把仙台形容為人間地獄：

仙台醫專的藤野先生。

樹人到仙台後，離中國主人翁頗遙，所恨尚有怪事奇聞由新聞紙以觸我目。……今此所居，月只八元。人嘩於前，日

射於後。日日食我者，則例為魚耳。……事物不相校讎，輒昧善惡。而今而後，吾將以烏托邦目東櫻館，即貴臨館亦不妨稱華嚴界也。

校中功課大忙，日不得息。以七時始，午後二時始竣。……所授有物理、化學、解剖、組織、獨乙種種學，皆奔逸至迅，莫暇應接。組織、解剖二科，名詞皆兼用臘丁、獨乙。日必暗記，腦力頓疲。幸教師語言尚能領會，自問苟僥倖卒業，或不至於為殺人之醫。……校中功課只求記憶，不須思索，修習未久，腦力頓錮，四年而後，恐如木偶人矣。<sup>註6</sup>

「臘丁」即拉丁語，「獨乙」即德語。在信末的附記中，魯迅進一步表示說：「前曾譯《物理新詮》，此書凡八章，皆理論，頗新穎可聽。只成其〈世界進化論〉及〈原素周期則〉二章，竟中止，不暇握管。而今而後，只能修死學問，不能旁及矣，恨事！恨事！」

在1934年6月3日致楊霽雲信中，晚年魯迅還另有表白：「中國的文壇上，人渣本來多，近十年中，有些青年，不樂科學，便學文學，不會作文，便學美術，而又不肯練畫，則留長頭髮，放大領結完事，真是烏煙瘴氣。」

魯迅自己之所以要於1906年3月離開仙台醫學專科學校，一個很重要的原因，就在於他忍受不了嚴謹枯燥的科學訓練，而傾向於把人體器官想當然地藝術美化，結果是連最善待他的藤野先生，在考試中也沒有給他較高的分數。魯迅去世後，藤野嚴九郎在〈謹憶周樹人

君〉中能夠回憶起來的，也只是一些並不美好的模糊印象：「好像用功得非常吃力，……記得是不大好的一位。」[註7]

然而，魯迅在《吶喊·自序》中，為自己離開仙台醫專所提供的卻是上綱上線的「勞心者治人」的強硬理由，也就是被紹興周氏奉為祖宗的周敦頤「以義正萬民」或者說是「勞心者治人」的儒教啟蒙：

> 這一學年沒有完畢，我已經到了東京了，因為從那一回以後，我便覺得醫學並非一件緊要事，凡是愚弱的國民，即使體格如何健全，如何茁壯，也只能做毫無意義的示眾的材料和看客，病死多少是不必以為不幸的。所以我們的第一要著，是在改變他們的精神，而善於改變精神的是，我那時以為當然要推文藝，於是想提倡文藝運動了。在東京的留學生很有學法政理化以至警察工業的，但沒有人治文學和美術；可是在冷淡的空氣中，也幸而尋到幾個同志了，此外又邀集了必須的幾個人，商量之後，第一步當然是出雜誌，名目是取「新的生命」的意思，因為我們那時大抵帶些復古的傾向，所以只謂之《新生》。

比起這種事後追憶，更接近於魯迅當年的精神面貌的，其實是他1910年11月15日的致許壽裳信：「中國今日冀以學術幹世，難也。僕自子英任校長後，暫為監學，少所建樹，而學生亦尚相安。五六日前，乃復因考大哄：蓋學生咸謂此次試驗，雖有學憲之命，實乃出於杜海生之運動，爰有斯舉，心尚可原。杜君太用手段，學生不服，亦

非無故。今已下令全體解散,去其謀主,若脅從者,則許復歸。計尚有百餘人,十八日可以開校。此次蕩滌,邪穢略盡,厥後倘有能者治理,可望復興。學生於僕,尚無間言;顧身為屠伯,為受斥者設身處地思之,不能無惻然。頗擬決去府校,而尚無可之之地也。起孟在日本,厥狀猶前,……僕荒落殆盡,手不觸書,惟搜采植物,不殊曩日,又翻類書,薈集古逸書數種,此非求學,以代醇酒婦人者也。」<sup>註8</sup>

「冀以學術幹世」,就是希望通過「學而優則仁」的做官,來發揮自己「以義正萬民」或者說是「勞心者治人」的教化才能,以便影響於世道人心。寫作該信時的魯迅,因為直接參與派系鬥爭而離開杭州浙江兩級師範學堂返回紹興。為了保住紹興府中學堂植物教員兼學監的「幹世」職位,他雖然同情於鬧學潮的學生們,卻不惜充當自己所說的開除學生的「屠伯」——即劊子手。無論是「第一要著」的改變國民「精神」,還是無可奈何的「厥後倘有能者治理,可望復興」,都是他對於儒學祖師孔子的「勞心者治人」、周氏遠祖周敦頤的「以義正萬民」以及宋明理學的「存天理,滅人欲」的發揚光大;同時也是對於「不樂科學,便學文學」的個人習性的自我放縱。

## 四、回鄉完婚與兄弟相伴

1906年3月15日,魯迅獲准從仙台醫專退學。同年6月,他把學籍掛靠在東京獨逸語學會附設的德語學校,開始從事自由撰稿。這一年的5月4日,他與礦路學堂同學顧琅合編的《中國礦產志》,由上海普及書局出版發行,維新派領袖人物馬良(相伯)在序言中稱讚說:「羅列全國礦產之所在,注之以圖,陳之以說,我國民深悉國產之所

有，以為後日開採之計，不致家藏貨寶為他人所攘奪，用心至深，積慮至切，……深有裨於祖國。」

隨後，清政府農工商部認為此書對中國地質源流言之甚詳，繪圖精審，通飭各省礦務、商務界購閱。學部也批准此書為中學堂參考書。

1906年暑期，26歲的魯迅奉母命回到紹興，與大他三歲的朱安女士完婚。這是一椿一再推遲的婚姻，據周作人在《魯迅的故家‧阿長的結局》中回憶，早在1899年，家人就開始為在南京上學的魯迅商訂婚事。這一年的陰曆4月5日，周作人在日記中記載的「初五日晨，同朱小雲兄、子衡伯、撝叔、利賓兄下舟，往夾塘看戲，平安吉慶班，半夜大雨」，就與此事有關。朱小雲即朱安的哥哥朱可銘。註9

1901年3月13日（陰曆正月二十三日），周作人在日記中寫道：「晴暖，下午同大哥、蕙叔往樓下陳看戲，遇朱氏舟，坐少頃，演《盜草》、《蔡莊》、《四傑村》訖即擬回家，被留不獲行，慧（蕙）叔與大哥先回，予留觀夜劇。」

1901年4月3日（陰曆二月十五日），周作人又在日記中寫道：「晴，下黃沙。上午種素蘭換盆，又遣人往丁家弄朱宅請庚，……夜作致大哥信三紙擬明日由郵發。」註10

這裏所說的「請庚」，就是民間訂婚時通常所說的「換八字」。據《知堂回想錄》回憶：「魯迅的結婚儀式是怎麼樣的，我不在場，故完全不清楚，想必一切都照舊式的吧。頭上沒有辮子，怎麼戴得紅纓大帽，想當然只好戴上一條假辮吧？我到家的時候，魯迅已是光頭著大衫，也不好再打聽他當時的情形了。『新人』是丁家弄的朱宅，乃是本家叔祖母玉田夫人的同族，由玉田的兒媳婦伯撝夫人做媒成功

的。……新人極為矮小，頗有發育不全的樣子，這些情形姑媽不會不曉得，卻是成心欺騙，這是很對不起人的。」註11

這椿婚姻對於個性倔強的魯迅的精神傷害，是極其深遠的。到了1926年11月28日，他在致許廣平信中寫道：「我一生的失計，即在歷來並不為自己生活打算，一切聽人安排，因為那時豫計是生活不久的。後來豫計並不確中，仍須生活下去，於是遂弊病百出，十分無聊。後來思想改變了，而仍是多所顧忌，這些顧忌，大部分自然是為生活，幾分也為地位，所謂地位者，就是指我歷來的一點小小工作而言，怕因我的行為的劇變而失去力量。但這些瞻前顧後，其實也是很可笑的，這樣下去，更將不能動彈。」註12

由於江南督練公所已經決定派遣畢業於江南水師學堂的周作人、吳一齋等人到日本學習建築，魯迅的回國完婚恰好促成了兄弟二人的結伴同行。在此後將近20年的歲月裏，周作人一直是魯迅最為得力的合作夥伴。

1906年9月抵達東京後，周作人與魯迅一起住在伏見館，他先把自己的名字掛靠在中華留學生會館私人組織的日本語講習班，第二年又報名進入法政大學特別預科，除了在考試時出面應付一下之外，周作人大部分的時間，都與魯迅一道致力於文學創作。

周氏兄弟在日本期間主要的經濟來源，是每人每月領取的公費助學金。清政府當時給予官費留學生的公費津貼是：學習普通科及肄業私立高等專門學校與私立大學者，每年支給學費四百圓；肄業官立高等專門學校者為四百五十圓；升入官立大學者則為五百圓，另外還要酌給實驗旅行的費用。以當時日本的物價和生活標準來看，這樣的公

費津貼是相當充裕的。與魯迅同時在日本留學的李叔同，在1917年致劉質平信中介紹説：「中國留學生往往學費甚多，但日本學生每月有廿元已可敷用，不買書買物交際遊覽，可以省錢許多。」

另據晏昭《南社詩話》介紹：程家檉與張繼提倡革命最早，但都性不悦學，喜狎日本婦人。程家檉回國前，《民報》同人為之餞行，他忽然振振有詞地表示説：「我在日本有一大功，也有一大罪。大功是提倡革命，大罪是好狎日本婦人。」註13

與程家檉、張繼之流的浪漫革命家相比，周氏兄弟能夠專心致志地從事於文藝事業，稱得上是難能可貴。

## 五、《新生》雜誌的夭折

在《魯迅的故家》中，周作人還談到魯迅與日本社會主義革命家的接觸：「他沒有日本的朋友，只是在1906年秋冬之交，他去訪一次宮崎寅藏，即隨同孫中山革命的白浪庵滔天，他的《三十三年落花夢》其時中國早有譯本了，原因是那年有人託帶一件皮背心，一個紫砂壺，給在東京留學的吳女士，由宮崎轉交，所以他特地送了去，大概他們談得很好，所以這以後不久又到界利彥等人所辦的平民新聞社去訪問他，因為宮崎住的很遠，約他在那裏相見的吧。這以後沒有來往，……」註14

在〈魯迅與社會主義者〉中，周作人進一步介紹説，託帶禮物的是自己在南京水師學堂時認識的革命黨朋友、同盟會安徽分會會長孫竹丹。「吳女士」就是後來嫁給章士釗的孫中山英文秘書吳弱男。由於周作人自己還不會説日語，只好由魯迅出面代為聯絡。當時的宮崎

寅藏正在與編輯出版《社會主義研究》的平民新聞社聯合出版《革命評論》，魯迅到平民新聞社會見宮崎寅藏時，還見到了日本社會黨領袖人物界利彥，並且購買了一套五冊的《社會主義研究》。<sup>註15</sup>

1907年春天，周氏兄弟由「伏見館」遷到較為僻靜的「中越館」，同為浙江紹興籍的「光復會」首領陶成章，以及他的追隨者龔寶銓、陳子英、陶望潮等人，都是這裏的常客。不過，周氏兄弟自始至終都扮演著「同路人」的角色，迄今為止沒有找到他們加入光復會參與革命活動的確鑿證據。

早在周作人留學日本之前，從仙台醫專退學的魯迅已經在聯絡許壽裳、袁文藪、蘇曼殊等人籌辦文藝刊物《新生》。據《吶喊·自序》介紹：「《新生》的出版之期接近了，但最先就隱去了若干擔當文字的人，接著又逃走了資本，結果只剩下不名一錢的三個人。創始時候既已背時，失敗時候當然無可告語，而其後卻連這三個人也都為各自的運命所驅策，不能在一處縱談將來的好夢了，這就是我們的並未產生的《新生》的結局。」

魯迅所說的三個人，就是周氏兄弟加許壽裳。按照《知堂回想錄》的說法，新到日本的周作人，對《新生》寄託了最大份額的希望並且付出了最大份額的心血。他當時讀到美國該萊（Gayley）的《英文學裏的古典神話》和安特路朗的《習俗與神話》、《神話儀式和宗教》，「覺得有了新園地躍躍欲試，便在那一年裏（1906）用了《新生》稿紙，開始寫一篇〈三辰神話〉，意思是說日月星的，剛起了頭，才寫得千餘字，有一天許季茀來訪，談起《新生》的稿件，魯迅還拿出來，給他閱看。」

1907年7月25日，周作人以屈原式的香草美人筆法寫成〈絕詩三首‧偶成〉，發表在《天義報》第4期。其中所表達的正是對於《新生》夭折的激烈反應：

　　　　為欲求新生，辛苦此奔走；學得調羹湯，歸來作新婦。
　　　　不讀宛委書，但織鴛鴦錦；織錦長一丈，春華此中盡。
　　　　出門懷大願，竟事不一夬；款款墜庸軌，芳徽永斷絕。

　　好在劉師培、何震夫婦以女子復權會名義創辦的《天義報》半月刊，以及由河南留學生出資並且由劉師培負責編輯的《河南》月刊先後創刊，及時為周氏兄弟提供了言論平台。魯迅創立既超人又超科學、既超人救世又超人專制的新式宗教「神思新宗」的一系列長篇大論，就是在《河南》月刊陸續發表的。1926年10月30日，他在《墳‧題記》中回憶說：「因為那編輯先生有一種怪脾氣，文章要長，愈長，稿費便愈多。所以如〈摩羅詩力說〉那樣，簡直是生湊。倘在這幾年，大概不至於那麼做了。又喜歡做怪句子和寫古字，這是受了當時的《民報》的影響；……」

　　正是這些「簡直是生湊」的長篇論文，形成了魯迅一生中的第一個創作高潮，同時也初步形成了將要主導他大半生的路徑選擇的尼采式超人宗教「神思新宗」。

## 六、〈人之歷史〉的「一元研究」

在1907年12月出版的《河南》創刊號上，刊登有魯迅的〈人間之歷史——德國黑格爾氏種族發生學之一元研究詮解〉，收入《墳》時改名為〈人之歷史〉。

魯迅所說的黑格爾，並不是人們熟知的寫作《美學》、《邏輯學》和《精神現象學》的德國著名哲學家，而是德國的生物學家海克爾。文章中借著介紹海克爾的《人類發生學》，既勾勒出了達爾文的生物進化學說的發展脈絡和歷史貢獻，又表現出魯迅自己通過設定和搶佔精神制高點貶低壓倒西方文明的一元思維。

關於達爾文的《物種起源》，魯迅的評價是：「舉世震動，蓋生物學界之光明，掃群疑於一說之下者也。」關於海克爾的《人類發生學》，特別是其中的〈生物發生學上之根本律〉，他介紹說：「其律曰，凡個體發生，實為種族發生之反覆，特期短而事迅者耳，至所以決定之者，遺傳及適應之生理作用也。……蓋人類女性之胚卵，亦與他種脊椎動物之胚卵，同為極簡之細胞；男性精絲，亦復無異。二性既會，是成根幹細胞，此細胞成，而個人之存在遂始。」

在這段話之前，魯迅還對海克爾給出了極端評價：「黑氏著書至多，……且立種族發生學，使與個體發生學並，遠稽人類由來，及其曼衍之迹，群疑冰泮，大秘犁然，為近日生物學之峰極。」註16

而在實際上，無論是達爾文的「掃群疑於一說之下」，還是海克爾的「群疑冰泮，大秘犁然」，都是登峰造極式的絕對誇大之辭。人類社會對於生命現象的研究，迄今為止依然處於初級階段，像靈丹妙藥那樣包治百病的主義學說，任何時候都是不成立和不存在的。

## 七、〈摩羅詩力說〉的「摩羅」

〈摩羅詩力說〉連載於1908年2、3月出版的《河南》月刊第2及第3號，其指導思想是尼采的超人學說，也就是篇首題記所引用的尼采《扎拉圖斯特拉如是說》中的名言：「求古源盡者將求方來之泉，將求新源。嗟我昆弟，新生之作，新泉之湧於淵深，其非遠矣。」

這裏的「新生」，其實就是魯迅擬議之中的《新生》雜誌的最初靈感之所在。魯迅所謂的「摩羅」，是用印度人的天魔和歐洲人的撒旦來稱謂以拜倫為代表的「立意在反抗，指歸在動作，而為世所不甚愉悅」的浪漫詩人。關於「摩羅」詩人，魯迅還有一個登峰造極的極端美譽：「真人。」

在談到英國浪漫主義詩人拜倫時，魯迅提供了自相矛盾的兩種比較。

其一、拜倫與撒旦一樣，是一個極端矛盾的「真人」：「既喜拿坡侖之毀世界，亦愛華盛頓之爭自由，既心儀海賊之橫行，亦孤援希臘之獨立，壓制反抗，兼以一人矣。雖然，自由在是，人道亦在是。」

所謂「海賊」，指的是拜倫的著名長詩〈海盜〉中的康拉德，他所代表的是公然與黑暗社會的「庸眾」以及「國家之法度，社會之道德」為敵的復仇意識。這種復仇意識幾乎貫穿了魯迅的一生，直到臨死前還在〈死〉中留下「讓他們怨恨去，我也一個都不寬恕」的遺囑。

其二、關於拜倫與英國詩人彭思的比較：「裴倫亦嘗評朋思（R.Burns）曰，斯人也，心情反張，柔而剛，疏而密，精神而質，高

尚而卑，有神聖者焉，有不淨者焉，互和合也。裴倫亦然，自尊而憐
人之為奴，制人而援人之獨立，無懼於狂濤而大傲於乘馬，好戰崇
力，遇敵無所寬假，而於累囚之苦，有同情焉。意者摩羅為性，有如
此乎？且此亦不獨摩羅為然，凡為偉人，大率如是。即一切人，若去
其面具，誠心以思，有純稟世所謂善性而無惡分者，果幾何人？遍觀
眾生，必幾無有，則裴倫雖負摩羅之號，亦人而已，夫何詫焉。顧其
不容於英倫，終放浪顛沛而死異域者，特面具為之害耳。此即裴倫所
反抗破壞，而迄今猶殺真人而未有止者也。嗟夫，虛偽之毒，有如是
哉！」註17

　　説得通俗一點，摩羅詩人拜倫與人類社會中同為精神生命體的所
有個人一樣，具有善與惡的兩面性或雙重性。他相對於大同人類的根
本異點，就在於自己的不「虛偽」和不戴「面具」，從而敢於把自己
亦善亦惡甚至於極善極惡的「真人」面目公之於眾。這是魯迅為以拜
倫為代表的摩羅詩人，凌駕於大同人類之上充當超人救世加超人專制
的特殊人物，所提供的最為強硬的道義依據：

　　　　上述諸人，其為品性言行思維，雖以種族有殊，外緣多別，
　　　　因現種種狀，而實統於一宗：無不剛健不撓，抱誠守真；不
　　　　取媚於群，以隨順舊俗；發為雄聲，以起其國人之新生，而
　　　　大其國於天下。求之華土，孰比之哉？夫中國之立於亞洲
　　　　也，文明先進，四鄰莫之與倫，寋視高步，因益為特別之發
　　　　達；及今日雖雕苓，而猶與西歐對立，此其幸也。顧使往
　　　　昔以來，不事閉關，能與世界大勢相接，思想為作，日趨於

新，則今日方卓立宇內，無所愧遜於他邦，榮光儼然，可無蒼黃變革之事，又從可知爾。……

今索諸中國，為精神界之戰士者安在？有作至誠之聲，致吾人於善美剛健者乎？有作溫煦之聲，援吾人出於荒寒者乎？……新潮來襲，遂以不支。眾皆曰維新，此即自白其歷來罪惡之聲也，猶云改悔焉爾。顧既維新矣，而希望亦與偕始，吾人所待，則有介紹新文化之士人。特十餘年來，介紹無已，而究其所攜將以來歸者；乃又舍治餅餌守囹圄之術而外，無他有也。則中國爾後，且永續其蕭條，而第二維新之聲，亦將再舉，蓋可准前事而無疑矣。

所謂「治餅餌守囹圄」，說得通俗些就是混飯吃和守規則。魯迅以此全盤否定從李鴻章、張之洞到嚴復、康有為、梁啟超的洋務維新，連同還沒有到來的「第二維新」時代，只是為了給摩羅詩人虛設一個「精神界之戰士」的制高點。有趣的是，到了1926年12月12日，以丟掉官職為代價與許廣平談情說愛的魯迅，偏偏在摩羅詩人不戴「面具」只做「真人」的絕對道義上妥協讓步：「我時時覺得自己很渺小；但看少爺們著作，竟沒有一個如我，敢自說是戴著假面和承認『黨同伐異』的，他們說到底總必以『公平』自居。因此，我又覺得我或者並不渺小；現在故意要輕視我和罵我的人們的眼前，終於黑的妖魔似的站著L.S.兩個字，大概就是為此。」[註18]

由此來反證〈摩羅詩力說〉，以拜倫為代表的摩羅詩人不戴「面具」只做「真人」的絕對真實和絕對道義，顯然是既不可能也不可靠

的。依靠「摩羅」和「真人」來充當「起其國人之新生，而大其國於天下」的超人救世主，只是魯迅早年得之於狂人尼采的一種不切實際的「偏至」幻想。

## 八、〈科學史教篇〉的「聖覺」

〈科學史教篇〉發表於1908年6月《河南》月刊第5號，它並不是一篇嚴格意義上的學術論文，而是魯迅為構建既超人又超科學的新式宗教「神思新宗教」的一種嘗試。一方面，他充分肯定「科學」和「科學者」的巨大貢獻：「蓋科學者，以其知識，歷探自然現象之深微，久而得效，改革遂及於社會，繼復流衍，來濺遠東，浸及震旦，而洪流所向，則尚浩蕩而未有止也。」於此同時，他又在「科學」和「科學者」之上虛構出一種被稱為科學之「母」的「聖覺」：「蓋科學發見，常受超科學之力，易語以釋之，亦可曰非科學的理想之感動，古今知名之士，概如是矣。……英之赫胥黎，則謂發見本於聖覺，不與人之能力相關；如是聖覺，即名曰真理發見者。有此覺而中才亦成宏功，如無此覺，則雖天縱之才，事亦終於不集。……故科學者，必常恬淡，常遜讓，有理想，有聖覺，……此述其母，為厥子故，即以慰之。」

擁有了號稱是科學之「母」的「聖覺」，魯迅對於中國本土「興業振兵」的洋務維新運動痛加抨擊，並且寄希望於「如古賢人」的特殊超人：「震他國之強大，栗然自危，興業振兵之說，日騰於口者，外狀固若成然覺矣，按其實則僅眩於當前之物，而未得其真諦。……居今之世，不與古同，尊實利可，摹方術亦可，而有不為大潮所漂

泛，屹然當橫流，如古賢人，能播將來之佳果於今茲，移有根之福祉於宗國者，亦不能不要求於社會，且亦當為社會要求者矣。」

　　在這篇文章的結束語中，魯迅把摩羅詩人和既超人又超科學的「科學者」擺放在並駕齊驅的崇高位置：「故科學者，神聖之光，照世界者也，……顧猶有不可忽者，為當防社會入於偏，日趨而之一極，精神漸失，則破滅亦隨之。……故人群所當希冀要求者，不惟奈端已也，亦希詩人如狹斯丕爾（Shakespeare）；不惟波爾，亦希畫師如洛菲羅（Raphaelo）；既有康德，亦必有樂人如培得訶芬（Beethoven）；既有達爾文，亦必有文人如嘉來勒（Garlyle）。凡此者，皆所以致人性於全，不使之偏倚，因以見今日之文明者也。嗟夫，彼人文史實之所垂示，固如是已！」[註19]

## 九、「文化偏至」與「神思新宗」

　　有了〈科學史教篇〉的鋪墊，魯迅在發表於1908年8月《河南》月刊第7號的〈文化偏至論〉中，再一次對被自己認定為「文化偏至」的西方文明及主張西化的洋務維新人士，實施絕對壓倒和全盤否定。有趣的是，被他稱之為「神思新宗」的超人宗教，也同樣來自於西方；被他全盤否定的，又偏偏是他自己此前極力讚美過的進化論。

　　被魯迅定性為「文化偏至」的，主要是「近世之人」以進化眼光從西方歐美國家學習到的工商業文明和憲政民主制度，也就是他所說的「製造、商估、立憲、國會之說」：「近世之人，稍稍耳新學之語，則亦引以為愧，翻然思變，言非同西方之理弗道，事非合西方之術弗行，……學於殊域者，近不知中國之情，遠復不察歐美之

實，以所拾塵芥，羅列人前，……乃復有製造、商估、立憲、國會之
說。……見異己者興，必借眾以凌寡，託言眾治，壓制乃尤烈於暴
君。……誠若為今立計，所當稽求既往，相度方來，掊物質而張靈
明，任個人而排眾數。」

所謂的「掊物質而張靈明，任個人而排眾數」，正是魯迅用來
「稽求既往，相度方來」，並且對被他定性為「文化偏至」的「製
造、商估、立憲、國會之說」，施以全盤否定的絕對理由：

> 蓋自法朗西大革命以來，平等自由，為凡事首，繼而普通教
> 育及國民教育，無不基是以遍施。久浴文化，則漸悟人類尊
> 嚴；既知自我，則頓識個性之價值；加以往之習慣墜地，崇
> 信蕩搖，則其自覺之精神，自一轉而之極端之主我。且社會
> 民主之傾向，勢亦大張，凡個人者，即社會之一分子，夷隆
> 實陷，是為指歸，使天下人人歸於一致，社會之內，蕩無高
> 卑。此其為理想誠美矣，顧於個人殊特之性，視之蔑如，既
> 不加之別分，且欲致之滅絕。……物反於極，則先覺善鬥之
> 士出矣。

事實上，逐步建立並完善了「製造、商估、立憲、國會」之類的
憲政民主制度的歐美社會，從來沒有出現過「使天下人人歸於一致，
社會之內，蕩無高卑」的絕對平等或絕對大同的恐怖局面，構成「神
思新宗」的宗教體系的「物反於極」的「先覺善鬥之士」，才真正是
人類社會中極其另類的「偏至」個案。魯迅之所以要以自己的「偏

至」來全盤否定並不十分「偏至」的歐美現代文明和現代制度，根本原因就在於他自己以尼采式「超人」自居，並且極力要虛構出一種尼采式的新式宗教「神思新宗」。

在魯迅筆下，構成新式宗教「神思新宗」的第一位「物反於極」的「先覺善鬥之士」，是「以極端之個人主義現於世」的「德人斯契納爾」，也就是德國早期的無政府主義哲學家斯蒂納：

> 謂真之進步，在於己之足下。人必發揮自性，而脫觀念世界之執持。唯此自性，即造物主。唯有此我，本屬自由；既本有矣，而更外求也，是曰矛盾。自由之得以力，而力即在乎個人，亦即資財，亦即權利。故苟有外力來被，則無間出於寡人，或出於眾庶，皆專制也。國家謂吾當與國民合其意志，亦一專制也。眾意表現為法律，吾即受其束縛，雖曰為我之興台，顧同是興台耳。去之奈何？曰：在絕義務。義務廢絕，而法律與偕亡矣。意蓋謂凡一個人，其思想行為，必以己為中樞，亦以己為終極：即立我性為絕對之自由者也。

也就是説，無論是獨裁皇帝還是多數民眾，只要干涉到個人自由，就算是專制。「立我性為絕對之自由者」的「極端之個人主義」，才是魯迅所認同的唯一準則。

「先覺善鬥之士」的第二位是「勖賓霍爾」即德國哲學家叔本華：「自既以兀傲剛愎有名，言行奇觚，為世希有；又見夫盲瞽鄙倍之眾，充塞兩間，乃視之與至劣之動物並等，愈益主我揚己而尊天才也。」

　　「先覺善鬥之士」的第三位是「丹麥哲人契開迦爾」，也就是丹麥哲學家克爾凱郭爾，魯迅把他形容為道德至上的「先覺善鬥之士」：「憤發疾呼，謂唯發揮個性，為至高之道德，而顧瞻他事，胥無益焉。」

　　「先覺善鬥之士」的第四位是「顯理伊勃生」，也就是挪威戲劇家亨利克‧易卜生，魯迅認為他「見於文界，瑰才卓識，以契開迦爾之詮釋者稱。其所著書，往往反社會民主之傾向，精力旁注，則無間習慣信仰道德，苟有拘於虛而偏至者，無不加之抵排。」

　　魯迅的新式宗教「神思新宗」的最高代表，自然是非尼采莫屬。按照他的理解，尼采是「個人主義之至雄傑者矣，希望所寄，唯在大士天才；而以愚民為本位，則惡之不殊蛇蠍。意蓋謂治任多數，則社會元氣，一旦可隳，不若用庸眾為犧牲，以冀一二天才之出世，遞天才出而社會之活動亦以萌，即所謂超人之說，嘗震驚歐洲之思想界者也。由是觀之，彼之謳歌眾數，奉若神明者，蓋僅見光明一端，他未遍知，因加讚頌，使反而觀諸黑暗，當立悟其不然矣。」

## 十、超人救世與超人專制

　　特別值得一提的是，早在1902年10月16日《新民叢刊》第18號上，立憲派領袖人物梁啟超，已經在〈進化論革命者頡德之學說〉中發表過關於尼采的持平之論：「今之德國有最占勢力之兩大思想，一曰麥喀士之社會主義，一曰尼至埃之個人主義。麥喀士謂今日社會之弊在多數之弱者為少數之強者所壓伏；尼至埃謂今日社會之弊在少數之優者為多數之劣者所鉗制。……尼至埃為極端之強權論者，前年以狂疾死。其勢力披靡全歐，也稱為十九世紀之新宗教。」

梁啟超筆下的「麥喀士」即馬克思，「尼至埃」即尼采。應該說，魯迅撇開包括馬克思主義在內的各種新鋭學說不談，單單拎出「極端之強權論者」尼采「物反於極」的新式宗教「神思新宗」，本身就是以偏概全的「文化偏至」，他所説的「超人」式的「物反於極」，其實就是「文化偏至」的同義詞。採用尼采一派的「物反於極」來全盤否定洋務維新派的「文化偏至」，反表現出的恰恰是魯迅早年「以子之矛攻子之盾」的自相矛盾。

　　為證明尼采「用庸眾為犧牲」的「個人主義……超人之説」也就是新式宗教「神思新宗」的合理性，「不察歐美之實」的魯迅，找不到現代歐美社會「壓制乃尤烈於暴君」的真實案例，只好借助莎士比亞虛構出的歷史劇《裘力斯·愷撒》，回到還沒有建立起較為完善的社會制度及法律程式的古羅馬時代，去尋找普通民眾「無特操」的證據：

　　　　是故布魯多既殺該撒，昭告市人，其詞秩然有條，名分大義，炳如觀火；而眾之受感，乃不如安多尼指血衣數言。於是方群推為愛國之偉人，忽見逐於域外。夫譽之者眾數也，逐之者又眾數也，一瞬息中，變易反覆，其無特操不俟言；即觀現象，已足知不祥之消息矣。故是非不可公於眾，公之則果不誠，政事不可公於眾，公之則治不郅。唯超人出，世乃太平。苟不能然，則在英哲。嗟夫，彼持無政府主義者，其顛覆滿盈，劖除階級，亦已至矣，而建說創業諸雄，大都以導師自命。夫一導眾從，智愚之別即在斯。

　　「該撒」即凱撒，「安多尼」即與布魯多合謀刺殺凱撒的安東尼。這段話中關於凱撒之死的描述，取材於莎士比亞的歷史劇《裘力斯・凱撒》的第三幕第二場。這種戲劇化的歷史故事，是完全不可以當作歷史事實來引用的。當時的魯迅顯然不懂得這種常識性的學術規範。由此而來的不惜「用庸眾為犧牲」，更不惜採用「是非不可公於眾，公之則果不誠，政事不可公於眾，公之則治不郅」的超人救世加超人專制的暗箱操作，恰恰與〈摩羅詩力說〉中賦予摩羅詩人的不「虛偽」、不戴「面具」的「真人」品質背道而馳，同時也與構成新式宗教「神思新宗」的斯蒂納、叔本華、克爾凱郭爾、易卜生、尼采等人的反對專制背道而馳。到了1927年10月25日，魯迅在上海勞動大學發表〈關於知識階級〉的演講時，乾脆公開了自己「想做皇帝」的「超人」情懷：「我從前也很想做皇帝，後來在北京去看到宮殿的房子都是一個刻板的格式，覺得無聊極了。所以我皇帝也不想做了。做人的趣味在和許多朋友有趣的談天，熱烈的討論。做了皇帝，口出一聲，臣民都下跪，只有不絕聲的Yes，Yes，那有什麼趣味？」

　　與魯迅提倡的「惟超人出，世乃太平」的「神思新宗」相比，更加切實可行的反而是現代歐美國家致力於社會化擴大再生產的經濟建設、致力於契約信用的商業文明、致力於限制公共權力並且保障公民個人自由自主的私人權利的制度建設，也就是魯迅在文章中一開始就要全盤否定的「製造、商估、立憲、國會之說」。關於這一點，在此之前由清政府派遣出國考察的戶部左侍郎戴鴻慈，已經找到了相關答案。在談到美國的憲政民主制度時，戴鴻慈得到的印象是：議院中的議員們「恒以正事抗論，裂眥抵掌，相持未下，及議畢出門，則執手

歡然，無纖芥之嫌。蓋由其於公私之界限甚明，故不此患也。」關於英國的君主立憲制度，他的理解是：「議員分為政府黨與非政府黨兩派。政府黨與政府同意，非政府黨則每事指駁，務使折中至當，而彼此不得爭執。誠所謂爭公理、不爭意氣者，亦法之可貴者也。」當他就立憲事宜請教於俄國前首相維特時，維特的建議是：「中國立憲，當先定法律，務要延中西法律家斟酌其宜；既定之後，君民俱要實行遵守，然後可言立憲，約計總以五十年準備。」註20

## 十一、〈破惡聲論〉的「惡聲」與「偽士」

1908年12月刊登於《河南》月刊第8號的〈破惡聲論〉，是魯迅繼〈摩力詩力說〉、〈科學史教篇〉和〈文化偏至論〉之後，再一次以「真人」及「超人」身份，對於被定性為「偽士」的洋務維新人士和被定性為「惡聲」的西方先進文明的全盤否定。文章一開始就描繪了人間地獄黑社會和天堂淨土豔陽天的兩個極端：

> 本根剝喪，神氣旁皇，華國將自槁於子孫之攻伐，而舉天下無違言，寂寞為政，天地閉矣。狂蠱中於人心，妄行者日昌熾，進毒操刀，若惟恐宗邦之不蚤崩裂，而舉天下無違言，寂寞為政，天地閉矣。吾未絕大冀於方來，則思聆知者之心聲而相觀其內曜。內曜者，破黑暗者也，心聲者，離偽詐者也。人群有是，乃如雷霆發於孟春，而百卉為之萌動，曙色東作；深夜逝矣。惟此亦不大眾之祈，而屬望止一二士，立之為極，……

　　「內曜」即心中的太陽，也就是主體性的自我意識。在魯迅眼裏，「內曜」是人類覺悟的根本點：「若夫人類，首出群倫，……蓋唯聲發自心，朕歸於我，而人始自有己；人各有己，而群之大覺近矣。」然而，一旦落實到中國的現實社會，主體性的自我意識又只能是一兩個「真人」或「超人」的專制特權：「夢者自夢，覺者是之，則中國之人，庶賴此數碩士而不殄滅，……」

　　魯迅所說的「屬望止一二士，立之為極」的「極」，就是〈文化偏至論〉中所說的「非雲已盡西方最近思想之全，亦不為中國將來立則」的「則」。幾篇文章下來，魯迅就在自相矛盾中完成了從不立「極」立「則」的謙虛謹慎，到立「則」立「極」的尼采式「超人」的極端轉變。

　　在「真人」加「超人」的魯迅眼裏，洋務維新人士全都是唱著進化「惡聲」、穿著維新外衣禍國殃民混飯吃的「偽士」。從事洋務維新的「偽士」從國外學習來的，只是製造槍炮、女子束腰之類的物質文明：「時勢既遷，活身之術隨變，人慮凍餒，則競趨於異途，掣維新之衣，用蔽其自私之體，……故縱唱者萬千，和者億兆，亦絕不足破人界之荒涼；而鴆毒日投，適益速中國之墮敗，則其增悲，不較寂寞且愈甚歟。」

　　於是，魯迅再一次把「真人」加「超人」神聖化為登峰造極的超人救世主：「今之所貴所望，在有不和眾囂，獨具我見之士，……嗟夫，觀史實之所垂，吾則知先路前驅，而為之辟啟廓清者，固必先有其健者矣。」

有了上述的長篇總論，接下來便是對於維新「偽士」的種種「惡聲」的具體分析。魯迅認為：壓制個性的「惡聲」，可以分為強制個人做「國民」和強制個人做「世界人」兩大類。前者又可以分出三個小類：「破迷信也，崇侵略也，盡義務也。」後者也可以分出三個小類：「同文字也，棄祖國也，尚齊一也。」

　　特別值得注意的是，魯迅所要全盤否定的「惡聲」，偏偏就是自己此前在〈人間之歷史——德國黑格爾氏種族發生學之一元研究詮解〉中極力提倡的科學進化論：「有科學，有適用之事，有進化，有文明，其言尚矣，若不可以易。特於科學何物，適用何事，進化之狀奈何，文明之誼何解，乃獨函胡而不與之明言，甚或操利矛以自陷。……抑亦自知其小陋，時為飲啖計，不得不假此面具以釣名聲於天下耶。名聲得而腹腴矣，奈他人之見戕賊何！故病中國今日之擾攘者，則患志士英雄之多而患人之少。」

　　魯迅所謂的「志士英雄」，其實是對於提倡洋務維新的所謂「偽士」的反諷話語，與「志士英雄」相對立的「人」，並不是「用庸眾為犧牲，以冀一二天才之出世」的「庸眾」，而是「唯此亦不大眾之祈，而屬望止一二士，立之為極」的尼采式的「摩羅」、「真人」、「超人」及「一二天才」。從學習並且歌頌洋務維新的進化論到全盤否定洋務維新的進化論，魯迅實際上已經自相矛盾地走完了一個「操利矛以自陷」的精神輪迴。指責「偽士」的提倡洋務維新是「獨函胡而不與之明言，甚或操利矛以自陷」的「惡聲」的魯迅自己，恰恰沒有走出「操利矛以自陷」的自相矛盾。

## 十二、「破迷信」與「崇侵略」

〈破惡聲論〉的全文沒有寫完，對於上面提到的兩大類六小類的「偽士」和「惡聲」，魯迅只是在文章中全盤否定了「破迷信」和「崇侵略」。

基於既超人又超科學、既超人救世又超人專制的新式宗教「神思新宗」，魯迅對於國產道教和已經本土化的外來佛教大加肯定，對於維新派的「偽士」們所主張的「破迷信」大加攻擊，說是「唯為稻粱折腰」的「偽士」，「執己律人，以他人有信仰為大怪，舉喪師辱國之罪，悉以歸之，……不悟墟社稷毀家廟者，征之歷史，正多無信仰之士人，而鄉曲小民無與。偽士當去，迷信可存，今日之急也。」

魯迅在此前的〈中國地質略論〉和《月界旅行・弁言》中，曾經明確反對過「風水宅相之說」的「迷信」及「遺傳之迷信」。周作人在1903年5月3日即陰曆四月初七日的日記中，也記錄過自己和同學胡韻仙（俠耕）的反儒教和破迷信：「過廟，予與俠耕毀其神，折其首，快極，快極，大笑而回。」[註21]然而，在魯迅自以為已經超越了洋務維新的「超人」眼裏，維新「偽士」所學習到的以達爾文進化論為代表的歐美現代文明，只是低層次的東西；唯有尼采式「超人」先把進化論推向極端，回過頭來再把進化論全盤否定的超人救世加超人專制的「神思新宗」，才是最高層次的既超人又超科學的新式宗教：「至尼伕氏，則刺取達爾文進化之說，搏擊景教，別說超人。雖云據科學為根，而宗教與幻想之臭味不脫，則其張主，特為易信仰，而非滅信仰昭然矣。」

針對中國大陸頗為普遍的毀寺廟、建新學的現象，魯迅認為：「國民既覺，學事當興，而志士多貧窮，富人則往往吝嗇，救國不可緩，計唯有占祠廟以教子弟；於是先破迷信，次乃毀像偶，自為其酋，聘一教師，使總一切，而學校立。夫佛教崇高，凡有識者所同可，何怨於震旦，而汲汲滅其法。……況自慰之事，他人不當犯幹，詩人朗詠以寫心，雖暴主不相犯也；舞人屈申以舒體，雖暴主不相犯也；農人之慰，而志士犯之，則志士之禍，烈於暴主遠矣。」

　　關於第二種「惡聲」即所謂的「崇侵略」，魯迅在全盤否定維新「偽士」的「舉世滔滔，頌美侵略，暴俄強德，嚮往之如慕樂園，至受厄無告如印度波蘭之民，則以冰寒之言嘲其隕落」之後，正面提倡的依然是超人救世加超人專制的新式宗教「神思新宗」。「凡有危邦，咸與扶掖，先起友國，次及其他」的波蘭將軍貝姆和摩羅詩人拜倫，就是他心目中的救世超人，「眈眈晢種，失其臣奴，則黃禍始以實現」，就是他超人救世加超人專制的神聖理想。所謂的「黃禍」，就是黃種人崛起之後將要對於歐美白人造成的威脅禍害。成吉思汗極其殘暴的征服侵略，是「黃禍」論的最早案例。如此一來，借用「黃禍」的說法全盤否定所謂「偽士」的「崇侵略」的魯迅，自己也沒有徹底免除以暴易暴式的「崇侵略」的嫌疑。至於單靠貝姆、拜倫之類的「真人」和「超人」充當救世主，而不在「製造、商估、立憲、國會」之類的經濟建設和制度建設方面有所作為，更是永遠不可能救中國和救世界的窄路子。

## 十三、「神思新宗」的不攻自破

由於《河南》月刊在出版第9號後被日本當局查禁，導致魯迅的〈破惡聲論〉半途而廢。他與周作人合譯的兩本《域外小說集》，是在回國經商的紹興同鄉蔣抑卮的資助下得以出版的。由於每一集只賣出21本，打算通過收回本錢以便繼續翻譯出版第三集、第四集的夢想也隨之落空。

《域外小說選》書影。

1909年8月，從東京高等師範學校畢業後回到國內的許壽裳，幫助魯迅謀到了杭州浙江兩級師範學堂的教職，魯迅便放棄宣傳提倡新式宗教「神思新宗」的神聖事業，回到國內操持起掙錢養家、抄書自虐的灰色生活。到了十多年後的1925年5月26日，魯迅用「失敗」兩個字概括了自己留學日本期間的「真人」加「超人」的生活：「我於是進了仙台（Sendai）醫學專門學校，學了兩年。這時正值俄日戰爭，我偶然在電影上看見一個中國人因做偵探而將被斬，因此又覺得在中國還應該先提倡新

文藝。我便棄了學籍,再到東京,和幾個朋友立了些小計畫,但都陸續失敗了。我又想往德國去,也失敗了。終於,因為我的母親和幾個別的人很希望我有經濟上的幫助,我便回到中國來;這時我是二十九歲。」註22

在此之前的《吶喊·自序》中,魯迅還以小說化的筆法,描述了自己在新式宗教「神思新宗」宣告破產之後的精神面貌:

我感到未嘗經驗的無聊,是自此以後的事。我當初是不知其所以然的;後來想,凡有一人的主張,得了贊和,是促其前進的,得了反對,是促其奮鬥的,獨有叫喊於生人中,而生人並無反應,既非贊同,也無反對,如置身毫無邊際的荒原,無可措手的了,這是怎樣的悲哀啊,我於是以我所感到者為寂寞。

這寂寞又一天一天的長大起來,如大毒蛇,纏住了我的靈魂了。然而我雖然自有無端的悲哀,卻也並不憤懣,因為這經驗使我反省,看見自己了:就是我決不是一個振臂一呼應者雲集的英雄。

1909年9月,魯迅在杭州浙江兩級師範學堂就任初級化學和優級生理學教員,並且兼任日本教員鈴木珪壽的植物學翻譯,吃的恰恰是〈破惡聲論〉中所說的「掣維新之衣,用蔽其自私之體」的洋務維新飯。1911年3月7日,他在致許壽裳信中談到準備讓周作人中止學業回國謀生時,甚至寫下這樣的洩氣話:「起孟來書,謂尚欲略習法文,

僕擬即速之返，緣法文不能變米肉也，使二年前而作此語，當自擊，然今茲思想轉變實已如是，頗自閔歎也。」

　　事實勝於雄辯。兩年前寫作〈破惡聲論〉的魯迅，曾經斥罵主張洋務維新的國人是「時為飲啖計，不得不假此面具以釣名聲於天下」的「偽士」，當他認識到自己與別人一樣需要依靠新知識和新學問換取「米肉」時，他的既超人又超科學、既超人救世又超人專制的「神思新宗」，實際上已經不攻自破：所謂的「真人」和「超人」，才真正是子虛烏有的「偽士」；尼采式的「神思新宗」，才真正是極端「偏至」的「惡聲」。

　　不過，當年的魯迅並沒有因此徹底放棄尼采式的「神思新宗」，而是於1918年借著《新青年》雜誌再度崛起，在《吶喊》、《彷徨》、《故事新編》、《野草》、《熱風》、《兩地書》等各種文本中，反反覆覆又曲曲折折地發揮著尼采式的既超人救世又超人專制的極端情緒。所不同的是，當初把洋務維新人士斥罵為「文化偏至」的「偽人……惡聲」的魯迅，此時又演變成為以失敗超人的劣勢心理極端攻擊中國傳統的孔教儒學和民間道教的啟蒙先驅。

## 十四、魯迅筆下的失敗超人

　　〈狂人日記〉，是魯迅於1918年4月發表在《新青年》雜誌的第一篇新式小說。他筆下的「狂人」，實際上就是被「無特操」的「庸眾」包圍迫害的一位尼采式的「超人」和「真人」。「有了四千年吃人履歷的我，當初雖然不知道，現在明白，難見真的人！」「救救孩子……」之類的吶喊，正是對於〈摩羅詩力說〉中

魯迅、許壽裳、蔣抑卮1909年合影。

的「迄今猶殺真人而未有止者」的精神回應。

「狂人」的與眾不同，就在於他發現了中國歷史和中國社會極其殘酷的黑暗面——「翻開歷史一查，這歷史沒有年代，歪歪斜斜的每頁上都寫著『仁義道德』幾個字。我橫豎睡不著，仔細看了半夜，才從字縫裏看出字來，滿本都寫著兩個字是『吃人』。」——從而「把古久先生的陳年流水簿子，踹了一腳」。正是由於這個原因，「狂人」遭到包括自己的大哥、趙貴翁、街上的男女連同狼子村的佃戶在內的所有「庸眾」的集體謀殺，他們實施集體謀殺的神聖理由，就是中國傳統文化中的「存天理，滅人欲」的「仁義道德」。

小說發表後不久，魯迅於1918年8月20日致信許壽裳，在說明「狂人」的自傳性特點的同時，再一次表現出超人心態：「〈狂人日記〉實為拙著，……偶閱《通鑒》，乃悟中半尚是食人民族，因此成篇。此種發見，關係亦甚大，而知者尚寥寥也。」

　　《阿Q正傳》中的阿Q，不僅是被周圍的人們包圍迫害的失敗者，同時還是不肯以失敗者自居的精神勝利者。在同趙太爺、假洋鬼子、王胡、小D的對抗與較量中，阿Q是劣敗者，無論在肉體還是精神上都遭受著極其慘烈的蹂躪強暴，卻又能夠靠著「精神上的勝利法」維持心理上的平衡及不平衡。然而，面對比自己更加弱小的小尼姑，他又會施加更加惡毒的肉體摧殘和精神強暴。在「革命」之夢裏，他的「我要什麼就是什麼，我歡喜誰就是誰」的無政府主義強權邏輯，比起趙太爺們的物質剝奪和精神奴役，更是有過之而無不及，堪稱是「精神上的勝利法」的登峰造極。

　　〈孤獨者〉中的魏連殳，同樣是一個堅持與多數「庸眾」為敵的「超人」和「真人」，他曾經寄希望於房東家的孩子，沒有想到連被自己善待的孩子，也站在扼殺「超人」和「真人」的「庸眾」一邊，從而導致魏連殳在絕望與自虐中抑鬱而亡。

　　〈傷逝〉中的涓生，在愛人子君被「庸眾」逼害致死後，反而找到了把子君歸入「庸眾」之中而不惜「用庸眾為犧牲」的「超人」感覺：「我要向新的生路跨進第一步去，我要將真實深深地藏在心的創傷中，默默地前行，用遺忘和說謊做我的前導。」

　　正是因為「憎惡社會上旁觀者之多」，魯迅在標題為〈復仇〉的兩篇散文詩中，針對圍觀的「看客」實施了虛擬性的精神復仇，並且贏得了阿Q式的「精神上的勝利」。在〈復仇〉之一中，他讓兩個裸著全身、捏著利刃的「人」，乾枯地立著，以死人似的眼光，賞鑒路人們的乾枯。進而把這種精神上的「復仇」，神化美化為「永遠沉浸於生命的飛揚的極致的大歡喜中」的「無血的大戮」。在〈復仇〉之

二中，他又讓被自己的同胞釘死在十字架上的「自以為神之子」的救世主耶穌，「在手足的痛楚中，玩味著可憫的人們的釘殺神之子的悲哀」。

　　魯迅以現代派筆調寫下的戲劇小品〈過客〉，所刻畫的是更加純粹的一位「掊物質而張靈明，任個人而排眾數」的「超人」和「真人」，他「困頓倔強、眼光陰沉、黑鬚亂髮、赤足破鞋」，決絕於「沒一處沒有名目，沒一處沒有地主，沒一處沒有驅逐和牢籠，沒一處沒有皮面的笑容，沒一處沒有眶外的眼淚」的現實世界，懷抱著孤注一擲自蹈死地的殉道信念，從記事起就一直不停地往前走，去尋求一種彼岸性的精神家園：迎著那前面的聲音「走完了那墳地之後」的那麼一個神祕的所在。

　　比起《吶喊》、《彷徨》、《野草》中一系列「超人」和「真人」的灰暗劣敗情緒，《故事新編》中的「超人」形象，所擁有的卻是更加憂憤深廣的傳奇色彩和英雄氣概。儘管如此，其結局依然是不惜「用庸眾為犧牲」的超人救世加超人專制，而不是「唯超人出，世乃太平」的天堂盛世。

　　〈奔月〉中的后羿，是魯迅筆下一個異數。這位傳說中持弓射日的猛人，並沒有失敗在多數人的包圍迫害之下，而是由於太過勇猛的緣故，射殺了地面上所有的巨禽猛獸，最後只剩下烏鴉麻雀之類的弱小生靈供他捕獵。在這種情況下，他只好讓心愛的嫦娥每天吃單調的烏鴉炸醬麵。當他因此失掉嫦娥的歡心之後，又只好像阿Q那樣靠著「精神上的勝利法」來替自己辯護：「當我射封豕長蛇的時候，野獸是那麼多。」

　　與〈奔月〉相比，〈鑄劍〉就顯得更加極端：代人復仇的宴之敖者要求於少年眉間尺的，分明是必須貢獻出「你的劍」和「你的頭」連同你全部的信仰的超人專制：「你不要疑心我將騙取你的性命和寶貝。……這事全由你。你信我，我便去；你不信，我便住。」然而，即使在少年眉間尺貢獻出一切之後，由宴之敖者主導操縱的一場神奇無比的復仇行動，換來的也只是與國王同歸於盡的「大出喪」，而不是「唯超人出，世乃太平」的神聖理想。

　　〈理水〉中的大禹，經過艱苦卓絕的奮鬥根治了水患，到頭來卻於無形中充當了傾城而出的各色看客的「示眾的材料」。被臣民們當作偶像包圍起來的大禹，也由原來的務實變而為務虛：「做起祭祀和法事來，是闊綽的。」這樣一來，由「超人」大禹所主宰的超人救世加超人專制的太平盛世，也最終化為烏有。

　　總而言之，《新青年》時代的魯迅，通過自己筆下的一系列「超人」和「真人」形象，既宣告了自己早年創立的超人救世加超人專制的「神思新宗」的徹底破產，同時也證明了自己以「超人」和「真人」自居的「超人」情結的根深蒂固。

　　1932年4月30日，已經與國民黨政府徹底決裂並且成為左聯盟主的魯迅，在〈《二心集》序言〉中，頗為認真地反思清算了自己事事處處與「庸眾」勢不兩立的超人情結和病態心理：「我時時說些自己的事情，怎樣地在『碰壁』，怎樣地在做蝸牛，好像全世界的苦惱，萃於一身，在替大眾受罪似的：也正是中產的智識階級分子的壞脾氣。只是原先是憎惡這熟識的本階級，毫不可惜它的潰滅，後來又由於事實的教訓，以為唯新興的無產者才有將來是的確的。」

到了1934年6月4日，魯迅在〈拿來主義〉中，更加透徹地戳穿了尼采式「超人」的真實面目：「尼采就自詡過他是太陽，光熱無窮，只是給與，不想取得。然而尼采究竟不是太陽，他發了瘋。」[註23]直到此時，他的思想才真正攀升上了一個更高的境界。

　　與魯迅相印證，他在《新青年》時代的好朋友胡適，早在1922年的〈五十年來之世界哲學〉中，就已經對尼采給出了公正理性的評價：「尼采也是浪漫主義的產兒。他接受了叔本華的意志論，而拋棄了他的悲觀主義。……生命的大法是各爭權力，優勝劣敗。生命的最高目的是造成一種更高等的人，造成『超人』。戰爭是自然的，是不可免的，和平是無生氣的表示。為求超人社會的實現，我們應該打破一切慈悲愛人的教訓。……尼采反對當時最時髦的一切民治主義的學說。生命是競爭的，競爭的結果自然是強者的勝利。強者賢者的統治是自然的；一切平民政治的主張：民權，社會主義，共產主義，無政府主義，都是反自然的。不平等是大法，爭平等是時人的妄想。……基督教提倡謙卑，提倡無抵抗，提倡悲觀的人生觀，更是尼采所痛恨的。……他一生多病，他也是『弱者』之一；他的超人哲學顯然帶著一點『過屠門而大嚼』的酸味。但他對於傳統的道德宗教，下了很無忌憚的批評。『重新估定一切價值』，確有很大的破壞功勞。」[註24]

【注釋】

註1：《朝花夕拾‧瑣記》，《魯迅全集》第2卷，北京：人民文學出版社，1981年，第296頁。

註2：《周作人日記》影印本上冊，鄭州：大象出版社，1996年，第327頁。

註3：《魯迅年譜》第1卷，北京：人民文學出版社，2000年9月增訂版，第105頁。

註4：《魯迅全集》第10卷，第152頁。

註5：魯迅：〈藤野先生〉，《魯迅全集》第2卷，第303頁。

註6：魯迅1904年10月8日致蔣抑卮信，《魯迅全集》第11卷，第322頁。

註7：藤野嚴九郎〈謹憶周樹人君〉，日本《文學指南》，1937年3月號。

註8：《魯迅全集》第11冊，第327頁。

註9：周作人著，止庵編《關於魯迅》，新疆人民出版社，1997年，第57頁。

註10：《周作人日記》上冊，第197、207頁。

註11：《知堂回想錄》，河北教育出版社，2002年1月，199頁。

註12：《兩地書》原信九十五，1926年11月28日，《兩地書全編》，浙江文藝出版社，1998年，第562頁。

註13：參見辛曉徵：《國民性的締造者——魯迅》，湖北教育出版社，2000年，第32頁。

註14：周作人著、止庵編：《關於魯迅》，新疆人民出版社，1997年，第155頁。《三十三年落花夢》是宮崎寅藏記錄自己追隨孫中山從事革命活動的自傳，最早的中文譯本是章士釗於1903年翻譯出版的《大革命家孫逸仙》。

註15：周作人：《魯迅與社會主義》，《魯迅研究資料》第3輯，天津人民出版社，1981年。

註16：《魯迅全集》第1卷，北京：人民文學出版社，1981年，第8頁。

註17：《魯迅全集》1卷，「拿坡侖」通譯拿破侖，「裴倫」通譯拜倫，「朋思」通譯彭思，第82頁。

註18：《兩地書》原信一〇六，1926年12月12日，《兩地書全編》，浙江文藝出版社，1998年，第580頁。

註19：「震旦」即中國，「奈端」即牛頓，「波爾」即英國科學有波義耳，「狹斯丕爾」即莎士比亞，「洛菲羅」即著名畫家拉斐爾，「培得訶芬」即貝多芬，「嘉來勒」即英國歷史學家卡萊爾。《魯迅全集》第1卷，第35頁。

註20：戴鴻慈：《出使九國日記》，湖南人民出版社，1982年，第85、111、225頁。

註21：《周作人日記》影印本上冊，鄭州：大象出版社，1996年，第390頁。這裏所說的「廟」，指的是南京水師學堂裏儒、道合一的關帝廟。

註22：魯迅：〈俄文譯本《阿Q正傳》序及著者自敘傳略〉，《魯迅全集》第7卷，第83頁。

註23：《魯迅全集》第6卷，第38頁。

註24：歐陽哲生編《胡適文集》第3卷，北京大學出版社，1998年，第272頁。

## 周氏兄弟與《新青年》

**19**18年1月，《新青年》雜誌從4卷1號起，改版為由陳獨秀、錢玄同、劉半農、陶孟和、沈尹默、胡適輪流主編，由所有同人無償供稿，並且率先採用白話文和新式標點符號的同人刊物。在錢玄同和劉半農的一再催促之下，周樹人繼周作人之後採用「魯迅」和「唐俟」的筆名登台亮相，以創作實力奠定了周氏兄弟的文壇地位，進而成為中國現代文化史上頗具特色的風景線。

### 一、周作人筆下的《新青年》

1917年1月19日，魯迅在日記中寫道：「上午寄二弟《教育公報》二本，《青年雜誌》十本，作一包。……晚貼估來，購取《朝侯之小子殘碑》一枚，《唐詃及妻蘇合葬墓誌》並蓋二枚，《滕王長子厲墓誌》一枚，共泉三元五角。」[註1]

《青年雜誌》是《新青年》第一卷的刊名，這是魯迅筆下第一次出現關於《新青

年》的記錄。在前一天的日記中,他還寫道:「夜得蔡先生函,便往其寓。」幾天前,《新青年》主編陳獨秀剛被教育部任命為北大文科學長。此時的魯迅一邊在教育部任職,一邊玩古董、抄碑文,對於陳獨秀及其《新青年》並沒有多少興趣。他拜訪蔡元培是為了二弟周作人的前途命運,只是順便從蔡元培那裏得到了十本雜誌。

1917年1月24日,正在浙江紹興省立第五中學任英文教師兼紹興教育會會長的周作人,在日記中寫道:「得北京十九日寄書一包,內《教育公報》二本、《青年》十本。……晚閱《青年雜誌》,多可讀。子谷有〈斷簪記〉頗佳。」註2

〈斷簪記〉是蘇曼殊(子谷)的言情小説〈碎簪記〉的誤寫,刊登在《新青年》2卷3號。與魯迅的玩古董、抄碑文不同,周作人留學回國後筆耕不輟,不僅自己主編《紹興教育雜誌》,而且與上海的《笑報》、《中華小説界》、《小説月報》聯繫密切。與周作人的文學趣味形成鮮明對比的,是從美國留學歸來的胡適對於蘇曼殊的言情小説的全盤否定:「又先生屢稱蘇曼殊所著小説。吾在上海時,特取而細讀之,實不能知其好處。〈絳紗記〉所記,全是獸性的肉欲。其中又硬拉入幾段絕無關係的材料,以湊篇幅,蓋受今日幾塊錢一千字之惡俗之影響者也。〈焚劍記〉直是一篇胡説,其書尚不可比《聊齋志異》之百一,有何價值可言耶?」註3

3月4日,周作人接到魯迅來信,得知蔡元培打算讓他擔任北大預科教員,他當即回信表示拒絕。3月8日,魯迅接信後於當天晚上致信蔡元培,轉達周作人的意見:「前被書,屢告起孟,並攜言語學、美學書籍,便即轉致。頃有書來,言此二學,均非所能,略無心得,

實不足教人。若勉強敷說，反有辱殷殷之意。慮到後面陳，多稽時日；故急函謝，切望轉達，以便別行物色諸語……」註4

周作人經過日夜兼程，於1917年4月1日抵達北京。據《知堂回想錄》回憶，他對於蔡元培的「學期中間不能添開功課，還是來擔任點什麼預科的國文作文」的安排頗為不滿，「到第二天，又接到蔡校長的信，叫我暫在北大附設的國史編纂處充任編纂之職，月薪120元，……一個是沈兼士，主管日本文，一個是我，命收集英文資料，其實圖書館裏沒有什麼東西，這種職務也是因人而設，實在沒有成績可說的。」註5

之所以會有這種「因人而設」的職務，是因為預科主任沈尹默的同胞兄弟沈兼士，與黃侃、馬幼漁、錢玄同、朱希祖、魯迅、周作人諸人，同為同盟會元老章太炎的弟子，同時又是同盟會元老蔡元培的浙江同鄉。後來在北京大學及整個北京學界所向披靡的「某籍某系」，就是從這裏起步的。自從接

《新青年》2卷1號。

受「因人而設」的職務之後，周作人積極主動地向北大文科學長陳獨秀及《新青年》靠攏。關於這一點，他在日記中留有較為完整的文字記錄。

1917年4月20日：「下午霞卿來館見訪，四時出館，購《新青年》三之一，回寓已五時。」

7月31日：「上午至日本郵局寄丸善六東京堂四元，又至大學訪蔡先生，遇錢玄同、沈尹默二君。」

8月3日：「買《新青年》三之二、三各一冊。午返寓，下午閱《新青年》了。」

8月6日：「為錢君錄諸種字母，係前次所囑者，六時了。」

8月7日：「致錢君函，……閱《新青年》及陶齋茂石記。」

8月8日：「上午往琉璃廠求《新青年》四不得，購《小說月報》一冊而歸，下午閱了。」

8月9日：「錢玄同君來訪不值，仍服規那丸。下午錢君又來，留飯，聚談至晚十一時去，夜頗熱。」

8月14日：「上午寄家信。往街買《新青年》三之四。」

9月7日：「下午二時返，……錄北美評論。」

9月14日：「抄論了，共5000字。」

9月17日：「以前論交錢君轉送《新青年》。」

9月19日：「陰。上午往壽宅，出至大學訪蔡先生，取旁聽規則一紙。同君默往看宿舍，遇胡適之君，……晚紫佩來，得錢君大學函。」

周作人於1917年9月17日交給錢玄同的「論」，是用文言文翻譯的英國學者W.B.Trites的論文〈陀思妥夫斯奇之小說〉，發表於1918

年1月的《新青年》4卷1號。接下來的《新青年》，幾乎每一期都有周作人的作品，而且全部採用了白話文和新式標點符號。

## 二、魯迅筆下的《新青年》

1918年1月23日，《魯迅日記》中第二次提到《新青年》：「午後寄季市《新青年》一冊，贈通俗圖書館、齊壽山、錢均夫各一冊。」

在同一天的日記中，周作人寫道：「上午往校，進德會記名為乙種會員。收《新青年》四卷一號八本，以贈霞卿。……午至教育部同大哥及齊、陳二君至和記午餐。下午往壽宅，三時返。半農來談。晚十一時去。」

《魯迅日記》中的「季市」，就是不久前調任江西省教育廳長的許壽裳。在此前的1月4日，魯迅已經把《新青年》的相關資訊，透露給了許壽裳：「來論謂當灌輸誠愛二字，甚當；第其法則難，思之至今，乃無可報。吾輩診同胞病頗得七八，而治之有二難焉：未知下藥，一也；牙關緊閉，二也。牙關不開尚能以醋塗其腮，更取鐵鉗摧而啟之，而藥方則無以下筆。……若問鄙意，則以為不如先自作官，至整頓一層，不如待天氣清明以後，或官已做穩，行有餘力時耳。……《新青年》以不能廣行，書肆擬中止；獨秀輩與之交涉，已允續刊，定於本月十五出版云。」註6

「書肆擬中止」其實並不準確。據汪孟鄒介紹，群益書社為《新青年》雜誌改版為採用新式標點符號的白話文刊物，其實是不惜代價的。另據劉半農的介紹，一度表現消極的不是群益書社而是陳獨秀。註7

魯迅1918年照片。

在1918年3月10日致許壽裳信中，魯迅寫道：「《新青年》第二期已出，別封寄上。今年群益社見貽甚多，不取值，故亦不必以值見返耳。……滬上一班昏蟲又大搞鬼，至於為徐班侯之靈魂照相，其狀乃如鼻煙壺。人事不修，群趨鬼道，所謂國將亡聽命於神者哉！」

「滬上一班昏蟲」，指的是在上海組織「靈學會」的俞復、陸費逵等人。前教育部職員、浙江溫州人徐班侯乘船返鄉時，遭遇海盜搶劫死於非命，上海《時報》於1918年3月3日刊登徐班侯的「魂靈之攝影」。在《新青年》4卷5號中，陳大齊（百年）發表〈闢靈學〉、陳獨秀發表〈有鬼論質疑〉，對「靈學會」加以集中批判。同樣是在4卷5號中，魯迅使用「魯迅」和「唐俟」的筆名發表了白話文小說〈狂人日記〉和白話文詩歌〈夢〉、〈愛之神〉、〈桃花〉。從〈夢〉對於夢境的描述中，可以大致瞭解他隱身寫作的複雜心境：

很多的夢，趁黃昏起鬨。

前夢才擠卻大前夢時，後夢又趕走了前夢。

去的前夢黑如墨，在的後夢墨一般黑；

去的在的彷彿都說，「看我真好顏色」。

顏色許好，暗裏不知；

而且不知道，說話的是誰？

暗裏不知，身熱頭痛。

你來你來！明白的夢。


　　魯迅採用隱身化名的方式發表作品，在《新青年》同人中是絕無僅有的一個特例。胡適在〈五十年來中國之文學〉中稱之為「託名」，羅家倫在〈蔡元培時代的北京大學與五四運動〉中稱之為「宦隱」。有趣的是，魯迅在《新青年》發表「託名」文章的同時，卻在1918年6月25日《北京大學日刊》的「文藝」欄中，用周樹人的本名發表了用文言文整理國故的〈新出土呂超墓誌銘考證〉。

　　即使是「託名」發表的作品，魯迅也是非常在意的。4卷5號還沒有出版，他就在1918年5月29日致許壽裳信中預告說：「《新青年》第五期大約不久可出，內有拙作少許。該雜誌銷路聞大不佳，而今之青年皆比我輩更為頑固，真是無法。」到了8月20日，他在致許壽裳信中，還專門談到自己的思想變遷：「〈狂人日記〉實為拙作，又有白話詩署『唐俟』者，亦僕所為。前曾言中國根柢全在道教，此說近頗廣行，以此讀史，有多種問題可以迎刃而解。後以偶閱《通鑑》，乃悟中國人尚是食人民族，因此成篇。此種發見，關係亦甚大，而知

者尚寥寥也。……歷觀國內無一佳象，而僕則思想頗變遷，毫不悲觀。蓋國之觀念，其愚亦與省界相類。若以人類為著眼點，則中國若改良，固足為人類進步之驗（以如此國而尚能改良故）；若其滅亡，亦是人類向上之驗，緣如此國人竟不能生存，正是人類進步之故也。」

值得一提的是，十年前留學日本的魯迅，曾經在〈破惡聲論〉中以中國傳統宗教神道的維護者身份，攻擊過從事洋務維新及破除迷信的「偽士」：

> 夫人在兩間，若知識混沌，思慮簡陋，斯無論已；倘其不安物質之生活，則自必有形上之需求。……人心必有所憑依，非信無以立，宗教之作，不可已矣。顧吾中國，則凤以普崇萬物為文化本根，敬天禮地，實與法式，發育張大，整然不紊。覆載為之首，而次及於萬匯，凡一切睿智義理與邦國家庭之制，無不據是為始基焉。效果所著，大莫可名，以是而不輕舊鄉，以是而不生階級，……蓋澆季士夫，精神窒塞，唯膚薄之功利是尚，軀殼雖存，靈覺且失。於是昧人生有趣神祕之事，天物羅列，不關其心，自唯為稻粱折腰；則執己律人，以他人有信仰為大怪，舉喪師辱國之罪，悉以歸之，……不悟墟社稷毀家廟者，徵之歷史，正多無信仰之士人，而鄉曲小民無與。偽士當去，迷信可存，今日之急也。註8

魯迅由〈破惡聲論〉的捍衛傳統宗教神道，一變而為極力攻擊傳統孔教儒學和民間道教，顯然是以加盟《新青年》為重要契機的。

　　需要特別說明的是，魯迅致許壽裳信的原文是沒有標點符號的，他最初在《新青年》發表的作品，大都由周作人代為抄寫並添加標點符號。1919年4月28日，魯迅在致錢玄同信中寫道：「玄同兄：送上小說一篇，請鑒定改正了那些外國圈點之類，交與編輯人；因為我於外國圈點之類，沒有心得，恐怕要錯。還有人名旁的線，也要請看一看。譬如裏面提起一個花白鬍子的人，後來便稱他花白鬍子。恐怕就該加直線了，我卻沒有加。」

　　魯迅交給錢玄同的小說，是完成於4月25日的〈藥〉，發表於《新青年》6卷5號。魯迅之所以向錢玄同提出代為處理標點符號的請求，是因為周作人已經於3月31日回紹興探親，並於4月18日攜妻兒前往日本。1933年初，由劉半農編輯的《初期白話詩稿》由北平星雲堂書店影印出版，共收錄《新青年》八位白話詩人從1917至1919年間創作的詩稿原件26首，其中有魯迅兩首。劉半農在《初期白話詩稿序目》中介紹說：「魯迅先生在當時做詩署名唐俟，那時他和周豈明先生同住在紹興縣館裏，詩稿是豈明代抄，魯迅自己寫了個名字。現在豈明住在北平，魯迅住在上海，恐怕不容易再有那樣合作的機會，這一點稿子，也就很可珍貴了。」

　　周作人從1919年1月13日先後創作的白話詩〈兩個掃雪的人〉、〈小河〉、〈微明〉、〈路上所見〉、〈北風〉、〈背槍的人〉，從思想內容到字、詞、標點，由此可以見出周氏兄弟的親密合作。[註9]

## 三、周氏兄弟與《新青年》

早在《新青年》成為同人刊物之前，錢玄同已經在替周氏兄弟大做宣傳：「至於從『青年良好讀物』上面著想，實在可以說：中國小說，沒有一部好的，沒有一部應該讀的。若是能讀西文的，可以直讀Tolstoi、Maupassant這些人的名著。若是不懂西文的，像胡適之先生譯的《二漁夫》，馬君武先生譯的《心獄》，和我的朋友周豫才、起孟兩先生譯的《域外小說集》、《炭畫》，都是可以讀的。（但是某大文豪用《聊齋志異》文筆和別人對譯的外國小說，多失原意，並且自己攪進一種迂謬批評，這種譯本，還是不讀的好。）」註10

Tolstoi即托爾斯泰，Maupassant即莫泊桑。某大文豪即前輩文學家林紓。林譯外國小說是中國文學過渡時期的必然產物，直接影響過陳獨秀、錢玄同、劉半農、胡適及周氏兄弟等一代文化人，無論它有多麼大的缺點，其歷史地位都是不可以一筆抹殺的。錢玄同這種「黨同伐異」的態度，無論如何都是不文明和不正當的。

劉半農主編的《新青年》4卷3號中，刊登有四首以〈除夕〉為標題的白話詩，作者依次是沈尹默、胡適、陳獨秀、劉半農。劉半農自己在〈除夕〉詩中寫道：「主人周氏兄弟，與我談天；欲招『繆撒』，欲造『浦鞭』，說今年已盡，這等事，待來年。」

這是「周氏兄弟」的稱呼第一次出現在正式出版物中，繆撒是古希臘神話中的文藝女神繆斯，浦鞭是日本語中的報刊批評。在同一期刊物中，錢玄同與劉半農以〈文學革命之反響〉為標題一唱一合的「雙簧戲」，就是「欲招『繆撒』，欲造『浦鞭』」的最初實行，周氏兄弟直接參與了「雙簧戲」的幕後策劃。

在接下來的4卷4號中，以〈中國今後之文字問題〉為標題，刊登有錢玄同、陳獨秀的來往書信及胡適的「附識」。錢玄同在來信中寫道：「欲使中國不亡，欲使中國民族為二十世紀文明之民族，必以廢孔學、滅道教為根本之解決；而廢記載孔門學說及道教妖言之漢文，尤為根本解決之根本解決。……此外尚有一法，則友人周君所言者：即一切新學問，亦用此『新體國文』達之。而學術上之專名，及沒有確當譯語，或容易誤會的，都用Esperanto嵌入。」

到了1934年，錢玄同在一次談話中明確表示：他所提出的「廢漢文」的主張，其實是「代朋友立言」，這位朋友就是魯迅[註11]。這一說法與魯迅致許壽裳信中所說的「前曾言中國根柢全在道教，此說近頗廣行……」恰好吻合。

比起陳獨秀、錢玄同、劉半農挺身而出的罵人有理，《新青年》團隊中另有一個出謀劃策的幕後梯隊，其主要成員是有「鬼谷子」和「陰謀家」之稱的沈尹默，此外還有他的兄弟沈兼士以及

周氏兄弟居住的紹興縣館。

周氏兄弟等人。關於自己在《新青年》團隊中扮演的角色，周作人回憶說：「民六至民八，北京大學文理科都在景山東街，我們上課餘暇順便至校長室，與蔡先生談天，民八以後文科移在漢花園，雖然相距只一箭之遙，非是特別有事情就不多去了。還有一層，『五四』運動前後文化教育界的空氣很是不穩，校外有『公言報』一派日日攻擊，校內也有回應。黃季剛謾罵章氏同門曲學阿世，後來友人都戲稱蔡先生為『世』，往校長室為阿世云云。我那時在國文系與『新青年』社都是票友資格，也就站開一點，不常去談閒天，可是我覺得對於蔡先生的瞭解也還相當的可靠。」註12

比起周作人的以票友資格「站開一點」，魯迅採取的乾脆是隱身匿名的「壕塹戰」：「在青年，須是有不平而不悲觀，常抗戰而亦自衛，荊棘非踐不可，固然不得不踐，但若無須必踐，即不必隨便去踐，這就是我所以主張『壕塹戰』的原因，其實也無非想多留下幾個戰士，以得更多的戰績。」註13

在寫給許廣平的另一封信中，魯迅進一步表白說：「我有時也能辣手評文，也常煽動青年冒險，但有相識的人，我就不能評他的文章，怕見他的冒險，明知道這是自相矛盾的，也就是做不出什麼事情來的死症，然而終於無法改良……」

限於《新青年》來說，年紀稍輕的錢玄同、劉半農，其實就是魯迅「煽動青年冒險」的「青年」。

從《新青年》4卷5號起到9卷4號止，魯迅共「託名」發表54篇作品，其中小說5篇，新詩6首，隨感錄27篇，長文2篇，通訊3篇，譯文4篇，附記、正誤共7篇。這其中最具思想性的，就是隨感錄。

　　5卷3號的〈隨感錄二十五〉，是魯迅「託名」唐俟發表的第一篇隨感錄，其核心思想是告訴人們：「生了孩子，還要怎樣教育，才能使這生下來的孩子，將來成一個完全的人。」

　　到了6卷6號的〈我們現在怎樣做父親〉中，魯迅把這層意思表達得更加明確：「對於家庭問題，我在《新青年》的〈隨感錄〉（二五、四十、四九）中曾經略略說及，總括大意，便只是從我們起，解放了後來的人。」

　　在5卷4號的〈隨感錄三十三〉中，魯迅把批判的矛頭不點名地指向自己的上司、教育部參事蔣維喬（竹莊）：「現在有一班好講鬼話的人，最恨科學，因為科學能教道理明白，能教人思路清楚，不許鬼混，所以自然而然的成了講鬼話的人的對頭。於是講鬼話的人，便須想一個方法排除它。其中最巧妙的是搗亂。先把科學東扯西拉，屬進鬼話，弄得是非不明，連科學也帶了妖氣：例如一位大官做的衛生哲學，……」

　　在5卷5號中，魯迅又以「唐俟、魯迅」的署名，分別發表隨感錄三十五、三十六、三十七、三十八。他在〈隨感錄三十八〉中寫道：

> 中國人向來有點自大。──只可惜沒有「個人的自大」，都是「合群的愛國的自大」。這便是文化競爭失敗之後，不能再見振拔改進的原因。
>
> 「個人的自大」，就是獨異，是對庸眾宣戰。除精神病學上的誇大狂外，這種自大的人，大抵有幾分天才，──照Nordau等說，也可說就是幾分狂氣，他們必定自己覺得思想

見識高出庸眾之上，又為庸眾所不懂，所以憤世疾俗，漸漸變成厭世家，或「國民之敵」。但一切新思想，多從他們出來，政治上宗教上道德上的改革，也從他們發端。所以多有這「個人的自大」的國民，真是多福氣！多幸運！

Nordau是出生於匈牙利的一名德國作家。魯迅的上述觀點，一方面是對於胡適所提倡的「易卜生主義」的回應，一方面是對於自己十年前在日本留學時期所提倡的尼采式「超人之說」的重現。在5卷5號的通信欄中，另有標題為〈渡河與引路〉的唐俟致錢玄同信：「兩日前看見《新青年》五卷二號通信裏面，兄有唐俟也不反對Esperanto，以及可以一齊討論的話；我於Esperanto固不反對，但也不願討論：因為我的贊成Esperanto的理由，十分簡單，還不能開口討論。要問贊成的理由，便只是依我看來，人類將來總有一種共同的語言；所以贊成Esperanto。……耶穌說，見車要翻了，扶他一下。Nietzsche說，見車要翻了，推他一下。我自然是贊成耶穌的話；但以為倘若不願你扶，便不必硬扶，聽他罷了。此後能夠不翻，固然很好；倘若終於翻倒，然後再來切切實實的幫他抬。」

曾經以尼采式「超人」自居的魯迅，能夠在耶穌與尼采（Nietzsche）之間做出「我自然是贊成耶穌的話」的傾向性選擇，正是他加盟《新青年》之後的思想轉變。然而，就在魯迅明確表示「我自然是贊成耶穌的話」的同時，錢玄同卻沿著魯迅潛在的話語邏輯極端推演道：「元期兄：……現在走路的人，有『盲人騎瞎馬，夜半臨深池』的，有故意『南轅北轍』的。現在滿街的車子，有實在拉不動，

以致翻車的，有故意將好好的車子推到泥塘去的。《新青年》對於前者，是應該指導他，幫助他的；對於後者，不但元期以為可以聽他，即玄同亦以為可以任其自然。……但願『中華民國八年』六個字不要刪除，才好。要是並這六個字而不願保存，那我們簡直可以老實不客氣，照著Nietzsche的話去辦。」

公開發表的來往通信，來信的落款是「唐俟」，回信的抬頭卻是「元期」，由此便可以見出錢玄同協助魯迅隱身匿名的煞費苦心。至於魯迅所説的「還不能開口討論」的「廢漢文」，他在1919年1月16日致許壽裳信中另有介紹：「來書問童子所誦習，僕實未能答。緣中國古書，頁頁害人，而新出諸書亦多妄人所為，毫無是處。……漢文終當廢去，蓋人存則文必廢，文存則人當亡，在此時代，已無倖存之道。」

接下來，魯迅再次表白了自己的思想變遷：「主張用白話者，近來似亦日多，但敵亦群起，四面八方攻擊者眾，而應援者則甚少，……大學學生二千，大抵暮氣甚深，蔡先生來，略與改革，似亦無大效，唯近來出雜誌一種曰《新潮》，頗強人意，只是二十人左右之小集合所作，間亦雜教員著作，第一卷已出，日內當即郵寄奉上（其內以傅斯年作為上，羅家倫亦不弱，皆學生）。僕年來仍事嬉遊，一無善狀，但思想似稍變遷。」

## 四、周作人的「託名」魯迅

1918年10月21日，周作人在日記中寫道：「晴，上午往校，……下午從出版部得《羅馬文學》一本。四時返寓，得十七日家寄書二包，內《神話與民間傳說》等四本，又德文四本。玄同説明年起分

151

編《新青年》，凡陳、胡、陶、李、高、錢、二沈、劉、周、陳（百）、傅十二人云。」

這裏所說的12人，依次是陳獨秀、胡適、陶孟和、李大釗、高一涵、沈尹默、沈兼士、周作人、陳百年、傅斯年。然而，在《新青年》6卷1號公開刊載的「分期編輯表」中，只公布了第6卷的編輯名單：陳獨秀、錢玄同、高一涵、胡適、李大釗、沈尹默。隨著從7卷1號起由陳獨秀收回主編權限，周氏兄弟徹底喪失了正式加入《新青年》編輯部的機會。

1918年11月27日，周作人在日記中寫道：「晴，上午往校，得傅斯年君函即答。下午至學長室議創刊《每周評論》。十二月十四日出版，任月助刊資三元。三時同玄同、半農、蓬仙至無量大人胡同訪士遠，因其夫人於昨日去世也。」

對照《魯迅日記》，他於10月21日正忙著到留黎廠（現通稱為琉璃廠）購買文物古董，對於《新青年》編輯事務隻字未提。11月27日由陳獨秀召集的同人會議他同樣沒有參加，而是再一次到留黎廠去購買古籍。

1919年1月10日，《周作人日記》中有「作隨感錄二則」的記錄，在隨後的日記裏卻再也沒有提到如何處理這二則隨感錄。到了3月12日，他在日記中寫道：「上午至中西圖書館購《近代短篇小說》一本，往校購《新潮》第三期五本，訪仲甫取來《新青年》六之一十本，以其一送與仲侃，三時返。」

《新青年》6卷1號中有署名唐俟的隨感錄三十九、四十、四十一和署名魯迅的四十二、四十三。周作人在魯迅逝世後回憶說：「（魯

迅）第二次寫小說是眾所共知的《新青年》時代，所用筆名是『魯迅』，在《晨報副刊》上為孫伏園每星期日寫〈阿Q正傳〉，則又署名『巴人』，所作隨感錄大抵署名『唐俟』，我也有幾篇是用這個署名的，都登在《新青年》上，後來這些隨感錄編入《熱風》，我的幾篇也收入在內，特別是三十七八，四十二三皆是。整本的書籍署名彼此都不在乎，難道二三小文章上頭要來爭名麼？——當時世間頗疑『巴人』是蒲伯英，教育部中有時議論紛紜，毀譽不一，魯迅就在旁邊，茫然相對，是很有滑稽意味的事。」註14

署名「魯迅」的〈隨感錄四十三〉，是對於上海《時事新報》星期圖畫增刊〈潑克〉的反擊。「潑克」是英語Puck的音譯，是英國民間傳說中喜歡惡作劇的小妖精的名字。1919年1月5日，沈泊塵在《時事新報》的〈潑克〉星期圖畫增刊發表六幅諷刺畫，其中有這樣的文字說明：「某新學家主張廢棄漢字」；「然習羅馬文又苦於格格不入，乃叩諸醫生問焉」；「醫生請以羅馬犬心易其心」；「其新學家易心後試讀羅馬拼音，人聆之則居然羅馬犬吠也！」

沈伯塵所攻擊的「某新學家」即錢玄同。錢玄同在1919年1月8日的日記中寫道：「看一月五日《時事新報》，其中有罵我的圖畫，說我要廢漢文用西文，苦於講話不能酷肖西人，請醫生先把我的心挖了換上一個外國狗的心，於是我講出話來和外國狗叫一樣。如此罵法我頗覺得好玩。還有兩條〈敢問錄〉是罵我和半農的。……我很希望他天天問幾段看看，倒是很有趣的。」註15

針對沈泊塵的人身攻擊，署名「魯迅」的〈隨感錄四十三〉寫道：「近來看見上海什麼報的增刊〈潑克〉上，有幾張諷刺畫。他的

畫法，倒也模仿西洋；可是我很疑惑，何以思想如此頑固，人格如此卑劣，竟同沒有教育的孩子只會在好好的白粉牆上寫幾個『某某是我兒子』一樣。可憐外國事物，一到中國，便如落在黑色染缸裏似的，無不失了顏色。美術也是其一：學了體格還未勻稱的裸體畫，便畫猥褻畫；學了明暗還未分明的靜物畫，只能畫招牌。皮毛改新，心思仍舊，結果便是如此。至於諷刺畫之變為人身攻擊的器具，更是無足深怪了。」

1919年1月14日，錢玄同致周作人信中談到四篇作品：其一是〈論黑幕〉；其二是白話詩〈路上所見〉；其三是翻譯小說〈可愛的人〉；其四是〈she字譯法之商榷〉。[註16]周作人在日記中寫道：「作〈再論黑幕〉至晚了，抄至十一時了。得玄同片。」

在隨後的兩天裏，《周作人日記》中並沒有出現與錢玄同聯絡的記錄，在2月16日的《魯迅日記》中，卻出現了這樣的文字：「星期休息。上午寄錢玄同信。……午後同二弟同至前門外京漢車站食堂午膳，又至留黎廠火神廟遊。」

魯迅在當天致錢玄同信中寫道：「今天仲密說，悠悠我思有一篇短文，是回罵上海什麼報的，大約想登在《每周評論》上，因為該評論出的快，而《新青年》出的慢。我想該文可以再抄一篇，也登入《新青年》六卷二號〈隨感錄〉，庶幾出而又出傳播更廣，用副我輩大罵特罵之盛意，不知吾兄大人閣下以為何？」

「仲密」即周作人，「悠悠我思」即浙江籍北大教授陳大齊（百年），他「回罵」上海《時事新報》張東蓀文章〈破壞與建設，是一不是二〉的〈破壞與建設〉，隨後以「世紀」的署名發表在《每周評

論》第10號。由這封信可以看出，周氏兄弟儘管沒有正式加入《新青年》編輯部，卻通過錢玄同間接參與了6卷2號的組稿工作。

相應地，錢玄同和周氏兄弟幾乎包辦了6卷2號大部分的篇幅。這其中有魯迅以唐俟署名發表的〈隨感錄〉之四十六、四十七、四十八、四十九，「通信」欄中另有以陳鐵生、魯迅署名的來往通信〈拳術與拳匪〉。「記者」欄中還有以魯迅署名的〈什麼話（三）〉。周作人的作品包括被放在頭條的白話新詩〈小河〉，譯自契訶夫的短篇小說〈可愛的人〉，以仲密署名的〈論「黑幕」〉，以玄同、作人署名的來往通信〈英文she字譯法〉。除此之外，通信欄中另有彝銘、玄同的來往書信〈文學改革之意見〉，這個「彝銘」與周作人的「啟明」是不是同一個人，已經不得而知。

署名唐俟的〈隨感錄四十六〉，與6卷1號署名「魯迅」的〈隨感錄四十三〉一樣，是「回罵」上海《時事新報》的：

> 民國八年正月間，我在朋友家裏見到上海一種什麼報的星期增刊諷刺畫，正是開宗明義第一回；畫著幾方小圖，大意是罵主張廢漢字的人的；說是給外國醫生換上外國狗的心了，所以讀羅馬字時，全是外國狗叫。但在小圖的上面，又有兩個雙鉤大字「潑克」，似乎便是這增刊的名目；可是全不像中國話。我因此很覺得這美術家可憐：他——對於個人的人身攻擊姑且不論——學了外國畫，來罵外國話，然而所用的名目又仍然是外國話。諷刺畫本可以針砭社會的痼疾；現在施針砭的人的眼光，在一方尺大的紙片上，尚且看不分明，怎能指出確當的方向，引導社會呢？

這幾天又見到一張所謂〈潑克〉，是罵提倡新文藝的人了。大旨是說凡所崇拜的，都是外國的偶像。⋯⋯不論中外，誠然都有偶像。但外國是破壞偶像的人多；那影響所及，便成功了宗教改革，法國革命。舊像愈摧破，人類便愈進步；所以現在才有比利時的義戰，與人道的光明，那達爾文、易卜生、托爾斯泰、尼采諸人，便是近來偶像破壞的大人物。⋯⋯我輩即使才力不及，不能創作，也該當學習；即使所崇拜的仍然是新偶像，也總比中國陳舊的好。與其崇拜孔丘、關羽，還不如崇拜達爾文、易卜生；與其犧牲於瘟將軍五道神，還不如犧牲於Apollo。

　　假如〈隨感錄四十三〉是由魯迅所寫，他在〈隨感錄四十六〉中就沒有必要自相矛盾地寫下「在朋友家裏見到上海一種什麼報的星期增刊諷刺畫」的開場白。由此看來，《新青年》6卷1號中署名「魯迅」的〈隨感錄〉四十二和四十三，確實是周作人的作品。這樣一來，1919年1月10日《周作人日記》中的「作隨感錄二則」，也就有了著落。魯迅所說的「在朋友家裏」，其實就是在自己家裏看到《時事新報》以及由周作人寫作並且署名「魯迅」的〈隨感錄四十三〉[註17]。

　　周氏兄弟因為化用筆名而引出的是非，並不限於兄弟之間。同樣是在6卷2號，陳鐵生在讀者來信〈駁《新青年》五卷五號「隨感錄」第三十七條〉中，首先質疑的就是魯迅的真實身份：「魯迅君何許人，我所未知，大概亦是一個青年。但是這位先生腦海中似乎有點不清楚，竟然把拳匪同技擊術混在一起。」

　　魯迅在標題為〈拳術與拳匪〉的回信中，用破例開恩的語氣寫道：「此信單是呵斥，原意不需答覆，本無揭載的必要；但末後用了『激將法』，要求發表，所以便即發表。既然發表，便不免要答覆幾句了。來信的最大誤解處，是我所批評的是社會現象，現在陳先生根據了來攻難的，卻是他本身的態度。……所以個人的態度，便推翻不了社會批評；這〈隨感錄〉第三十七條，也仍然完全成立。」

北大教授周作人。

　　事實上，批評社會現象是經常要談到「個人的態度」的，離開了活生生的個人，社會現象也就無從談起。就在同一期的〈隨感錄四十六〉中，魯迅所批評的就是諷刺書家沈伯塵的「個人的態度」，他用來取代中國舊偶像的外國新偶像達爾文、易卜生、托爾斯泰、尼采、Apollo（拿破侖），也同樣是「個人」。

　　1919年1月13日，《北京報》發表〈周作人啟事〉，聲明該報所載「署名啟明之社論」實僅名號偶同，自己從本

年一月起「均改署全姓名」。話雖這麼說，周作人在此後的歲月裏，一如既往地變換各種各樣的化名發表文章。

1919年4月28日，魯迅在致錢玄同信中另有「十九期《每周評論》附錄中有魯遜做的文章一篇，此人並非舍弟」的「合併聲明」。到了與許廣平一起定居於上海租界之後，晚年魯迅所採用的「託名」更是層出不窮。

## 五、魯迅加盟《新青年》的思想原點

魯迅在《新青年》雜誌發表的最後一篇作品，是譯自俄國盲人作家埃羅先珂（愛羅先珂）的童話〈狹的籠〉，在此之前，《新青年》同人團隊已經於無形中歸於解散。在《新青年》解散之初，魯迅談得最多的是他與同人之間求同存異的精神歧異：

> 有一個大襟上掛著自來水筆的記者，來約我做文章，為敷衍他起見，我於是乎要做文章了。……這時是夜間，因為比較的涼爽，可以捏筆而沒有汗。剛坐下，蚊子出來了，對我大發揮其他們的本能。……這時倘有人提出一個問題，問我「於蚊蟲跳蚤敦愛？」我一定毫不遲疑，答曰「愛跳蚤！」這理由很簡單，就因為跳蚤是咬而不嚷的。
> 默默的吸血，雖然可怕，但於我卻較為不麻煩，因此毋寧愛跳蚤。在與這理由大略相同的根據上，我便也不很喜歡去「喚醒國民」，這一篇大道理，曾經在槐樹下和金心異說過，現在恕不再敘了。註18

「大襟上掛著自來水筆的記者」即孫伏園。「金心異」即錢玄同。魯迅之所以不很喜歡「喚醒國民」，根本原因是他更傾向於充當與「庸眾」勢不兩立的尼采式「超人」。只是由於實在沒有辦法把自己真正成就為「用庸眾為犧牲，以冀一二天才之出世」的尼采式「超人」，他才不得不以失敗「超人」的劣勢心態「宦隱」於中華民國教育部：「早上起來，但見三位得勝者拖著鮮紅的肚子站在帳子上；自己身上有些癢，且搔且數，一共有五個疙瘩，是我在生物界裏戰敗的標徵。我於是也便帶了五個疙瘩，出門混飯去了。」

以尼采的「超人之說」為根本底色，一邊「宦隱」於政府教育部，一邊以魯迅、唐俟之類的「託名」發表各種文字，既是魯迅為《晨報》編輯孫伏園寫作稿件的思想原點，也是他此前為《新青年》無償供稿的思想原點。從1917年夏夜到1921年夏夜，中國社會已經發生很大變化，魯迅也從當初的無償供稿演變為賺取稿費。1921年7月31日，他在致周作人信中表示說：「現在我輩文章既可賣錢，則賦還之機會多多也矣。」

周作人當時正在香山碧雲寺養病，家裏為此欠下大筆債款。兄弟二人功成名就的稿費收入，成為歸還欠款的希望所在。即使在這種情況下，他們還在繼續為已經成為中共機關刊物的《新青年》無償供稿：「子佩代買來《新青年》九之一一本（便中當帶上），據云九之二亦已出，而只有一本為分館買之，擬尚託出往尋。每書坊中殆必不止一本，而不肯多拿出者，蓋防偵探，慮其一起拿去也。九之一後（編輯室雜記）有云：本社社員某人因患肋膜炎不能執筆我們很希望他早

日痊癒本志次期就能登出他的著作。我想：你也不能不給他作或譯了，否則《說報》之類中太多，而於此沒有，也不甚好。」註19

　　8月25日，魯迅在致周作人信中繼續討論投稿事宜：「我們此後譯作，每月似只能《新》，《小》，《晨》各一篇，以免果有不均之誚。《新》九之二已出，今附上，無甚可觀，唯獨秀隨筆究竟爽快耳。」

　　這裏的「《新》，《小》，《晨》」，就是《新青年》、《小說月報》和《晨報》，三份報刊中只有《新青年》沒有稿費。1922年7月1日，《新青年》月刊在出版9卷6號後停刊。1923年8月，《吶喊》由周作人主持的北京大學新潮社出版，魯迅在自序中再次介紹了自己「曾經在槐樹下和金心異說過」的思想原點：

　　　　我懂得他的意思了，他們正辦《新青年》，然而那時彷彿不特沒有人來贊同，並且也還沒有人來反對，我想，他們許是感到寂寞了，但是說：「假如一間鐵屋子，是絕無窗戶而萬難破毀的，裏面有許多熟睡的人們，不久都要悶死了，然而是從昏睡入死滅，並不感到就死的悲哀。現在你大嚷起來，驚起了較為清醒的幾個人，使這不幸的少數者來受無可挽救的臨終的苦楚，你倒以為對得起他們麼？

　　　　……在我自己，本以為現在是已經並非一個切迫而不能已於言的人了，但或者也還未能忘懷於當日自己的寂寞的悲哀罷，所以有時候仍不免吶喊幾聲，聊以慰藉那在寂寞裏奔馳的猛士，使他不憚於前驅。至於我的喊聲是勇猛或是悲哀，是可憎或是可笑，那倒是不暇顧及的；但既然是吶喊，則當

然須聽將令的了，所以我往往不恤用了曲筆，在〈藥〉的瑜兒的墳上憑空添上一個花環，在〈明天〉裏也不敘單四嫂子竟沒有做到看見兒子的夢，因為那時的主將是不主張消極的。至於自己，卻也並不願將自以為苦的寂寞，再來傳染給也如我那年輕時候似的正做著好夢的青年。

自己的思想基調是以尼采的「超人之說」為底色的虛無、黑暗、消極、絕望，為了讓陳獨秀、胡適、錢玄同、劉半農等「不憚於前驅」的「猛士」去衝鋒陷陣，魯迅便不惜犧牲自己的真情實感去「敷衍朋友們的囑託」和「聽將令」，同時還要保留自己「宦隱」於教育部的「超人」姿態，這就是加盟《新青年》同人團隊的魯迅最為真實的精神面貌。

## 六、遊離原點的事後追憶

1925年3月18日，已經以魯迅的「託名」奠定自己文壇地位的教育部僉事周樹人，在致許廣平信中再次談到自己的思想原點：「我疑心將來的黃金世界裏，也會有將叛徒處死刑，而大家尚以為黃金世界的事，其大病根就在人們各個不同，不能像印版書似的每本一律。要徹底地毀滅這種大勢的，就容易變成『個人的無政府主義者』，〈工人綏惠略夫〉裏所描寫的綏惠略夫就是。這一類人物的運命，在現在，——也許雖在將來，是要救群眾，而反被群眾所迫害，終至於成了單身，忿激之餘，一轉而仇視一切，無論對誰都開槍，自己也歸於毀滅。」

隨著男女私情的步步深入，魯迅在另一封情書中，乾脆接續了《新青年》時代的思想軌跡：「我已在《吶喊》的序上說過：不願將自己的思想，傳染給別人，何以不願，則因為我的思想太黑暗，而自己終不能確知是否正確之故。至於『還要反抗』，倒是真的，但我知道這『所以反抗之故』，與小鬼截然不同。你的反抗，是為希望光明到來罷？（我想，一定是如此的。）但我的反抗，卻不過是偏與黑暗搗亂。……其實，我的意見原也不容易了然，因為其中本含有許多矛盾，教我自己說，或者是『人道主義』與『個人的無治主義』的兩種思想的消長起伏罷。」

在《新青年》時代，魯迅是從來不以「猛士」和「主將」自居的。到了1925年3月12日寫給《猛進》周刊主編徐炳昶的「通訊」中，他才公開把自己形容為培養戰士的「超人」：「我想，現在的辦法，首先還得用那幾年以前《新青年》上已經說過的『思想革命』。還是這一句話，雖然未免可悲，但我以為除此沒有別的法。而且還是準備『思想革命』的戰士，和目下的社會無關。待到戰士養成了，於是再決勝負。我這種迂遠而且渺茫的意見，自己也覺得是可歎的，但我希望於《猛進》的，也終於還是『思想革命』。」[註20]

1925年11月3日，在為《熱風》所寫的「題記」中，魯迅又以「戰士」的姿態重新評估了自己在《新青年》時代發揮的作用：「我在《新青年》的〈隨感錄〉中做些短評，還在這前一年，因為所評論的多是小問題，所以無可道，原因也大都忘卻了。但就現在的文字看起來，除幾條泛論之外，有的是對於扶乩，靜坐，打拳而發的；有的是對於所謂『保存國粹』而發的；有的是對於那時舊官僚的以經驗

自豪而發的;有的是對於上海《時報》的諷刺畫而發的。記得當時的《新青年》,是正在四面受敵之中,我所對付的不過一小部分;其他大事,則本志具在,無須我多言。」

1927年4月8日,魯迅在廣州黃埔軍官學校演講「革命時代的文學」時,又一次談到《新青年》:「前幾年《新青年》載過幾篇小說,描寫罪人在寒地裏的生活,大學教授看了就不高興,因為他們不喜歡看這樣的下流人。如果詩歌描寫車夫,就是下流詩歌;一齣戲裏,有犯罪的事情,就是下流戲。他們的戲裏的腳色,止有才子佳人,才子中狀元,佳人封一品夫人,在才子佳人本身很歡喜,他們看了也很歡喜,下等人沒奈何,也只好替他們一同歡喜歡喜。」

魯迅講這些話的目的,首先是要證明「現在中國自然沒有平民文學,世界上也還沒有平民文學,……因為平民還沒有開口」;同時也是為了證明自己在戰士與文學家之間,更願意充當的是前者而不是後者:「文學家弄得好,做幾篇文章,也許能夠稱譽於當時,或者得到多少年的虛名罷,──譬如一個烈士的追悼會開過之後,烈士的事情早已不提了,大家倒傳誦著誰的挽聯做得好:這實在是一件很穩當的買賣。……中國現在的社會情狀,止有實地的革命戰爭,一首詩嚇不走孫傳芳,一炮就把孫傳芳轟走了。」

1931年7月20日,已經成為左聯盟主的魯迅,在〈上海文藝之一瞥〉中又把《新青年》認定為壓倒新舊才子的制高點:「到了近來是在製造兼可擦臉的牙粉了的天虛我生先生所編的月刊雜誌《眉語》出現的時候,是這鴛鴦蝴蝶式文學的極盛時期。後來《眉語》雖遭禁止,勢力卻並不消退,直待《新青年》盛行起來,這才受了打擊。這

時有伊孛生的劇本的紹介和胡適之先生的《終身大事》的別一形式的出現，雖然並不是故意的，然而鴛鴦蝴蝶派作為命根的那婚姻問題，卻也因此而諾拉（Nora）似的跑掉了。這後來，就有新才子派的創造社的出現。」

　　所謂「伊孛生的劇本的紹介和胡適之先生的《終身大事》的別一形式的出現……並不是故意的」，實際上是不符合歷史事實的。早在美國留學期間，胡適已經用英文寫作了〈易卜生主義〉的初稿。在刊登於劉半農主編的《新青年》4卷3號的四首以〈除夕〉為標題的白話詩中，胡適所介紹的恰恰是自己與陶孟和等人對於4卷6號的「易卜生號」的精心策劃和認真準備：「除夕過了六七日，／忽然有人來討除夕詩！／除夕『一去不復返』，／如今回想未免已太遲！／那天孟和請我吃年飯，／……若問談的什麼事，／這個更不容易記。／像是易卜生和白里歐，／這本戲和那本戲。／……」

　　到了1933年3月，魯迅在《魯迅自選集》的「自序」中，又在《新青年》的「文學革命」與左聯陣營的「革命文學」之間劃上了等號：

　　　　我做小說，是開首於一九一八年，《新青年》上提倡「文學
　　　革命」的時候的。這一種運動，現在固然已經成為文學史上
　　　的陳跡了，但在那時，卻無疑地是一個革命的運動。
　　　　我的作品在《新青年》上，步調是和大家大概一致的，所以
　　　我想，這些確可以算作那時的「革命文學」。……後來《新
　　　青年》的團體散掉了，有的高升，有的退隱，有的前進，我
　　　又經驗了一回同一戰陣中的夥伴還是會這麼變化，並且落得

一個「作家」的頭銜，依然在沙漠中走來走去，不過已經逃不出在散漫的刊物上做文字，叫作隨便談談。有了小感觸，就寫些短文，誇大點說，就是散文詩，以後印成一本，謂之《野草》。得到較整齊的材料，則還是做短篇小說，只因為成了游勇，布不成陣了，所以技術雖然比先前好一些，思路也似乎較無拘束，而戰鬥的意氣卻冷得不少。

比起此前的〈《吶喊》自序〉，〈《自選集》自序〉中的事後追憶，離自己在《新青年》時代以尼采的「超人之說」為根本底色，一邊「宦隱」於政府教育部，一邊以魯迅、唐俟之類的「託名」發表各種文字的思想原點越來越遠。按照魯迅自己的話語邏輯，假如寫在《彷徨》扉頁上的「路漫漫其修遠兮，吾將上下而求索」是大口誇張，他於1933年3月2日題寫給日本友人山縣初男的〈題《彷徨》〉——「寂寞新文苑，平安舊戰場。兩間餘一卒，荷戟獨（尚）彷徨。」——就應該是更大的「大口」。因為在他處於「彷徨」的同時，陳獨秀、李大釗已經在組建中國共產黨，蔡元培、胡適、錢玄同、劉半農、周作人等人，也正在各自的領域裏從事著一份建設性的努力。

## 七、周作人晚年的低調敘述

1933年5月29日夜，魯迅在〈《守常全集》題記〉中回憶說：「我最初看見守常先生的時候，是在獨秀先生邀去商量怎樣進行《新青年》的集會上，這樣就算認識了。不知道他其時是否已是共產主義者。總之，給我的印象是很好的：誠實，謙和，不多説話。《新青

年》的同人中，雖然也很有喜歡明爭暗鬥，扶植自己勢力的人，但他一直到後來，絕對的不是。」[註21]

在落款時間為1934年8月1日的〈憶劉半農君〉中，魯迅進一步介紹説：

> 《新青年》每出一期，就開一次編輯會，商定下一期的稿件。其時最惹我注意的是陳獨秀和胡適之。假如將韜略比作一間倉庫罷，獨秀先生的是外面豎一面大旗，大書道：「內皆武器，來者小心！」但那門卻開著的，裏面有幾枝槍，幾把刀，一目了然，用不著提防。適之先生的是緊緊的關著門，門上粘一條小紙條道：「內無武器，請勿疑慮。」這自然可以是真的，但有些人——至少是我這樣的人——有時總不免要側著頭想一想。半農卻是令人不覺其有「武庫」的一個人，所以我佩服陳胡，卻親近半農。

這篇文章最初發表於1934年10月出版的上海《青年界》月刊6卷3期。11月30日，遠在北平的周作人寫下〈半農紀念〉，針對魯迅所説的「據了要津，⋯⋯不斷的做打油詩，弄爛古文」，用打油詩的方式反擊道：「漫云一死恩仇泯，海上微聞有笑聲。空向刀山長作揖，阿旁牛首太猙獰。」[註22]

1949年之後，晚年周作人在魯迅被奉為神聖偶像的情況下，通過講古憶舊的低調敘述，又對相關事實進行了半真半假的再度改寫：

日記上說：「六月廿三日，晴。下午七時至六味齋，適之招飲，同席十二人，共議《每周評論》善後事，十時散。」來客不大記得了，商議的結果大約也只是維持現狀，由守常適之共任編輯，生氣虎虎的《每周評論》，已經成了強弩之末，有幾期裏大幅的登載學術講演，此外胡適之的有名的「少談主義多談問題」的議論，恐怕也是在這上邊發表的。但是反動派還不甘心，在過了一個月之後，《每周評論》終於在八月三十日被停刊了，總共出了三十六期。《新青年》的事情仍舊歸獨秀去辦，日記上記有這一節話：「十月五日，晴。下午二時至適之寓所，議《新青年》事，自七卷始，由仲甫一人編輯，六時散，適之贈所著《實驗主義》一冊。」

在這以前，大約是第五六卷吧，曾議決由幾個人輪流擔任編輯，記得有獨秀，適之，守常，半農，玄同，和陶孟和這六人，此外有沒有沈尹默那就記不得了，我特別記得是陶孟和主編的這一回，我送去一篇譯稿，是日本江馬修的小說，題目是〈小的一個人〉，無論怎麼總是譯不好，陶君給我加添了一個字，改作〈小小的一個人〉，這個我至今不能忘記，真可以說是「一字師」了。關於《新青年》的編輯會議，我一直沒有參加過，《每周評論》的也是如此，因為我們只是客員，平常寫點稿子，只是遇著興廢的重要關頭，才會被邀列席罷了。註23

167

事實上，「由守常適之共任編輯」，是周作人通過抬高李大釗以求居功自保的蓄意說謊。陳獨秀被捕之後，接任《每周評論》主編的只有胡適一個人，李大釗當時正準備舉家遷回河北樂亭，一直與胡適同居一處的另一位主要編輯高一涵也準備到日本訪學。所謂「大幅的登載學術講演」，更是陳獨秀被捕之前已經編輯完成的杜威演講錄。

比起公開發表的文字，周作人在1958年1月20日致曹聚仁信中表現得更加直截了當：「《魯迅評傳》也大旨看完了，很是佩服，個人意見覺得你看的更是全面，有幾點私見寫呈，只是完全『私』的，所以請勿公開使用。一、世無聖人，所以人總難免有缺點。魯迅寫文態度本是嚴肅、緊張，有時戲劇性的，所說不免有小說化之處，即是失實──多有歌德自傳『詩與真實』中之詩的成份。例如《新青年》會議好像是參加過的樣子，其實只有某一年中由六個人分編，每人擔任一期，我們均不在內，會議可能是有的，我們是『客師』的地位向不參加的。」註24

查《魯迅日記》，第一次出現李大釗的名字，是1919年4月8日的「下午寄李守常信」。到了4月16日，又有「上午得錢玄信，附李守常信」的記錄。此前他一直是通過周作人與《新青年》和《每周評論》編輯部進行聯繫的，由於周作人於3月31日回紹興探親，才有了魯迅與李大釗的直接通信。《魯迅日記》中第一次出現陳獨秀的名字，是1920年8月7日的「上午寄陳仲甫說一篇」。這裏的「說」就是短篇小說〈風波〉，陳獨秀此時已經把《新青年》編輯部遷回上海。

對照《魯迅日記》和《周作人日記》，魯迅參加《新青年》同人的集體活動的第一次記錄，是1919年2月12日的「晴。休假。午後往

圖書分館，俟二弟至同遊廠甸，……向晚同往歐美同學會，係多人為陶孟和赴歐洲餞行，有三席，二十餘人。夜歸。」第二次記錄已經是1919年5月23日。魯迅在當天日記中寫道：「下午往大學，得《馬叔平所藏甲骨文拓本》一冊，工值券四元。夜胡適之招飲於東興樓，同坐十人。」周作人在日記中寫道：「廿三日，晴。下午至日郵局寄東京金百日元，新村東京支部函、《新青年》六之三一冊。又往校借來《學術叢編》四本。大哥來，七時同至東興樓，適之請客，十一時返寓。」

周氏兄弟從事寫作的紹興縣館補樹書屋。

此時的胡適，既是《新青年》同人團隊中與陳獨秀並駕齊驅的領袖人物，又是在蔡元培離校出走的情況卜極力維護北京大學的中流砥柱。他出面宴請包括周氏兄弟在內的同人朋友，與由他主編的《新青年》6卷4號有直接關係，更與應對北京大學的危機局面密切相關。陳獨秀、李大釗、劉半農當時都在北京，魯迅自然可以在這次聚會中同時見到陳獨秀、李大釗、劉半農、胡適四

個人。然而，他所說的「《新青年》每出一期，就開一次編輯會」，卻只能是半真半假的「詩與真實」。

至於魯迅所描繪的胡適的「韜略」和「武庫」，耿雲志提供的說明是：「認真研究這些材料，一定可以幫助我們對胡適有更為全面而真切的認識，廓清某些片面和不實之論。例如，魯迅先生曾把胡適與陳獨秀來做比較，說陳獨秀的為人，好像他的門上明貼著招牌：內有武器，須小心，而實際上並沒有什麼。胡適呢？招牌上寫著：內無武器，盡可放心，而實際上頗須小心，裏面可能有什麼（大意如此）。魯迅的意思很明白：胡適不是個坦蕩的以誠待人的人。我研究胡適近二十年了，他寫的東西，無論已刊、未刊，可以說，大部分我都看過，也看過不少別人所寫關於他的文字。我總得不出和魯迅相同的印象。當然，胡適交際廣泛，是個深通世故的人。但他的通世故，不過是總力求理解人家，並無以權術害人之意。他若不能以誠待人，絕不可能有那麼多的朋友；他若不能以誠待朋友，絕不可能同那樣多的不同年齡、不同職業、不同地位的人保持終生的友誼。……總之，若撇開思想信仰、政治主張不論，作為一個血肉性情的人來看，胡適應該可以說是一個胸懷坦蕩，鞠誠待朋友的人。」[註25]

## 【注釋】

註1：「貼估」即古董商人。《魯迅全集》第14卷，北京：人民文學出版社，1981年，第263頁。

註2：《周作人日記》影印本上冊，鄭州：大象出版社，1996年，第651頁。

註3：胡適與錢玄同來往通信〈論小說及白話文韻文〉，《新青年》4卷1號，1918年1月。

註4：《魯迅全集》第11卷，第344頁。

註5：《知堂回想錄》下冊，河北教育出版社，2002年，第362、408頁。

註6：《魯迅全集》第11卷，第345頁。

註7：1918年10月5日汪孟鄒致胡適信，見唐寶林、林茂生著《陳獨秀年譜》，上海人民出版社，1987年，第87頁。1917年10月16日劉半農致錢玄同信，《劉半農散文經典》，北京：印刷工業出版社，2001年，第232頁。

註8：《魯迅全集》第8卷，第27頁。

註9：《魯迅研究資料》第9輯，第275頁，天津人民出版社，1982年。

註10：錢玄同致陳獨秀信：〈文字元號與小說〉，《新青年》3卷6號，1917年8月。

註11：熊夢飛：〈記錢玄同先生關於語文問題談話〉，《文化與教育》旬刊第27期，1934年8月10日。

註12：周作人：〈記蔡孑民先生的事〉，《古今》月刊1942年第6期。

註13：《兩地書》原信四，1925年3月18日，《兩地書全編》，浙江文藝出版社，1998年，第398頁。本文所引《兩地書》原信均出自《兩地書全編》，不另加注。

註14：知堂：〈關於魯迅〉，《宇宙風》第29期，1936年11月16日。

註15：《錢玄同日記》第4卷，福建教育出版社，2002年，第1718頁。

註16：《錢玄同文集》第6卷，中國人民大學出版社，2000年，第17、18頁。

註17：關於上海《時事新報》對於《新青年》雜誌的攻擊，劉半農在1918年

8月7日致錢玄同信中寫道：「玄同吾友：昨天晚上有個朋友來說，有署名『馬二先生』者，對於我們上次答張謬子的信（載易卜生號），大加駁難，適之、獨秀、你、我四人個個都攻擊到。以其文登於上海《時事新報》，我是向來不看《時事新報》的，不知究竟講些什麼話，你那邊如有此報望借我一閱，以便答覆。」錢玄同在第二天的回信中表示說：「我也是向來不看《時事新報》的。但我以為這種文章，不但不必答覆，並其原文亦不必看。」（〈今之所謂「劇評家」〉，《新青年》5卷2號，1918年8月15日。）到了1919年1月7日，錢玄同在日記中寫道：「和半農同訪周氏兄弟。豫才說如其大東海國大皇帝竟下了吃孔教的上諭，我們唯有逃入耶穌教之一法。豫才說用耶教來抵禦中國舊教，我本來是不贊成的，但彼等如竟要叫大家吃孔教、來研究那狗屁三綱五常，則我們為自衛計唯有此法而已。頌平說他入耶穌教全為反對喪禮，這是和豫才一樣的意思。」在同一天的《周作人日記》中，另有「晚玄同、半農來談，一時睡」的記錄。《魯迅日記》中也有「無事，夜劉半農、錢玄同來」的記錄。錢玄同於第二天日記中所說的「看一月五日《時事新報》」，顯然是在紹興縣館周氏兄弟的住處看到並且借閱的。

註18：魯迅：〈無題〉，原載《晨報》「浪漫談」1921年7月8日，見《魯迅全集》第8卷，第101頁。

註19：魯迅1921年8月17日致周作人信。《魯迅全集》第11卷，第389頁。

註20：《華蓋集·通訊》，《魯迅全集》第3卷，第21頁。

註21：《魯迅全集》第4卷，第523頁。

註22：知堂：〈半農紀念〉，《人間世》第18期，1934年12月20日。

註23：《知堂回想錄》下冊，河北教育出版社，2002年，第362、408頁。

註24：張菊香、張鐵榮編著《周作人年譜》，天津人民出版社，2000年，第862頁。

註25：耿雲志：〈《胡適遺稿及秘藏書信》序〉，見耿雲志主編《胡適遺稿及秘藏書信》第1冊，黃山書社，1994年。

魯迅筆下的陳獨秀

**19**20年5月4日，魯迅在致宋崇義信中寫道：「比年以來，國內不靖，影響及於學界，紛擾已經一年。……近來所謂新思潮者，在外國已是普遍之理，一入中國，便大嚇人；提倡者思想不徹底，言行不一致，故每每發生流弊，而新思潮之本身，固不任其咎也。要之，中國一切舊物，無論如何，定必崩潰；倘能採用新說，助其變遷，則改革較有秩序，其禍必不如天然崩潰之烈。而社會守舊，新黨又行不顧言，一盤散沙，無法粘連，將來除無可收拾外，殆無他道也。」

接著這段話，魯迅又表示說：「今之論者，又懼俄國思潮傳染中國，足以肇亂，此亦似是而非之談，亂則有之，傳染思潮則未必。……中國學共和不像，談者多以為共和於中國不宜；其實以前之專制，何嘗相宜？專制之時，亦無忠臣，亦非強國也。僕以為一無根柢學問，愛國之類，俱是空談；現在要圖，實只在熬苦求學，惜此又非今之學者所樂聞也。」<sup>註1</sup>

173

由此可知，作為「新黨」特別是《新青年》同人團隊的一員，魯迅當時的正面希望是「採用新說」和「熬苦求學」，而令他感到絕望的，是提倡「新思潮」的「新黨」，所表現出的「思想不徹底，言行不一致」的「行不顧言，一盤散沙」。儘管魯迅沒有點出陳獨秀的名字，「行不顧言」四個字顯然是他對於陳獨秀及其他《新青年》同人最為真切的印象。

## 一、魯迅與陳獨秀的書信來往

1902年秋天，陳獨秀第二次赴日本留學，並以陳由己的名字與張繼、馮自由、程家檉、蘇曼殊、潘贊化、蔣百里、鈕永建、湯爾和、劉季平、鄒容等20多人，發起成立「中國青年會」，意在仿效瑪志尼的無政府激進組織「少年義大利」從事革命活動。1903年3月，由清政府派駐日本的留學生監督姚煜（文甫），一邊與留學生作對，一邊誘姦良家婦女，陳獨秀、鄒容、張繼、翁浩、王孝縝五人闖入姚煜住室集體捉姦，聲言要割掉他的腦袋。姚煜哀求寬大，幾個人便強行剪下他的辮子懸掛在留學生會館門口示眾，旁書「南洋學監、留學生公敵姚某某辦」。

正在弘文學院江南班學習的周樹人（豫才）即後來的魯迅，是剪髮事件的見證人之一。1920年10月，他在自傳體小說〈頭髮〉中，以老前輩的口吻回憶說：「我出去留學，便剪掉了辮子，這並沒有別的奧妙，只為他太不便當罷了。不料有幾位辮子盤在頭頂上的同學們便很厭惡我；監督也大怒，說要停了我的官費，送回中國去。不幾天，這位監督卻自己被人剪去辮子逃走了。去剪的人們裏面，一個便是做

《革命軍》的鄒容，這人也因此不能再留學，回到上海來，後來死在西牢裏。」

奇怪的是，魯迅非但在〈頭髮〉中不提陳獨秀的名字，在他的日記中也找不到與陳獨秀直接接觸的任何記錄。有據可查的幾次書信來往，也是陳獨秀把《新青年》遷回上海之後的事情。

魯迅筆下最早出現陳獨秀的名字，是1918年1月4日。他在寫給江西省教育廳長許壽裳的私信仲介紹說：「《新青年》以不能廣行，書肆擬中止；獨秀輩與之交涉，已允續刊，定於本月十五出版云。」

在陳獨秀一方面，對於本名周豫才字樹人的魯迅的關注，要更加熱心和主動一些。1918年12月14日，陳獨秀致信周作人，希望周氏兄弟為新創刊的《每周評論》提供稿件：「文藝時評，望先生有一實物批評之文。豫才先生處，亦求先生轉達。」[註2]

1918年6月北京大學文科國文門畢業照，前排左一馬敘倫、左二錢玄同、左三蔡元培、左四陳獨秀。

1920年3月11日，南下上海的陳獨秀在致周作人信中寫道：「二月廿九日來信收到了。〈青年夢〉也收到了，先生譯的小說還未收到。重印《域外小說集》的事，群益很感謝你的好意。……《新青年》七卷六號底出版期是五月一日，正逢May day佳節，故決計做一本紀念號，請先生或譯或述一篇托爾斯泰底泛勞動主義，如何？……我們很盼望豫才先生為《新青年》創作小說，請先生轉告他。」

　　〈青年夢〉即魯迅翻譯的武者小路實篤的反戰戲劇〈一個青年的夢〉。同年7月9日，陳獨秀再次致信周作人：「本月六日的信收到了。我現在盼望你的文章甚急，務必請你早點動手，望必在二十號以前寄到上海才好；因為下月一號出版，最後的稿子至遲二十號必須交付印局才可排出。豫才先生有文章沒有，也請你問他一聲。玄同兄頂愛做隨感錄，現在怎麼樣？」

　　由於陳獨秀一再點名邀約，魯迅於8月7日第一次直接寄稿給陳獨秀，並且在日記中第一次提到陳獨秀（仲甫）的名字：「上午寄陳仲甫說一篇。」[註3]

　　這裏的「說」即兩天前剛剛完成的短篇小說〈風波〉。在此之前，魯迅與陳獨秀之間一直是通過周作人進行聯絡的。陳獨秀收稿後，在8月13日的回信中第一次寫上「豫才、啟明二先生」的抬頭：「兩先生的文章今天都收到了。〈風波〉在這號報上印出，啟明先生譯的那篇，打算印在二號報上。」

　　在沒有收到回信之前，周作人於8月15日給陳獨秀寄去一張明信片。陳獨秀於8月22日給周作人回信，對魯迅小說表示肯定：「魯迅兄做的小說，我實在五體投地的佩服。」

同年11月9日，《魯迅日記》中另有「寄仲甫説一篇」的記錄，這一次寄的是翻譯小説〈幸福〉，原作者是阿爾志跋綏夫。

1921年5月18日，魯迅在日記中寫道：「午後往山本醫院視二弟。得仲甫信。」6月2日，周作人往西山碧雲寺養病，在隨後的一段時間裏，主要由魯迅負責與陳獨秀保持聯繫。7月2日，魯迅在日記中寫道：「晚得二弟信並佛書四部。寄仲甫信並文稿一篇，由李季收轉。」

魯迅所寄文稿是譯自日本作家菊池寬的〈三浦右衛門的最後〉，該信於7月18日被退回，19日直接寄給陳獨秀本人。

8月30日，《魯迅日記》記載：「下午寄陳仲甫信並二弟文一篇，半農文二篇。寄沈雁冰信並文二篇。」

9月10日，《魯迅日記》記載：「晴。上午寄沈雁冰信並稿一篇。寄陳仲甫稿二篇，又鄭振鐸書一本，皆代二弟發。」

9月26日，《魯迅日記》中另有「寄陳仲甫信並二弟、三弟稿及自譯稿各一篇」的記錄。所謂「自譯稿」，就是刊登在《新青年》9卷4號的〈狹的籠〉，是俄國盲人作家愛羅先珂的童話作品。

1921年10月4日，已經成為中共領袖的陳獨秀，與妻子高君曼及楊明齋、包惠僧、柯慶施，在位於法租界的漁陽里二號被捕，法國巡捕搜走了《新青年》、《勞動界》、《共產黨》等多種刊物。後經多方營救，陳獨秀等人或被保釋或被釋放，《新青年》雜誌由此停刊，周氏兄弟從此中斷了與陳獨秀的直接聯繫。

## 二、魯迅筆下的陳獨秀

魯迅在《新青年》發表的所有文字中，只有署名唐俟的〈我之節烈觀〉，公開提到過陳獨秀的名字：「康有為指手畫腳的說虛君共和才好，陳獨秀便斥他不興；其次是一班靈學派的人，不知何以起了極古奧的思想，要請『孟聖矣乎』的鬼來畫策，陳百年、錢玄同、劉半農又道他胡說。」[註4]

1927年9月4日，魯迅在〈答有恒先生〉中再次提到陳獨秀，卻是為了在政治上劃清界限：「不過我這回最僥倖的是終於沒有被做成為共產黨。曾經有一位青年，想以獨秀辦《新青年》，而我在那裏做過文章這一件事，來證成我是共產黨。但即被別一位青年推翻了，他知道那時連獨秀也還未講共產。退一步，『親共派』罷，終於也沒有弄成功。倘我一出中山大學即離廣州，我想，是要被排進去的；但我不走，所以報上『逃走了』『到漢口去了』的鬧了一通之後，倒也沒有事了。」[註5]

1932年10月15日，托洛茨基派中央常委彭述之、宋逢春、羅世凡、濮一凡及秘書謝少珊，在上海法租界開會時被捕。由於謝少珊自首招供，躲在家裏養病的陳獨秀於當晚被捕。10月18日，上海《申報》率先發布「共產黨首領陳獨秀等被捕」的消息，翁文灝、胡適、羅文幹、丁文江、任鴻雋、傅斯年等人，於第一時間給正在武漢行營指揮作戰的蔣介石發去營救電報。蔣介石於10月22日回電：「陳獨秀案已電京移交法院公開審判矣。中正。」[註6]

這份電文當時並沒有公開。胡適為營救陳獨秀，專門在北大國文系發表演講〈陳獨秀與文學革命〉，高度讚揚陳獨秀在新文化運動中

的歷史貢獻。10月30日，傅斯年在《獨立評論》發表〈陳獨秀案〉，認為陳獨秀「背後無疑沒有任何帝國主義，白色的和赤色的」，應該「給他一個合法的公正的判決，不可徒然用一個『反動』的公式率然處分」，國民黨今日決無殺害「這個中國革命史上火焰萬丈的大慧星之理！」

在上海方面，《新青年》舊同人林語堂成為營救陳獨秀的牽頭人。10月23日，由陳獨秀的老朋友柳亞子執筆的電文，經蔡元培、楊銓、林語堂、潘光旦、黃任堅、全增嘏、朱少屏簽名後公開發表：「南京中央黨部、國民政府鈞鑒：聞陳獨秀在臥病中被捕解京，甚為繫念，此君早歲提倡革命，曾與張溥泉、章行嚴同辦《國民日日報》於上海。光復後，復佐柏烈武治皖有功。而五四運動時期，鼓吹新文化，對於國民革命，尤有間接之助，此非個人恩怨之私所可抹殺者也。不幸以政治主張之差異，遂致背道而馳，顧其反對暴動政策，斥紅軍為土匪，遂遭共黨除名，實與歐美各立憲國議會中之共產黨無異。伏望矜憐耆舊，愛惜人才，特寬兩觀之誅，開其自新之路，學術幸甚，文化幸甚，……」[註7]

同樣是在10月23日，中華蘇維埃共和國臨時中央政府在江西瑞金出版的機關刊物《紅色中華》，以〈取消派領袖亦跑不了，陳獨秀在上海被捕〉為標題發表文章，並且在編者按中表示說：「蔣介石不一定念其反共有力網開一面許以不死，……或者還會因禍得福做幾天蔣家官僚呢。」

對於陳獨秀的一再被捕從來沒有任何表示的魯迅，此時已經是與中共地下黨組織密切合作的左翼文壇盟主。1932年11月11日，他乘

車北上探望母親，於11月26日到西皇城根79號參加中共地下黨組織的歡迎會，並在會上發言説：「要認真對待泥腿子（農民），陳獨秀之流是不喜歡泥腿子的，我們要到泥腿子中間去。」[註8]

魯迅指責陳獨秀不喜歡「泥腿子」是言之有據的。直到1938年5月，陳獨秀還在〈「五四」運動時代過去了嗎？〉中寫道：「我在大家回憶『五四』運動的今天，不得不指出『五四』運動之具體要求所代表的時代性，這不僅僅為了説明『五四』運動的意義，重要的還是為了指出青年們參加政治運動的據點，即是：無保留的以百分之百的力量參加一切民主民族的鬥爭。要堅守住這一據點，必須把所謂『山上的馬克思主義』的昏亂思想從根剷除，因為近代的一切大運動都必然是城市領導農村。」[註9]

不過，魯迅與陳獨秀一樣，也是不喜歡「泥腿子」的。1916年2月9日，回浙江探親的教育部僉事魯迅，在致許壽裳信中表白説：「聞本年越中秋收頗

1937年陳獨秀在南京監獄。

佳，但歸時問榜人，則云實惡，大約疑僕是南歸收租人，故以相謾，亦不復究竟之矣。」註10

　　「榜人」即船民，地地道道的「泥腿子」。在寫於1933年7月3日的〈我談「墮民」〉中，魯迅依然表示說：「在紹興的墮民，是一種已經解放了的奴才，這解放就在雍正年間罷，也說不定。……就是為了一點點犒賞，不但安於做奴才，而且還要做更廣泛的奴才，還得出錢去買做奴才的權利，這是墮民以外的自由人所萬想不到的罷。」

　　作為民權保障同盟上海分會的執行委員，魯迅配合宋慶齡、楊銓（杏佛）等人積極參加針對共產國際高級職員牛蘭夫婦及中共領導人黃平、陳賡等人的營救工作，卻從來沒有參與過針對陳獨秀的營救工作。1933年3月5日，他應邀為上海天馬書店的《創作的經驗》一書寫作〈我怎麼做起小說來〉，倒是特別提到陳獨秀的名字：「我怎麼做起小說來？——這來由，已經在《吶喊》的序文上，約略說過了。……《新青年》的編輯者，卻一回一回的來催，催幾回，我就做一篇，這裏我必得記念陳獨秀先生，他是催促我做小說最著力的一個。」註11

## 三、魯迅筆下的「韜略」

　　在《新青年》雜誌中，為了引起公眾的廣泛關注，曾經刊登過一系列自編、自導、自演的「雙簧」通信，許多讀者來信的落款署名，也是憑空虛構的。這其中最為有名的「雙簧」通信，就是該刊編輯劉半農與化名王敬軒的錢玄同的〈文學革命之反響〉。這些真假難辯的言行，在魯迅筆下被稱之為「韜略」：

但半農的活潑，有時頗近於草率，勇敢也有失之無謀的地方。但是，要商量襲擊敵人的時候，他還是好夥伴，進行之際，心口並不相應，或者暗暗的給你一刀，他是決不會的。倘若失了算，那是因為沒有算好的緣故。

《新青年》每出一期，就開一次編輯會，商定下一期的稿件。其時最惹我注意的是陳獨秀和胡適之。假如將韜略比作一間倉庫罷，獨秀先生的是外面豎一面大旗，大書道：「內皆武器，來者小心！」但那門卻開著的，裏面有幾枝槍，幾把刀，一目了然，用不著提防。適之先生的是緊緊的關著門，門上粘一條小紙條道：「內無武器，請勿疑慮。」這自然可以是真的，但有些人——至少是我這樣的人——有時總不免要側著頭想一想。半農卻是令人不覺其有「武庫」的一個人，所以我佩服陳胡，卻親近半農。

上述話語，出自魯迅的悼念文章〈憶劉半農君〉。按照他的邏輯，在《新青年》同人團隊中，劉半農是有勇無謀卻又言行一致的人物；陳獨秀是有勇有謀而又言行一致的人物；胡適是心口不一、深藏不露甚至於會「暗暗的給你一刀」的陰險人物。然而，《新青年》時代的胡適，卻被錢玄同公開讚美為言行一致且以身作則的模範人物：「適之是現在第一個提倡新文學的人。我以前看見他做的一篇〈文學改良芻議〉，主張用俗語俗字入文；現在又看見這本《嘗試集》，居然就採用俗語俗字，並且有通篇用白話做的。『知』了就『行』，

以身作則，做社會的先導。我對於適之這番舉動，非常佩服，非常贊成。」<sup>註12</sup>

關於胡適的為人，晚年劉半農在日記中介紹説：「上午續編中小字典。下午到北大上課。去冬為研究所事，逵羽來談，曾言及適之為人陰險，余與適之相交在十五年以上，知其人倔強自用則有之，指為陰險，當是逵羽挑撥之言。曾以語孟真，孟真告之孟鄰。今日孟鄰面詰逵羽，不應如是胡説。逵羽大窘，來向余責問。余笑慰之。」<sup>註13</sup>

由此看來，魯迅所説的亦真亦假、亦虛亦實的「韜略」，是劉半農、陳獨秀、胡適等《新青年》同人所共有的。「心口並不相應，或者暗暗的給你一刀」，無論是劉半農還是胡適，都是「決不會的」。限於《新青年》同人來説，真正「心口並不相應，或者暗暗的給你一刀」的，反而是通過見不得陽光的暗箱操作，把陳獨秀排擠出北京大學的「某籍某系」。

## 四、被排擠出局的陳獨秀

1917年1月，陳獨秀是在老朋友湯爾和的大力推薦下，被蔡元培聘請為北大文科學長的。兩年之後，通過暗箱操作把陳獨秀排擠出局的，依然是「包圍」在蔡元培身邊的湯爾和、馬敍倫（夷初）、沈尹默等人。其中的沈尹默和馬敍倫，都是「某籍某系」的骨幹人物。他們排擠清算陳獨秀的最為重要的理由，恰恰是魯迅所説的「思想不徹底，言行不一致」的「行不顧言」。

據《湯爾和日記》記載，1919年3月26日晚上，「以大學事，蔡鶴公及關係諸君來會商，十二時客始散，……」4月11日，「五時後

回寓，……途中遇仲甫，面色灰敗，自北而南，以怒目視，亦可哂已。」6月12日，「聞陳獨秀在新世界散傳單為警察捕去。」[註14]

1935年12月28日，胡適在摘抄《湯爾和日記》之後致信湯爾和：

> 三月廿六夜之會上，蔡先生頗不願於那時去獨秀，先生力言其私德太壞，彼時蔡先生還是進德會的提倡者，故頗為尊議所動。我當時所詫異者，當時小報所記，道路所傳，都是無稽之談，而學界領袖乃視為事實，視為鐵證，豈不可怪？嫖妓是獨秀與浮筠都幹的事，而「挖傷某妓之下體」是誰見來？及今思之，豈值一噱？當時外人借私行為攻擊獨秀，明明是攻擊北大的新思潮的幾個領袖的一種手段，而先生們亦不能把私行為與公行為分開，適墮奸人術中了。……蔡先生與先生後來都有進步，都不似從前狹隘了。……今讀七、八年日記，始知先生每日抄讀宋明理學語錄，始大悟八年之事，亦自有歷史背景，因果如此，非可勉強也。

「為理學書所誤，自以為是，嫉惡如仇」，是蔡元培、湯爾和等人的道學表現，同時也是被排擠出局的陳獨秀的道學表現。在《新青年》雜誌中大力提倡「人權」、「民主」、「科學」的陳獨秀，從來沒有真正走出過中國傳統孔教儒學「存天理，滅人欲」的二元對立、一元絕對的極端專制思維，以至於公然表現出「獨至改良中國文學，當以白話為文學正宗之說，其是非甚明，必不容反對者有討論之餘地，必以吾輩所主張者為絕對之是，而不容他人之匡正」之類的話語

霸權。在《新青年》時代為白話文學爭取「正宗」地位而不是自由競爭的平等地位的胡適，雖然不像陳獨秀、錢玄同那樣咄咄逼人，與平等自由的「費厄潑賴（fair play）」也差得很遠。關於這一點，湯爾和在1935年12月29日寫給胡適的回信中表示説：

> 陳君當然為不羈之才，豈能安於教授生活，即非八年之事，亦必脱韝而去。尊見謂此後種種皆由一夕談所致，似太重視。弟以為大學師表，人格感化勝於一切，至少亦當與技術文章同其分量。以陳君當年之浪漫行為置之大學，終嫌不類，此乃弟頭巾見解，迄今猶自以為不謬，未知兄意如何？又弟意當時陳君若非分道揚鑣，則以後接二連三之極大刺激，兄等自由主義之立場能否不生動搖，亦屬疑問。……總之，我輩皆主觀極強之人，小有成就在此，不能入德亦在此。

湯爾和諸人為保全北京大學而不惜把陳獨秀排擠出局，是很不明智的一種表現。不過，陳獨秀被排擠清算的最為根本的原因，應該是他自己的「思想不徹底，言行不一致」。

1918年1月19日，蔡元培倡議發起進德會，並在〈北京大學進德會旨趣書〉中擬定準入條件：「甲種會員：不嫖，不賭，不娶妾。乙種會員：於前三戒外，加不作官吏、不作議員二戒。丙種會員：於前五戒外，加不吸煙、不飲酒、不食肉三戒。」6月1日，進德會選舉評議員和糾察員。陳獨秀與蔡元培、夏浮筠、王建祖、溫宗禹、章士釗、王寵惠、沈尹默、劉師培、傅斯年、羅家倫、陳寶鍔等職員、教

員、學生，被推選為評議員。在更早前的1903年5月25日，陳獨秀、潘贊華等人發起組織安徽愛國社時，也規定有五條戒約，其中一條就是「戒洋煙、嫖、賭一切嗜好」。自己制訂和認可的戒約，自然應該不折不扣地認真履行，這就是古人所說的「以身作則」。「不羈之才」陳獨秀，自己做不到既「民主」又「科學」的「以身作則」，卻偏偏要自相矛盾地高舉「民主」和「科學」的旗幟去指引別人，所表現出的正是魯迅所說的「思想不徹底，言行不一致」的「行不顧言」。

陳獨秀的原配妻子高曉嵐是一位舊式婦女，素有賢慧之名。1909年，陳獨秀置正在懷孕的妻子於不顧，與妻子同父異母的妹妹高君曼同居，從而引起親友鄉鄰的非議。出任北大文科學長之後，陳獨秀一方面把所謂的「倫理的覺悟」，絕對神聖化為「吾人最後覺悟之最後覺悟」；一方面背著高君曼到八大胡同的妓院裏縱情縱欲，從而給守舊派提供了攻擊北京大學和《新青年》的道德藉口。即便如此，陳獨秀也從來沒有表現出悔改之意。1926年2月，已經成為中共最高領袖的陳獨秀一度失蹤，躲在一家醫院裏與女醫生施芝英上演了一段浪漫情事。1933年被國民黨政府判刑入獄之後，他竟然能夠在光天化日之下，與前來探監的女友潘蘭珍發生關係。蔡元培逝世後，陳獨秀在〈蔡孑民先生逝世後感言〉中，依然在替自己的「思想不徹底，言行不一致」進行辯護：

> 人與人相處的社會，道德也是一種不可少的維繫物，根本否認道德的人，無論他屬於哪一階級，哪一黨派，都必然是一個邪僻無恥的小人；但道德與真理不同，它是為了適應

社會的需要而產生的，它有空間性和時間性，此方所視為道德的，別方則未必然；古時所視為道德的，現代則未必然，……其實男子如果實行男女平權，是需要強毅的自制力之道德的。總之，道德是應該隨時代及社會制度變遷，而不是一成不變的；道德是用以自律的，而不是拿來責人的；道德是要躬行實踐，而不是放在口裏亂喊的，道德喊聲愈高的社會，那社會必然落後，愈墮落；……就以蔡先生而論，他是主張以美育代替宗教的，他是反對祀孔的，他從來不拿道德向人說教，可是他的品行要好過許多高唱道德的人。[註15]

與上述並不「自律」的道德「說教」相比，更加充分地表明陳獨秀的「思想不徹底，言行不一致」的道德迷失的，還有他強詞奪理的如下表白：「我不懂得什麼理論，我決計不顧忌偏左偏右，絕對力求偏頗，絕對厭棄中庸之道，絕對不說人云亦云，豆腐白菜不疼不癢的話。我願意說極正確的話，也願意說極錯誤的話，絕不願說不錯又不對的話。……（我）不受任何人的命令指使，自作主張自負責任。……我絕對不怕孤立。」[註16]

把晚年陳獨秀的這番話語放在前文明時代，完全可以稱得上是敢做敢當的英雄氣概。然而，在現代社會中，文明人之所以文明的人道底線，恰恰在於以自由自主的理性之光，點亮自己的黑暗心理並約束自己的極端情緒，以便在普世公理和法律制度的閾限之內，承擔言行一致的公民責任並享受人人平等的公民權利，而不是放縱自己「絕對力求偏頗」的極端情緒，去害人害己甚至於禍國殃民。

## 五、「行不顧言」的超限「韜略」

《新青年》團隊只容許自己一方主動攻擊、卻不能容忍敵對一方被動回應的另一種「韜略」，最早見於陳獨秀的隨感錄：

現在社會上有兩種很流行而不祥的論調，也可以說是社會的弱點：一是不比較新的和舊的實質上的是非，只管空說太新也不好，太舊也不好，總要新舊調和才好；見識稍高的人，又說沒有新舊截然分離的境界，只有新舊調和遞變的境界，因此要把「新舊調和論」號召天下。一是說物質的科學是新的好，西洋的好，道德是舊的好，中國固有的好。這兩層意見，和我們新文化運動及思想改造上很有關係，我們應當有詳細的討論，現在姑且簡單說幾句。……

譬如人類本能上，有侵略、獨佔、利己、忌妒、爭殺、虛偽、欺詐等等惡德，也沒有人能不承認是實在如此，然斷乎沒有人肯主張應該如此。惰性也是人類本能上一種惡德，是人類文明進化上一種障礙。新舊雜糅、調和緩進的現象，正是這種惡德、這種障礙造成的。所以新舊調和只可說是由人類惰性上自然發生的一種不幸的現象，不可說是社會進化上一種應該如此的道理。若是助紂為虐，把他當做指導社會應該如此的一種主義主張，那便誤盡蒼生了。譬如貨物買賣，討價十元，還價三元，最後的結果是五元。討價若是五元，最後的結果不過二元五角。社會進化上的惰性作用，也是如

此。改新的主張十分,社會惰性當初只能夠承認三分,最後自然的結果是五分;若是照調和論者的意見,自始就主張五分,最後自然的結果只有二分五。如此社會進化上所受二分五的損失,豈不是調和論的罪惡嗎?所以調和論只能看做客觀的自然現象,不能當做主觀的故意主張。註17

「調和立國論」原本是陳獨秀和他的老朋友章士釗、高一涵、李大釗等人,在《甲寅雜誌》中極力提倡的憲政民主觀念。到了被免除北大文科學長職務並且因為散發傳單被關進監獄之後,這種調和論便和傳統的孔教儒學一起,成為陳獨秀等人的攻擊對象。陳獨秀的上述話語看似理直氣壯,其實只是孔教儒學「存天理,滅人欲」的神聖教條的改頭換面。早在《青年雜誌》1卷1號,陳獨秀就在〈現代文明史〉中譯介過17世紀英國自由主義思想家陸克(洛克)的自然權利學說:

陸克以為人類未成社會以前,即生而賦有自導其行為之德性,及天然之權利,此即人權也。人權者,個人之自由也,家主權也,財產權也。此等權利,皆建基於自然教義之上皆神聖也。人類之創設政府,為互相守護此等權利耳。為政府者不可不衛此天然權利。人民服從之者,唯此條件之故,政府試侵犯之,即失其存在之理由,蓋彼自破此授彼以權之契約,凡屬公民,人人得而反抗之也。國家權力,決非絕對之物如神權說之所云,乃受公民天然權利之限制者也。財產權為絕對之物,君主亦無徵收租稅之權。易詞言之,即無權奪

取公民財產之一部也。彼因公益需賫，應請求於國民或國民之代表。國民代表，監視君主，禁制其行使絕對之權。

「惰性」及所謂的「侵略、獨佔、利己、忌妒、爭殺、虛偽、欺詐」，既然是「人類本能」，也就談不上是「善德」或「惡德」，而恰恰是無需論證就天然合理的正當人權。陳獨秀所說的「改新的主張十分，社會惰性當初只能夠承認三分，最後自然的結果是五分」，恰恰是被他自己加以承認的另一種「調和論的意見」。所謂的「若是照調和論者的意見，自始就主張五分，最後自然的結果只有二分五」，反倒是他自己「欲加其罪，何患無辭」的強詞奪理。

「惰性」與物理學上的摩擦力一樣，是一切運動保持均衡和諧的根本保障。人類社會的一切作為只能是依據現實需要來增加或減少來自「惰性」的力量，而不是徹底消滅來自「惰性」的力量。沒有來自「惰性」的相反力量的社會，必然是在失控打滑中禍國殃民的邪惡社會。連最基本的常識都弄不明白的陳獨秀，在把「惰性」定性為「人類本能上一種惡德」的同時，也就不自量力地把自己擺在了「存（社會進化）之天理，滅（人類本能）之惰性」的話語霸權和超人專制的神聖位置上。原本應該以人為本、寬容和諧的「社會進化」，在他的筆下變成了專門用來誅滅「人類本能」的絕對天理，也就是「以理殺人」的「主觀的故意主張」。

與陳獨秀的這則隨感錄同時發表的，還有胡適的〈新思潮的意義〉。其中為反對調和提供了另一種理由：「為什麼要反對調和呢？因為評判的態度只認得一個是與不是，一個好與不好，一個適與不

適，——不認得什麼古今中外的調和。
調和是社會的一種天然趨勢。人類社
會有一種守舊的惰性，少數人只管趨
向極端的革新，大多數人至多只能跟你
走半程路。這就是調和。調和是人類懶
病的天然趨勢，用不著我們來提倡。我
們走了一百里路，大多數人也許勉強走
三四十里，我們若先講調和，只走五十
里，他們就一步都不走了。所以革新家
的責任只是認定『是』的一個方向走
去，不要回頭講調和。社會上自然有無
數懶人懦夫出來調和。」

1925年胡適與陳獨秀在上海合影。

　　既然「調和是社會的一種天然趨
勢」，胡適所說的「不認得什麼古今中
外的調和」，就只能是自相矛盾的自欺
欺人，而不是科學意義上的「評判的態
度」。在現代文明社會裏，公共領域的
所有「革新」，都必須徵得「大多數
人」的同意和授權，否則就是違犯程序
正義的非法「革新」。在這種情況下，
「出來調和」的並不是「無數懶人懦
夫」，而恰恰是遵守公共制度、法律程
式及遊戲規則的現代公民。

到了1927年2月18日，已經與陳獨秀、胡適斷絕來往的魯迅，偏偏在〈無聲的中國〉中表示説：「中國人的性情是總喜歡調和，折衷的。譬如你説，這屋子太暗，須在這裏開一個窗，大家一定不允許的。但如果你主張拆掉屋頂，他們就會來調和，願意開窗了。沒有更激烈的主張，他們總連平和的改革也不肯行。那時白話文之得以通行，就因為有廢掉中國字而用羅馬字母的議論的緣故。」

　　由此可見，魯迅對於《新青年》同人「思想不徹底，言行不一致」的「韜略」，並不是完全反對的。他所説的「廢掉中國字而用羅馬字母的議論」，與「白話文之得以通行」之間，並不存在必然性的因果關係。「白話文之得以通行」，反而會有助於「廢掉中國字而用羅馬字母」。關於這一點，胡適在《中國新文學大系‧建設理論集》序言中介紹説：

　　　　民國七年一月《新青年》復活之後，我們決心做兩件事：一
　　　　是不作古文，專用白話作文；一是翻譯西洋近代和現代的文
　　　　學名著。……在文學革命的初期提出的那些個別的問題中，
　　　　只有一個問題還沒有得著充分的注意，也沒有多大的進展，
　　　　——那就是廢漢字改用音標文字的問題（看錢玄同先生〈中國
　　　　今後之文字問題〉和傅斯年先生〈漢語改用拼音文字的初步談〉兩
　　　　篇）。我在上文已說過，拼音文字只可以拼活的白話，不能
　　　　拼古文；在那個古文學權威沒有絲毫動搖的時代，大家看不
　　　　起白話，更沒有用拼音文字的決心，所以音標文字的運動不
　　　　會有成功的希望。如果因為白話文學的奠定和古文學的權威
　　　　的崩潰，音標文字在那不很遼遠的將來能夠替代了那方塊的

漢字，做中國四萬萬人的教育工具和文學工具了，那才可以說是中國文學革命的更大的收穫了。註18

《新青年》從4卷1號「復活」之後，第一任務是從事白話文的寫作，第二任務是翻譯思想文化方面的世界名著。所謂「廢漢字」的爭論只是《新青年》部分同人提倡白話文的後續作為。真正給白話文的普及打開局面的，並不是錢玄同提出的「廢漢字」的主張，而是隨後爆發的全國性的「五四」運動。錢玄同率先提出的「廢漢字」的主張，給《新青年》同人帶來的只是空前的危機，而不是網開一面的金光大道，這一點在陳獨秀「思想不徹底，言行不一致」的「調和」妥協中表現得最為充分：「社會上最反對的，是錢玄同先生廢漢文的主張。……像錢先生這種『用石條壓駝背』的醫法，本志同人多半是不大贊成的。」註19

此前明確支持過錢玄同的陳獨秀，面對外界壓力拋出錢玄同充當替罪羊，是很不光明磊落的表現。隨之而來的「某籍某系」對於陳獨秀的排擠犧牲，也同樣如此。魯迅在〈無聲的中國〉中改寫這一歷史事實的深層動因，就在於他始終不願意公開說明自己是「廢漢文」的幕後推手和原始倡議人，錢玄同的相關言論在很大程度只是在充當魯迅的代言人。註20

1935年元旦，薩孟武、何炳松等10位教授聯合發表〈中國本位的文化建設宣言〉，胡適先在天津《大公報》發表〈試評所謂「中國本位的文化建設」〉，隨後又在《獨立評論》第142號的〈編輯後記〉中重申《新青年》時代的觀點：「現在的人說『折衷』，說『中國本

位』都是空談。此時沒有別的路可去，只有努力全盤接受這個新世界的新文明。全盤接受了，舊文化的『惰性』自然會使他成為一個折衷調和的中國本位新文化的，……古人說，『取法乎上，僅得其中；取法乎中，風斯下矣』。這是最可玩味的真理。我們不妨拼命走極端，文化的惰性自然會把我們拖向調和上去的。」

　　直到1959年3月16日，晚年胡適在台北《自由中國》20卷6期發表〈容忍與自由〉一文，才對包括自己在內的《新青年》同人「拼命走極端」的超限「韜略」進行真誠反思：「現在在四十年之後，我還忘不了獨秀這一句話，我覺得這種『必以吾輩所主張者為絕對之是』的態度是很不容忍的態度，是最容易引起別人的惡感，是最容易引起反對的。」

　　有趣的是，曾經激烈批評過提倡「新思潮」的「新黨」即《新青年》同人的魯迅，在1928年4月的〈通信〉裏，偏偏承認了自己的「思想不徹底，言行不一致」：「真話呢，我也不想公開，因為現在還是言行不大一致的好。……因為只這一點，我便可以又受許多傷。先是革命文學家就要哭罵道：『虛無主義者呀，你這壞東西呀！』嗚呼，一不謹慎，又在新英雄的鼻子上抹了一點粉了。趁便先辯幾句罷：無須大驚小怪，這不過不擇手段的手段，還不是主義哩。即使是主義，我敢寫出，肯寫出，還不算壞東西。等到我壞起來，就一定將這些寶貝放在肚子裏，手頭集許多錢，住在安全地帶，而主張別人必須做犧牲。」註21

　　正是在公開承認自己「言行不大一致」的前提下，魯迅繼陳獨秀和李大釗之後直接介入政學兩界的政治鬥爭，進而成為左翼文壇的盟

主，此後一直住在相對「安全」的上海租界從事「煽動青年冒險」的政治宣傳。[註22]

## 六、「思想不徹底，言行不一致」

與魯迅針對提倡「新思潮」的「新黨」的「思想不徹底，言行不一致，故每每發生流弊」所進行的理性反思相印證；早在「五四運動」爆發之前，傅斯年就在〈白話文學與心理學改革〉中明確指出：「凡是一種新主義、新事業，在西洋人手裏，勝利未必很快，成功卻不是糊裏糊塗。一到中國人手裏，總是登時結出個不熟的果子，登時落了。所以這白話文學發展得越快，我越替它的前途擔心。……我平日總以為在中國提倡一種新主義的精神很難得好——因為中國人遺傳上有問題——然而提倡一種新主義的皮毛沒有不速成的，因為中國人都以『識時務』為應世上策。」[註23]

到了〈《新潮》之回顧與前瞻〉中，傅斯年進一步表示説：「我覺得期刊物的出現太多了，有點不成熟而發揮的現象。……就現在的出版物中，能仔細研究一個問題而按部就班的解決它，不落在隨便議論的一種毛病裏，只有一個《建設》。……我們原是學生，所以正是厚蓄實力的時候。我不願《新潮》在現在錚錚有聲，我只願《新潮》在十年之後，收個切切實實的效果。」[註24]

1919年7月20日，胡適在《每周評論》第31號發表著名文章〈多研究些問題，少談些「主義」〉，更加明確地指出：「偏向紙上的『主義』，是很危險的。這種口頭禪很容易被無恥政客利用來做種種害人的事。歐洲政客和資本家利用國家主義的流毒，都是人所共知

的。現在中國的政客，又要利用某種某種主義來欺人了。羅蘭夫人說，『自由自由，天下多少罪惡，都是借你的名做出的！』一切好聽的主義，都有這種危險。」

接下來，胡適專門列舉了當時最為時髦的兩種「主義」：

> 比如「社會主義」一個名詞，馬克思的社會主義，和王揖唐的社會主義不同；你的社會主義，和我的社會主義不同；決不是這一個抽象名詞所能包括。你談你的社會主義，我談我的社會主義，王揖唐又談他的社會主義，同用一個名詞，中間也許隔開七八個世紀，也許隔開兩三萬里路，然而你和我和王揖唐都可自稱社會主義家，都可用這一個抽象名詞來騙人。這不是「主義」的大缺點和大危險嗎？
>
> 我再舉現在人人嘴裏掛著的「過激主義」做一個例：現在中國有幾個人知道這一名詞做何意義？但是大家都痛恨痛罵「過激主義」，內務部下令嚴防「過激主義」，曹錕也行文嚴禁「過激主義」，盧永祥也出示查禁「過激主義」。前兩個月，北京有幾個老官僚在酒席上歎氣，說，「不好了，過激派到了中國了。」前兩天有一個小官僚，看見我寫的一把扇子，大詫異道，「這個是過激黨胡適嗎？」哈哈；這就是「主義」的用處！
>
> 我因為深覺得高談主義的危險，所以我現有奉勸新興論界的同志道：「請你們多提出一些問題，少談一些紙上的主義。」

所謂「過激主義」，是日本人對於以列寧為首的俄國「多數派」即「布林扎維克主義」（Bolshevism，又譯布爾什維克主義）的貶稱。正在昌黎五峰山避暑納涼的李大釗，專門就這篇文章給胡適寄來一封同人通信，經胡適加上〈再論問題與主義〉的標題，發表在1919年8月17日出版的《每周評論》第35號。

李大釗在來信中一方面承認同人之間的思想分歧，與此同時也明確無誤地承認了陳獨秀（仲甫）和胡適的領導地位：「《新青年》和《每周評論》的同人，談俄國布林扎維克主義的議論很少，仲甫先生和先生等的思想運動、文學運動，據日本《日日新聞》的批評，且說是支那民主主義的正統思想。一方要與舊式的頑迷思想奮戰，一方要防遏俄國布林扎維克主義的潮流。我可以自白：我是喜歡談談布林扎維克主義的。當那舉世若狂慶祝協約國的時候，我就作了一篇《Bolshevism》的論文，登在《新青年》上。當時聽說孟和先生因為對於布林扎維克不滿意，對於我的對於布林扎維克的態度也很不滿意（孟和先生歐遊歸來，思想有無變動，此時不敢斷定）。或者因為我這篇論文，給《新青年》的同人惹出了麻煩，仲甫先生今猶幽閉獄中，而先生又橫被過激黨的誣名，這真是我的罪過了。」

與胡適和李大釗關係密切的《新青年》同人高一涵，在這場「問題與主義」之爭中，明確站在胡適一邊，並且表達了與傅斯年、胡適、魯迅基本一致的觀念：「適之兄：看見你這回來信，一望便知是在著作時候寫的。你說學問不到用的時候，不覺得不曾懂得，不覺得沒有系統。這真是經驗的話！我從前東塗西抹，今天做一篇無治主義，明天做一篇社會主義，到現在才知道全是摸風捉影之談。我以為現在『新思潮』也多犯了這個大毛病。」[註25]

在寫作於1933年5月29日夜的〈《守常全集》題記〉中，魯迅對於李大釗在《新青年》時代的「思想不徹底」並不避諱：「不過熱血之外，守常先生還有遺文在。不幸對於遺文，我卻很難講什麼話。因為所執的業，彼此不同，在《新青年》時代，我雖以他為站在同一戰線上的夥伴，卻並未留心他的文章，譬如騎兵不必注意於造橋，炮兵無須分神於馭馬，那時自以為尚非錯誤。所以現在所能說的，也不過：一，是他的理論，在現在看起來，當然未必精當的；二，是雖然如此，他的遺文卻將永住，因為這是先驅者的遺產，革命史上的豐碑。一切死的和活的騙子的一疊疊的集子，不是已在倒塌下來，連商人也『不顧血本』的只收二三折了麼？」

1936年6月3日，托洛茨基派的臨時中央委員、前北大學生陳其昌化名陳仲山給魯迅寫信並寄來刊物。魯迅閱信後，抱病給馮雪峰（ＯＶ）口授〈答托洛斯基派的信〉，其中有極具殺傷力的一段話：「我看了你們印出的很整齊的刊物，就不禁為你們捏一把汗，在大眾面前，倘若有人造一個攻擊你們的謠，說日本人出錢叫你們辦報，你們能夠洗刷得很清楚麼？……我不相信你們會下作到拿日本人錢來出報攻擊毛澤東先生們的一致抗日論。你們決不會的。我只要敬告你們一聲，你們的高超的理論，將不受中國大眾所歡迎，你們的所為有背於中國人現在為人的道德。」[註26]

〈答托洛斯基派的信〉連同陳其昌的來信，於7月1日在《文學叢報》、《現實文學》等多家刊物同時發表。陳其昌見信後，於7月4日第二次給魯迅寫信，為托派的行為進行辯解：

你躲躲藏藏的造謠，說日本人拿錢叫我們辦報等等。真虧你會誣衊得這樣曲折周到。布列派的《鬥爭》與《火花》是同志們節衣縮食並悶在亭子間閣樓上揮汗勞動的產品。正因財力不給，《鬥爭》已從周刊變為半月刊，聽說又快要降為月刊了。假如布列派能從日本人拿錢辦報，那它一定要像你們那樣，公開的一本本一種種的出書出雜誌，並公開擺在四馬路出賣，即不然，也仍可以交給日本人書店在玻璃窗內張廣告出賣，而決不須這樣自印自散了。

你不得到我的同意就把我的信與你的答覆故意以那樣的標題公開發表，並且還不僅發表在一個雜誌上。而你那公開回信的內容，又不談我向你誠懇提出的政治問題，而只是由我而誣辱到中國布林雪維克列寧派，並誣衊到托洛斯基。你是講「道德」的人，你既然這樣作了，我就不得不再誠懇的請求你把我這封信公布在曾登過你的回信的雜誌上，標題用〈托洛斯基分子對魯迅先生的答覆〉。這裏，我在熱烈的企待著魯迅先生的雅量。革命者向來不回避堂堂正正的論戰，你如願意再答，就請擺開明顯的陣勢，不要再躲躲藏藏的造謠誣衊。註27

魯迅收信後並沒有應戰，而是在7月7日的日記中留下「得陳仲山信，托羅茨基派也」幾個字。到了1936年8月5日定稿的〈答徐懋庸並關於抗日統一戰線問題〉中，魯迅明確承認〈答托洛斯基派的信〉是「OV筆錄的我的主張」，並且指責周揚一派人「輕易誣陷別人為『內奸』，為『反革命』，為『托派』，以至為『漢奸』」。

1936年10月5日，中共機關報《救國時報》發表長篇報導〈我們要嚴防日寇奸細破壞我國人民團結救國運動——請看托陳派甘作日寇奸細的真面目〉，並且在頭版頭條配發社論〈甘作日寇奸細的托洛茨基派〉，把陳獨秀和所謂「托陳派」指認為「日寇奸細」，其主要依據就是魯迅的〈答托洛斯基派的信〉。一年之後，隨著整風運動進入高潮，毛澤東在延安陝北公學紀念魯迅逝世周年大會上發表講話，稱讚魯迅是中國的「第一等聖人」：「魯迅先生的第一個特點，是他的政治遠見。他用望遠鏡和顯微鏡觀察社會，所以看得遠，看得真。他在一九三六年就大膽地指出托派匪徒的危險傾向。現在的事實完全證明了他的見解是那樣的穩定，那樣的清楚。托派成為漢奸組織，而直接拿日本特務機關的津貼，已是很明顯的事情了。」註28

　　正在南京監獄服刑的陳獨秀，對於魯迅的相關言行大為不滿，「他認為，魯迅之於共產黨，無異吳稚暉之於國民黨，受捧之餘，感恩圖報，決不能再有不計利害的是非心了。其昌從北大時候起就熱烈崇拜魯迅，很敬重他的骨氣，幻想發生，即由於此。」註29

　　儘管如此，陳獨秀在魯迅去世之後卻在〈我對於魯迅之認識〉中，以公正的態度、獨到的眼光和精闢的話語，給出了自己的蓋棺定論：「魯迅先生的短篇幽默文章，在中國有空前的天才，思想也是前進的。在民國十六七年，他還沒有接近政黨以前，黨中一班無知妄人，把他罵得一文不值，那時我曾為他大抱不平。後來他接近了政黨，同是那一班無知妄人，忽然把他抬到三十三天以上，彷彿魯迅先生從前是個狗，後來是個神。我卻以為真實的魯迅並不是神，也不是狗，而是個人，有文學天才的人。」註30

　　晚年胡適在標題為〈中國文藝復興運動〉的演講稿中，也談到了周氏兄弟：「我們那時代一個《新青年》的同事，他姓周，叫做周豫才，他的筆名叫魯迅，他在我們那時候，他在《新青年》時代是個健將，是個大將。我們這班人不大十分作創作文學，只有魯迅喜歡弄創作的東西，他寫了許多〈隨感錄〉、〈雜感錄〉，不過最重要他是寫了許多短篇小說。他們弟兄是章太炎先生的國學的弟子，學的是古文。所以他們那個時候（在他們復古的時期，受了章太炎先生的影響最大的時期），用古文，用最好的古文翻譯了兩本短篇小說，《域外小說集》。《域外小說集》翻得實在比林琴南的小說集翻得好，是古文翻小說中最了不得的好，是地道的古文小說。……等到後來我們出來提倡新文藝時，他們也參加了這個運動，他們弟兄的作品，在社會上成為一個力量。但是，魯迅先生不到晚年──魯迅先生的毛病喜歡人家捧他，我們這般《新青年》沒有了，不行了；他要去趕熱鬧，慢慢走上變質的路子。」註31

　　回顧歷史，《新青年》同人中沒有一個人能夠完全徹底或者說是十全十美地做到言行一致的，而且也不可能存在這樣的完美之人。相對而言，能夠大體上做到言行一致的，應該首推周氏兄弟的前輩同鄉蔡元培。關於蔡元培的道德文章，王世杰曾經給出的蓋棺定論是：「言行一致與不說空話或假話，我認為是蔡先生的美德，也是他的偉大的地方。」註32

**【注釋】**

註1：《魯迅全集》第11卷，北京：人民文學出版社，1981年，第369頁。與魯迅的觀點相一致，1919年6月13日，蔣夢麟給胡適來信，並附有內容大致相同的致羅家倫（志希）信：「志希先生：學潮至此已告一段落。滬上因工人相繼罷工，危險之極，幸而免。此後吾人但抱定宗旨，信仰惟學可以為人，唯學足以救國，毀譽成敗等浮云耳。」《胡適來往書信選》上冊，中華書局，1979年，第57頁。

註2：《中國現代文藝資料叢刊》第5輯，上海文藝出版社，1980年4月，第307頁。以下所引陳獨秀致周作人信件，均出此刊。

註3：《魯迅全集》第14卷，第393頁。

註4：《新青年》第5卷第2號，1918年8月。

註5：《魯迅全集》第3集，第456頁。

註6：《胡適來往書信選》中冊，第139頁，北京：中華書局，1979年。

註7：《申報》，1932年10月24日。

註8：陸萬美：〈追記魯迅先生「北平五講」前後〉，引自《魯迅年譜》第3卷，北京：人民文學出版社，1984年，第356頁。

註9：《陳獨秀文章選編》下冊，北京：三聯書店出版，1984年6月，第597頁。

註10：《魯迅全集》第11卷，第341頁。

註11：《魯迅全集》第4卷，第512頁。

註12：《周作人日記》中冊，鄭州：大象出版社，1996年，第28頁。

註13：錢玄同：〈《嘗試集》序〉，《新青年》4卷2號，1918年2月。

註14：劉小惠：《父親劉半農》，《劉半農日記》1934年3月8日。上海人民出版社，2000年9月，第253頁。

註15：《胡適來往書信選》中冊，北京：中華書局，1979年，第283頁。以下所引胡適與湯爾和之間的來往通信，均出於此書。

註16：重慶《中央日報》，1940年3月24日。

註17：〈給陳其昌等的信〉，1937年11月21日。見《陳獨秀著作選》（三），上海人民出版社，1984年，第431頁。

註18：〈隨感錄〉七一，《新青年》7卷1號，1919年12月。收入《獨秀文存》時標題為〈調和論與舊道德〉。

註19：姜義華主編《胡適學術文集‧新文化運動》，北京：中華書局，1993年，第256頁。

註20：陳獨秀：〈本志罪案之答辯書〉，《新青年》6卷1號，1919年1月。

註21：在〈記錢玄同先生關於語文問題的談話〉中，錢玄同介紹說：自己主張「廢漢文」其實是在「代朋友立言」，這位「朋友」就是魯迅。《文化與教育》旬刊第27期，1934年8月10日。

註22：《魯迅全集》第4卷，第101頁。此前，魯迅在1925年5月30日寫給許廣平的情書中，已經承認過自己思想深處的自相矛盾以及由此而來的言行不一致：「其實，我的意見原也不容易了然，因為其中本含有許多矛盾，教我自己說，或者是『人道主義』與『個人的無治主義』的兩種思想的消長起伏罷。所以我忽而愛人，忽而憎人；做事的時候，有時確為別人，有時卻為自己玩玩……」《兩地書》原信二十四，《兩地書全編》，杭州：浙江文藝出版社，1998年，第437頁。

註23：「煽動青年冒險」，出自魯迅1925年4月14日致許廣平信。1928年9月19日，魯迅又在致章廷謙信中寫道：「玄伯欲『拉』，『因有民眾』之說，聽來殊為可駭，然則倘『無』，則不『拉』矣。嗟乎，無民眾則將餓死，有民眾則將拉死，民眾之於不佞，何其有深仇夙怨歟？！」與魯迅稍有不同的是，胡適一直堅持的是獨立發言的個人立場。1936年1月2日，胡適在致湯爾和信中寫道：「我在國中的事業『為功為罪』，我完全負責。我從不曾利用過學生團體，也不曾利用過教職員團體，從不曾要學生因為我的主張而犧牲他們一點鐘的學業。我的罪孽決不在這一方。至於『打破枷鎖，吐棄國渣』，當然是我最大的功績，所惜者打破的尚不夠，吐棄的尚不夠耳。」1936年1月9日，胡適又在致周作人信中表示說：「你說：『我們平常以為青年是在我們這一邊。』我要抗議：我從來不作此想。我在這十年中，明白承認青年人多數不站在我這一邊，因為我不肯學時髦，不能說假話，

又不能供給他們『低級趣味』，當然不能抓住他們。但我始終不肯放棄他們，我仍然要對他們說話，聽不聽由他們，我終不忍不說。」耿雲志、歐陽哲生編《胡適書信集》中冊，北京大學出版社，1996年，第679、681頁。

註24：《新潮》1卷5號，1919年5月1日。

註25：《新潮》2卷1號，1919年10月30日。

註26：高一涵1920年4月2日從日本東京寫給胡適的私信。見耿雲志主編《胡適遺稿及秘藏書信》第31冊，黃山書社，1994年，第187頁。

註27：《魯迅全集》第6卷，第588頁。

註28：北京魯迅博物館魯迅研究室編《魯迅研究資料》第4輯，北京：中國文聯出版社，1980年，第169、175頁。

註29：毛澤東：〈論魯迅精神〉，1937年10月19日，北京師大中文系現代文學組編《魯迅生平與思想》，1973年5月。

註30：王凡西：《雙山回憶錄》，北京：東方出版社「現代稀見史料書系」，2004年，第191頁。

註31：《宇宙風》散文十日刊第49期，1937年11月21日。

註32：耿雲志：〈胡適回憶《新青年》和白話文運動〉，《五四運動回憶錄》，中國社會科學出版社，1979年3月，第172頁。被魯迅懷疑為「下作到拿日本人錢來出報攻擊毛澤東先生們的一致抗日論」的前北大學子陳其昌，在抗戰爆發之後堅持從事抗日活動，被日本憲兵逮捕後在監獄中受盡拷打，始終不肯屈服，最後被塞入麻袋用刺刀戮死，從吳淞口扔進了大海。

註33：王世杰：〈蔡先生的生平事功和思想〉，台灣《傳記文學》，1977年8月。

以《新青年》「台柱」自居的劉半農，與魯迅、周作人兄弟之間曾經有過非常密切的公私交往。半個多世紀以來，劉半農的「台柱」地位幾乎成為無人提及的歷史盲點，留在人們記憶之中的，主要是魯迅關於劉半農的「好話」與「壞話」。[註1]

## 一、劉半農與周氏兄弟的初步合作

1917年9月19日，周作人在日記中寫道：「上午……至大學訪蔡先生取旁聽規則一紙，同君默往看宿舍，遇胡適之君，……」[註2]

所謂「宿舍」，指的是位於沙灘北街馬神廟偏西靠南的一溜小平房。紅樓建成之前，這裏是北京大學文科教員的預備室，剛剛來到北大來不及安家的陳獨秀、胡適、劉文典、林損等人，曾經以此為家。住在不遠處的北河沿預科宿舍的劉半農以及傅斯年、羅家倫之類的北大學生，也常常要在課前課後到此聚談。

文科教授中陳獨秀和朱希祖是乙卯年即陰曆兔年所生，時年39歲。胡適之、劉半農、劉文典（叔雅）、林損（公鐸）是辛卯年出生，時年27歲。在這5隻兔子之外，還有一隻更老的兔子即北大校長蔡元培，他生於丁卯年即1868年，時年51歲。北大中的雅人稱這裏為「卯字號」，以俗為樂的人便稱之為「兔子窩」。1934年10月11日，已經改任南京大學史學系主任的朱希祖，在日記中回憶説：「憶民國六年夏秋之際，蔡子民長校，余等在教員休息室戲談；余與陳獨秀為老兔，胡適之、劉叔雅、林公鐸、劉半農為小兔，蓋余與獨秀皆大胡等12歲，均卯年生也。今獨秀被捕下獄，半農新逝，叔雅出至清華大學，余出至中山及中央大學，公鐸又新被排斥至中央大學。獨適之則握北京大學文科全權矣。故人星散，與公鐸遇，不無感慨繫之。」[註3]

　　關於當年的北大師生號意氣風發、談笑風生的精神面貌，羅家倫另有生動回憶：

　　　　除了早晚在宿舍裏面常常爭一個不平以外，還有兩個地方是我們聚合的場所，一個是漢花園北大一院二層樓上國文教員休息室，如錢玄同等人，是時常在這個地方的。另外一個地方是一層樓的圖書館主任室（即李大釗的房子），這是一個另外的聚合場所。在這兩個地方，無師生之別，也沒有客氣及禮節等一套，大家到來大家就辯，大家提出問題來大家互相問難。大約每天到了下午3時以後，這兩個房間人是滿的。所以當時大家稱二層樓這個房子為群言堂（取群居終日言不及義語），而在房子中的多半是南方人。一層樓那座房子，則

稱之為飽無堂（取飽食終日無所用心語），而在這個房子中則以北方人為主體。李大釗本人是北方人；按飽食終日無所用心，是顧亭林批評北方人的；群居終日言不及義，是他批評南方人的話。這兩個房子裏面，當時確是充滿學術自由的空氣。大家都是持一種處士橫議的態度。談天的時候，也沒有時間的觀念。有時候從飽無堂出來，走到群言堂，或者從群言堂出來走到飽無堂，總以討論盡興為止。飽無堂還有一種好處，因為李大釗是圖書館主任，所以每逢圖書館的新書到時，他們可以首先看到，而這些新書遂成為討論之資料。當時的文學革命可以說是從這兩個地方討論出來的，對於舊社會制度和舊思想的抨擊也產生於這兩個地方。這兩個地方的人物，雖然以教授為主體，但是也有許多學生時常光臨，至於天天在那裏的，恐怕只有我和傅孟真（斯年）兩個人，因為我們的新潮社和飽無堂只隔著兩個房間。[註4]

　　這裏介紹的雖然是文科師生於1918年10月遷入北京大學漢花園第一院即紅樓之後的情景，北大師生在此之前聚談於「卯字號」的精神風采，也大致相同。

　　1917年10月24日，周作人在日記中寫道：「陰，上午往大學。因無講義停課。訪蔡先生觀龜甲獸骨文字。下午……寄玄同函。以域外小說二部留校轉交劉、胡二君。」

　　11月13日，周作人又在日記中寫道：「下午往校研究所開會。認定改良文字問題及小說二項。遇胡適之、劉半農二君，六時返寓。」

這是周作人與劉半農之間有據可查的最早接觸。研究所即在蔡元培倡議下成立的北京大學文科研究所，分哲學、中文、英文三門。《新青年》同人中的陳獨秀、胡適、錢玄同、劉半農、沈尹默、陶孟和、周作人，都是研究所的骨幹成員。其中周作人、胡適、劉半農共同選擇了「小說研究」，從而為他們之間的密切合作提供了契機。

1918年1月9日，劉半農第一次到紹興會館拜訪周氏兄弟。周作人在日記中寫道：「下午往壽宅。半農電話來詢，旋來談，借《去古埃及傳說集》一本，晚起草。」

1月23日，周作人在日記中寫道：「上午往校，進德會記名為乙種會員。收《新青年》4卷1號8本，……午至教育部同大哥及齊、陳二君至和記午餐。下午往壽宅，3時返。半農來談。晚11時去。」

魯迅在當天日記中，並沒有提到劉半農。究其原因，應該是兄弟二人各有客人需要接待。《魯迅日記》中第一次出現劉半農的名字，是2月10日：「晴，星期休息。……晚劉半農來。」[註5]周作人也在當天日記中寫道：「晚半農來，11時去。交予……小說一首，題目〈童子之奇跡〉，入《新青年》中。夜多爆竹，睡不甚安。」

這一天是舊曆丁巳年除夕，周氏兄弟與劉半農討論了《新青年》的辦刊思路。在由劉半農主編的4卷3號中，刊載有四首以〈除夕〉為題的白話詩，作者依次是沈尹默、胡適、陳獨秀和劉半農。劉半農在詩中敘述了除夕之夜與周氏兄弟之間的對話：「主人周氏兄弟，與我談天；／欲招『繆撒』，欲造『浦鞭』，／說今年已盡，這等事，待來年。」

在為這首詩所加的注解中，劉半農介紹説：「繆撒，拉丁文作『musa』，希臘『九藝女神』之一，掌文學美術者也。『浦鞭』一欄，日本雜誌中有之；蓋與『介紹新刊』對待，用消極法篤促編譯界之進步者。余與周氏兄弟（豫才、啟明）均有在《新青年》增設此欄之意，唯一時恐有窒礙，未易實行耳。」

北大教授劉半農。

魯迅當時還沒有在《新青年》雜誌發表作品，是劉半農率先把默默無聞的「周氏兄弟」，介紹給《新青年》廣大讀者的。

魯迅作品中第一次出現劉半農的名字，是在署名唐俟的〈我之節烈觀〉中。該文發表於1918年8月的《新青年》5卷2號中，是對於陶孟和的〈女子問題〉、周作人翻譯的與謝野晶子的〈貞操論〉，以及胡適的〈貞操問題〉的積極回應：「近一年來，居然也有幾個不肯徒託空言的人，歎息一番之後，還要想法子來挽救。第一個是康有為，指手畫腳的説『虛君共

和』才好,陳獨秀便斥他不興;其次是一班靈學派的人,不知何以起了極古奧的思想,要請『孟聖矣乎』的鬼來畫策;陳百年錢玄同劉半農又道他胡說。」

《新青年》時代的劉半農,與錢玄同一樣,曾經是言必稱「豫才」的魯迅迷。關於劉半農對於魯迅的極度崇拜,周作人回憶說:「〈端午節〉這篇小說是1922年6月所作,……我們先看主人公的姓名,名字沒有什麼意義,姓則大概有所根據的。民六以後,劉半農因回應文學革命,被招到北京大學來教書,那時他所往來的大抵就是與《新青年》有關係的這些人,他也常到紹興縣館來。他住在東城,自然和沈尹默、錢玄同、馬幼漁諸人見面的機會很多,便時常對他們說起什麼時候來會館看見豫才,或是聽見他說什麼話。他們就挖苦他說是像《儒林外史》裏那成老爹,老是說那一天到方家去會到方老五,後來因此一轉便把方老五當作魯迅的別名,一個時期裏在那幾位口頭筆下(信札),這個名稱是用得頗多的。」[註6]

劉半農來到北京後,先是一個人住在北河沿的北大法科,後來把妻子女兒接到北京,住在地安門內西板橋胡同,與家住東板橋50號的馬裕藻(幼漁)、陳大齊(百年)及家住東城南小街什方院43號的沈士遠、沈尹默、沈兼士兄弟相距不遠。

1919年1月10日,周作人在日記中寫道:「陰,上午往校,得……半農函,俄國禁書一冊。……晚得重久三日賀年片,作〈隨感錄〉二則,大雪。」

另據周作人在〈曲庵的尺牘〉中介紹,劉半農當天的來信,標題為〈昭代名伶院本殘卷〉,其中寫道:「(生)咳,方六爺,方六爺

呀，（唱西文慢板）你所要、借的書，我今奉上。這其間，一本是，俄
國文章。那一本，瑞典國，小曲灘簧。只恨我，有了他，一年以上。
都未曾，打開來，看個端詳。（白）如今你提到了他，（唱）不由得，
小半農，眼淚汪汪。（白）咳，半農呀，你真不用功也。（唱）但願
你，將他去，莫辜負他。拜一拜，手兒呵，你就借去了罷。（下）」[註7]

　　所謂「方六爺」，就是「方老五」即魯迅的弟弟周作人。三年之
後，魯迅之所以在〈端午節〉中把自傳性人物命名為方玄綽，就源於
方老五的綽號。

## 二、魯迅廣告：「看呀！快看呀！」

　　1925年，劉半農在法國獲得國家博士學位後返回北大，成為《語
絲》同人的重要成員，同時也成為站在以國民黨元老李石曾、吳稚
暉、易培基為首的法日派一邊，與以胡適、王世杰、陳源、徐志摩等
人為代表的英美派進行派系鬥爭的一名戰士，從而與並肩作戰的周氏
兄弟結下更加深厚的戰鬥友誼。僅1926年的《魯迅日記》中，就先後
25次提到劉半農的名字，其中10次是關於兩個人來往書信的記錄。
正是由於這層關係，魯迅於1926年5月25日一連寫下兩篇應酬文章：
〈《何典》題記〉和〈為半農題記《何典》後，作〉。

　　《何典》是1878年由上海申報社出版的白話章回小說，編者是上
海文人張南莊化名的「過路人」，點評者是陳得仁化名的「夾縷二先
生」。劉半農之所以對它感興趣，是因為國民黨元老吳稚暉反覆強調
自己從該書中學到了寫文章的祕訣：「放屁放屁，真正豈有此理！」

當時正是北京學界普遍欠薪的困難時期，劉半農和二弟劉天華在廠甸書攤意外發現了這本奇書，便為它添加標點符號和相關注釋，交給李小峰的北新書局出版發行。為打開銷路，《語絲》周刊連續刊登〈《何典》廣告〉，並且在1926年4月5日出版的《語絲》第73期中，把廣告語改為「吳稚暉先生的老師（《何典》）出版預告」。劉半農自己還在〈重印《何典》序〉中，以十分誇張的話語讚美說：該書「無一句不是荒荒唐唐亂說鬼，卻又無一句不是痛痛切切說人情世故。……把世間一切事事物物，全都看得米小米小，憑你是天皇老子烏龜虱，作者只一例的看作了什麼都不值的鬼東西。」

　　與劉半農一心一意做廣告不同，魯迅在〈《何典》題記〉中寫道：「我看了樣本，以為校勘有時稍迂，空格令人氣悶，半農的士大夫氣似乎還太多。至於書呢？那是，談鬼物正像人間，用新典一如古典。三家村的達人穿了赤膊大衫向大成至聖先師拱手，甚而至於翻筋斗，嚇得『子曰店』的老闆昏厥過去；但到站直之後，究竟都還是長衫朋友。不過這一個筋斗，在那時，敢於翻的人的魄力，可總要算是極大的了。」

　　對於魯迅的評語，劉半農是很不滿意的。據1981年版《魯迅全集》注解：《何典》標點本出版時，劉半農將書中一些內容粗俗的文字刪去，代以空格。後來此書再版時恢復了原文，劉半農在〈關於《何典》的再版〉中還特別解釋說：「空格令人氣悶」這句話，現在已成過去。」註8

　　在這篇題記中，魯迅還對正在歐美各國進行考察的胡適加以諷刺：「並非博士般角色，何敢開頭？難違舊友的面情，又該動手。應

酬不免，圓滑有方；只作短文，庶無大過云爾。」在〈為半農題記《何典》後，作〉中，已經擁有自己的嫡系出版社北新書局的魯迅，更加明確地挑戰說：「我以為許多事是做的人必須有這一門特長的，這才做得好。譬如，標點只能讓汪原放，做序只能推胡適之，出版只能由亞東圖書館；劉半農，李小峰，我，皆非其選也。然而我卻決定要寫幾句。為什麼呢？只因為我終於決定要寫幾句了。」[註9]

接下來，魯迅擴大目標，又把矛頭指向「文士之徒」：「又有文士之徒在什麼報上罵半農了，說《何典》廣告怎樣不高尚，不料大學教授而竟墮落至於斯。」

至於究竟是哪一個「文士之徒」在哪一家報刊罵過劉半農，《魯迅全集》並沒有給出明確的答案。在查無實證的情況下，魯迅把借題發揮的攻擊目標，鎖定在陳源身上：

半農到德法研究了音韻好幾年，我雖然不懂他所做的法文書，只知道裏面很夾些中國字和高高低低的曲線，但總而言之，書籍具在，勢必有人懂得。所以他的正業，我以為也還是將這些曲線教給學生們。可是北京大學快要關門大吉了；他兼差又沒有。那麼，即使我是怎樣的十足上等人，也不能反對他印賣書。既要印賣，自然想多銷，既想多銷，自然要做廣告，既做廣告，自然要說好。難道有自己印了書，卻發廣告說這書很無聊，請列位不必看的麼？說我的雜感無一讀之價值的廣告，那是西瀅（即陳源）做的。──順便在此給自己登一個廣告罷：陳源何以給我登這樣的反廣告的呢，只要

一看我的《華蓋集》就明白。主顧諸公，看呀！快看呀！每本大洋六角，北新書局發行。

在魯迅藏書中，共有四種由劉半農題詞的贈書：其一是1919年12月由北京大學出版部發行的《中國文法通論》，這是劉半農在北大預科二年級的講義，內封上有劉半農用毛筆題寫的「豫才兄。著者。」

其二是1926年4月北新書局印行的《瓦釜集》，劉半農用毛筆在內封寫道：「豫才我兄賜正。復，二十六年五月。」該書收錄了劉半農用江陰方言寫作的民歌，是白話新詩的一種嘗試。其封面題字為錢玄同，選者為馬叔平，制篆為陳萬里，周作人也在「序歌」中，用紹興話捧場道：「半農哥呀半農哥，倲真唱得好山歌，一唱唱得十來首，倲格本事直頭大。……今朝輪到我做一篇小序，豈不是坑死俺也麼哥？——倘若一定要我話一句，我只好連連點頭說『好個，好個！』。」

其三是1926年6月由周作人作序並由北新書局出版的《揚鞭集》，劉半農在內封上寫道：「迅兄教正。復，一九二六七月。」據〈半農自序〉介紹，該書收錄了自己「十年以來所作所譯的詩歌小品，刪存若干首，按時間先後編為一集，即用第一首詩第一二兩字定名『揚鞭』。」

其四是1926年7月由北新書局出版的翻譯小說《茶花女》，劉半農的封面題字為：「迅兄教正。復，一九二六七月。」查1926年7月27日《魯迅日記》，其中有「晨得半農信並《揚鞭集》、《茶花女》各一本」的記錄。

　　在此之前，魯迅的《馬上日記》於1926年7月5、8、10、12日，連續發表在劉半農主編的《世界日報副刊》。隨後寫作的《馬上日記之二》，又連續發表於該副刊的19、23日。魯迅在《馬上日記》中表白說：「四五天以前看見半農，說要編《世界日報》的副刊去，你得寄一點稿。那自然是可以的嘍。」在同一篇文章中，他又談到自己與劉半農家人之間的陌生和隔膜：6月28日上午，魯迅到藥房買藥，遭遇吳佩孚進京戒嚴，只好繞道拜訪劉半農，不曾想被劉家的僕人擋在門外。「我想了十秒鐘，便從衣袋裏挖出一張名片來，叫他進去稟告太太，說有這麼一個人，要在這裏等一等，可以不？約有半刻鐘，他出來了，結果是：也不成！先生要三點鐘才回來哩，你三點鐘再來罷。」

　　離開劉家之後，魯迅只好到教育部同事齊壽山家「要求他請我吃午飯」。與此相印證，魯迅留在日記中的私人記錄是：「往信昌藥房買藥。訪劉半農，不值。訪壽山。下午訪小峰，收泉百，並託其寄半農信並稿。」

　　魯迅藏書中另有四種劉半農著作既沒有題字也沒有在日記中留下受贈記錄，應該是自己花錢購買的。其一是1926年北新書局印行的《太平天國有趣文件十六種》。其二是同年出版的《何典》。其三是1927年北新書局印行的《國外民歌譯》。其四是1932年北新書局印行的《中國文法講話》。返觀歷史，魯迅與劉半農圍繞《何典》的是非恩怨，應該是他們由緊密合作走向分道揚鑣的分水嶺。

### 三、魯迅與劉半農的精神歧異

　　1926年8月26日，魯迅與許廣平雙雙南下，他與劉半農之間從此再沒有直接聯繫。

　　1927年7月17日，魯迅在致章廷謙信中寫道：「半農不准《語絲》發行，實在可怕，不知道他何從得到這樣的權力的。我前幾天見他刪節Hugo文的案語（登《莽原》11期），就覺得他『狄克推多』得駭人，不料更甚了。《語絲》若停，實在可惜，但有什麼法子呢。北新內部已經魚爛，如徐志摩陳什麼（忘其名）之侵入，如小峰春台之爭，都是坍台之徵。」[註10]

　　這是魯迅對劉半農表示不滿的最早記錄。Hugo即法國著名作家雨果，「狄克推多」是英語Dictator的音譯，意思是專制獨裁。「陳什麼」即出任北新書局總編輯的共產國際秘密成員、《現代評論》撰稿人陳翰笙。「刪節Hugo文的案語」，指的是發表在《莽原》2卷11期的譯文〈《克洛特格

《語絲》周刊書影。

歐》的後序〉。劉半農在翻譯過程中一再表示：「這裏是提倡宗教的話，……我實在不願意譯」、「這仍是『神道設教』的愚民政策，不值得譯出。」

至於「半農不准《語絲》發行」，應該是魯迅單方面的猜測之詞。擔任《語絲》周刊主編的周作人，在1927年7月29日致《語絲》同人江紹原的信中介紹説：「『語絲』社友幾乎走完，平伯將赴廣州，衣萍亦到上海去了，玄同或將赴杭，留此者只有我及國授博士劉復而已。唯該『絲』尚擬辦下去，實在也只是好事罷了。」註11

在9月27日致江紹原信中，周作人又表示説：「小峰逗留不回，北新京局又不能負責，《語絲》殊無法維持，現在只做一日和尚撞一日鐘，等出到156期再説。」

由此可知，《語絲》周刊面臨的實際情況是「無法維持」，也就是魯迅所説的「北新內部已經魚爛」，而不是來自劉半農的「不准《語絲》發行」。

1927年7月28日，魯迅在致章廷謙信中再一次貶低劉半農説：「《遊仙窟》我以為可以如此印：這一次，就照改了付印。至於借得影本後，還可以連注再印一回，或排或影（石印），全是舊式，那時候，則作札記一篇附之。至於書頭上附印無聊之校勘如《何典》者，太『小家子』相，萬不可學者也。」

在9月25日致臺靜農信中，魯迅對於劉半農的態度明顯好轉：「靜農兄：九月十七日來信收到了。請你轉致半農先生，我感謝他的好意，為我，為中國。但我很抱歉，我不願意如此。諾貝爾賞金，梁啟超自然不配，我也不配，要拿這錢，還欠努力。」

陳漱渝在〈「魯迅參評諾貝爾文學獎」真相〉一文中，曾經談到自己於1989年秋天對於臺靜農的採訪：「1927年9月中旬，魏建功先生在北京中山公園舉行訂婚宴，北大同人劉半農、錢玄同等都前往祝賀。席間半農把我叫出去，說在北大任教的瑞典人斯文·海定是諾貝爾獎金的評委之一，他想為中國作家爭取一個名額。當時有人積極為梁啟超活動，半農以為不妥，他覺得魯迅才是理想的候選人。但是，半農先生快人快語，口無遮攔，他怕碰魯迅的釘子，便囑我出面函商，如果魯迅同意，則立即著手進行參加評選的準備，結果魯迅回信謝絕，下一步的工作便沒有進行。」註12

1928年8月15日，魯迅在致章廷謙信中對於劉半農的態度再度惡化：「沈劉二公，已在小峰請客席上見過，並不談起什麼。我總覺得我也許有病，神經過敏，所以凡看一件事，雖然對方說是全都打開了，而我往往還以為必有什麼東西在手巾或袖子裏藏著。但又往往不幸而中，豈不哀哉。」

查《魯迅日記》，這次會面的時間是8月4日：「晚因小峰邀，同三弟及廣平赴萬雲樓夜飯，同席為尹默、半農、達夫、友松、語堂及其夫人、小峰及其夫人，共十一人。」「沈劉二公」，就是已經成為政學兩界顯要人物的沈尹默和劉半農，這也是魯迅與劉半農之間的最後一次見面。

9月19日，魯迅在致章廷謙信中，又表現出對於劉半農等人新任官職的熱切關注：「學校諸要人已見報，百年長文，半農長豫，傅斯年白眉初長師範，此在我輩視之，都所謂隨便都好者也。玄伯欲『拉』，『因有民眾』之說，聽來殊為可駭，然則倘『無』，則不

『拉』矣。嗟乎，無民眾則將餓死，有民眾則將拉死，民眾之於不
佞，何其有深仇夙怨歟？！……據報，云蔡公已至首善，但力辭院
長，薦賢自代，將成事實。賢者何？易公培基也。」

「玄伯」即國民黨元老李石曾的侄子李宗侗，他同時也是故宮博
物院院長、農礦部長兼上海勞動大學校長易培基的女婿，一身兼任北
平政務委員會委員、故宮博物館秘書長兼農礦部下屬開灤煤礦礦務督
辦等多項官職，是顯赫一時的國民黨新貴。魯迅和周作人兄弟在李石
曾、易培基一派人與蔡元培、胡適一派人的學界鬥爭中，是站在李石
曾一邊的。正是在這種背景下，才有了李玄伯欲「拉」他到北平任職
的說法。至於魯迅與劉半農的徹底決裂，最早見於他1930年2月22日
致章廷謙信中：

> 疑古和半農，還在北平逢人便即宣傳，說我在上海發了瘋，
> 這和林玉堂大約也有些關係。我在這裏，已經收到幾封學生
> 給我的慰問信了。但其主要原因，則恐怕是有幾個北大學
> 生，想要求我去教書的緣故。
>
> 語絲派的人，先前確曾和黑暗戰鬥，但他們自己一有地位，
> 本身又便變成黑暗了，一聲不響，專用小玩意，來抖抖的把
> 守飯碗。紹原於上月寄我兩張《大公報》副刊，其中是一篇
> 〈美國批評家薛爾曼評傳〉，說他後來思想轉變，與友為
> 敵，終於掉在海裏淹死了。這也是現今北平式的小玩意，的
> 確只改了一個P字。

賤胎們一定有賤脾氣，不打是不滿足的。今年我在《萌芽》上發表了一篇〈我和《語絲》的始終〉，便是贈與他們的還留情面的一棍。該雜誌大約杭州未必有買，今摘出附上，此外，大約有幾個人還須特別打幾棍，才好。這兩年來，水戰火戰，日戰夜戰，敵手都消滅了，實在無聊，所以想再來鬧他一下，順便打幾個無端咬我的傢夥，倘若鬧不死，明年再來用功罷。

與上述說法相印證，周作人在3月31日致江紹原信中寫道：「《萌芽》未見，但曾聞人說過。魯迅精神異常，我久與之絕，其所說似無計較之必要，又知寄信去給該月刊則更不值得矣。魯曾說北大學生叫他來教書，錢玄劉半因怕奪他們的飯碗，故造謠說他發瘋云云，即此一端可以見其思路之紛亂了。匆匆。」

關於當年北京學界的實際情況，胡適曾經有過專門介紹：

北京改成了北平，已不是向來人才集中的文化中心了。各方面的學人都紛紛南去了。一個大學教授的最高俸給還是每月三百元，還比不上政府的一個科長。北平的國立各校無法向外延攬人才，只好請那一班留在北平的教員儘量的兼課。幾位最好的教員兼課也最多。例如溫源寧先生當時就有「身兼三主任、五教授」的流言。結果是這班教員到處兼課，往往有一個每星期兼課四十小時的！也有排定時間表，有計劃的在各校輪流輟課的。這班教員不但「生意興隆」，並且「飯

碗穩固」，不但外面人不肯來同他們搶飯碗，他們還立了各
種法制，保障他們自己的飯碗。例如北京大學的評議會就曾
通過一個議決案，規定「辭退教授須經評議會通過」。在這
種情形之下，孟鄰遲疑不肯來做北大校長，是我們一班朋友
都能諒解的。[註13]

　　也就是說，當年「抖抖的把守飯碗」的，並不限於錢玄同、劉
半農、周作人、江紹原這些「自己一有地位，本身又便變成黑暗」的
「語絲派的人」，而是整個北京學界不得已而為之的普遍現實。這種
不合理的現象，隨著蔣夢麟（孟鄰）在蔡元培、胡適、傅斯年、顧臨
等人的強力支持下，於1930年初就任北京大學校長，並且得到來自中
華教育文化基金會的美國庚款的大力援助，逐步得到改善。

## 四、〈我和《語絲》的始終〉

　　在江紹原於1930年3月31日寫給周作人的「來函」中，另有
「《萌芽》月刊二期，有魯迅先生一文，中涉及我，決辯明一下」的
表態。[註14]「魯迅先生一文」，指的是發表於魯迅、馮雪峰聯合主編的
《萌芽月刊》2卷2期的長文〈我和《語絲》的始終〉。

　　按照魯迅自己的說法，〈我和《語絲》的始終〉是「特別打幾
棍」的文章，他所要打擊的目標對象，是被斥為「賤胎們」的錢玄
同、顧頡剛、劉半農、江紹原、孫伏園等人：

221

那十六個投稿者，意見態度也各不相同，例如顧頡剛教授，投的便是「考古」稿子，不如說，和《語絲》的喜歡涉及現在社會者，倒是相反的。不過有些人們，大約開初是只在敷衍和伏園的交情的罷，所以投了兩三回稿，便取「敬而遠之」的態度，自然離開。連伏園自己，據我的記憶，自始至今，也只做過三回文字，末一回是宣言從此要大為《語絲》撰述，然而宣言之後，卻連一個字也不見了。於是《語絲》的固定的投稿者，至多便只剩了五六人，但同時也在不意中顯了一種特色，是：任意而談，無所顧忌，要催促新的產生，對於有害於新的舊物，則竭力加以排擊，——但應該產生怎樣的「新」，卻並無明白的表示，而一到覺得有些危急之際，也還是故意隱約其詞。陳源教授痛斥「語絲派」的時候，說我們不敢直罵軍閥，而偏和握筆的名人為難，便由於這一點。

事實上，作為義務供稿的同人刊物，顧頡剛的「考古」稿子，本身就是《語絲》周刊「任意而談，無所顧忌」的一種體現，與「喜歡涉及現在社會者」並不構成「相反」的關係。「痛斥『語絲派』……不敢直罵軍閥」的，也不是陳源，而是署名涵廬的《現代評論》編輯和前《新青年》編輯、中共秘密黨員高一涵。高一涵所「痛斥」的並不是「語絲派」同人，而是泛泛而談的「一般文人」。註15

接下來，魯迅又把棍子打向自己的學生、《語絲》周刊第一創辦人孫伏園：「至於對於《晨報》的影響，我不知道，但似乎也頗受些打擊，曾經和伏園來說和，伏園得意之餘，忘其所以，曾以勝利者的

笑容，笑著對我說道：『真好，他們竟不料踏在炸藥上了！』這話對別人說是不算什麼的。但對我說，卻好像澆了一碗冷水，因為我即刻覺得這『炸藥』是指我而言，用思索，做文章，都不過使自己為別人的一個小糾葛而粉身碎骨，心裏就一面想：『真糟，我竟不料被埋在地下了！』我於是乎『彷徨』起來。」

1927年10月，北新書局和《語絲》周刊被張作霖的安國軍及北京政府查封，《語絲》周刊因此移往上海，由李小峰邀請魯迅接任主編，同人之間的矛盾由此升級：

> 以關係而論，我是不應該推託的。於是擔任了。從這時起，我才探問向來的編法。那很簡單，就是：凡社員的稿件，編輯者並無取捨之權，來則必用，只有外來的投稿，由編輯者略加選擇，必要時且或略有所刪除。所以我應做的，不過後一段事，而且社員的稿子，實際上也十之九直寄北新書局，由那裏徑送印刷局的，等到我看見時，已在印釘成書之後了。所謂「社員」，也並無明確的界限，最初的撰稿者，所餘早已無多，中途出現的人，則在中途忽來忽去。因為《語絲》是又有愛登碰壁人物的牢騷的習氣的，所以最初出陣，尚無用武之地的人，或本在別一團體，而發生意見，借此反攻的人，也每和《語絲》暫時發生關係，待到功成名遂，當然也就淡漠起來。至於因環境改變，意見分歧而去的，那自然尤為不少。因此所謂「社員」者，便不能有明確的界限。前年的方法，是只要投稿幾次，無不刊載，此後便放心發

稿，和舊社員一律待遇了。但經舊的社員紹介，直接交到北新書局，刊出之前，為編輯者的眼睛所不能見者，也間或有之。

「凡社員的稿件，編輯者並無取捨之權，來則必用」，是包括《新青年》、《每周評論》、《語絲》、《現代評論》等諸多同人刊物共同遵守的遊戲規則。接手《語絲》周刊的魯迅，並不遵守這樣的規則，反而把「搗亂」的棍子打在了劉半農和江紹原等人的身上：

> 但《語絲》本身，卻確實也在消沉下去。一是對於社會現象的批評幾乎絕無，連這一類的投稿也少有，二是所餘的幾個較久的撰稿者，過時又少了幾個了。前者的原因，我以為是在無話可說，或有話而不敢言，警告和禁止，就是一個實證。後者，我恐怕是其咎在我的。舉一點例罷，自從我萬不得已，選登了一篇極平和的糾正劉半農先生的「林則徐被俘」之誤的來信以後，他就不再有片紙隻字；江紹原先生紹介了一篇油印的〈馮玉祥先生……〉來，我不給編入之後，紹原先生也就從此沒有投稿了。並且這篇油印文章不久便在也是伏園所辦的《貢獻》上登出，上有鄭重的小序，說明著我託辭不載的事由單。

1928年2月27日，劉半農在《語絲》4卷9期發表〈雜覽之十六·林則徐照會英吉利國王公文〉，其中談到林則徐被英軍俘虜，並且

「明正了典刑，在印度异屍遊街」。《語絲》4卷14期經魯迅之手刊登署名洛卿的來信，公開指出了劉半農的錯誤。

儘管如此，劉半農並沒有像魯迅所説的那樣「不再有片紙隻字」。在1929年9月30日的《語絲》5卷29期中，就有劉半農署名劉復的〈滬寧車中作代畫詩三首——錄寄小蕙與弟妹共玩之〉。《語絲》第5卷雖然由魯迅推薦柔石主編，魯迅並沒有完全脱離該刊的編輯工作，所謂「不再有片紙隻字」，依然是他自己所説的「凡看一件事，雖然對方説是全都打開了，而我往往還以為必有什麼東西在手巾或袖子裏藏著」的「神經過敏」。

## 五、魯迅筆下的劉半農

《語絲》周刊是1930年3月終刊的，在此之前，隨著〈我和《語絲》的始終〉的公開發表，魯迅與《語絲》同人之間的關係已經宣告終結。在同年3月21日致章廷謙信中，魯迅一如既往地關心著舊同人的官位：「自由運動大同盟，確有這個東西，也列有我的名字，原是在下面的，不知怎地，印成傳單時，卻升為第二名了（第一是達夫）。……半農玄同之拜帥，不知尚有幾何時？有槍的也和有筆的一樣，你打我，我打你，交通大約又是阻礙了。」

1932年6月18日，魯迅又在致臺靜農信中寫道：「北平的情形，我真是隔膜極了。劉博士之言行，偶然也從報章上見之，真是古怪得很，當做《新青年》時，我是萬料不到會這樣的。」

同年11月11日，魯迅因為母親生病赴北平看望。11月20日，他在致許廣平中介紹説：「這幾天較有來客，前天霽野、靜農、建功來。

昨天又來，且請我在同和居吃飯，兼士亦至，他總算不變政客，所以也不得意。今天幼漁邀我吃夜飯，擬三點半去，此外我想不應酬了。周啟明頗昏，不知外事。廢名是他薦為大學講師的，所以無怪攻擊我，狗能不為其主人吠乎？劉復之笑話不少，大家都和他不對，因為他捧住李石曾之後，早不理大家了。……現在這裏是『現代』派拜帥了，劉博士已投入其麾下，聞彼一作校長，其夫人即不理二太太，因二老爺不過為一教員而已云。」[註6]

周作人在八道灣的苦雨齋中招待朋友，站在最高處者為劉半農。

　　「劉復」和「劉博士」指的都是劉半農，「二太太」即周作人的日本妻子信子。到了1933年初，由劉半農編輯的《初期白話詩稿》由北平星雲堂書店影印出版，共收錄《新青年》八位白話詩人的詩稿原件26首，其中李大釗1首，沈尹默9首，沈兼士6首，周作人1首，胡適5首，陳衡哲1首，陳獨秀1首，魯迅2首。這些詩稿創作於1917至1919年，大都是由劉半農保存下來的，他在〈初期白話詩稿序目〉中充滿

感情地寫道：「魯迅先生在當時做詩署名唐俟，那時他和周豈明先生同住在紹興縣館裏，詩稿是豈明代抄，魯迅自己寫了個名字。現在豈明住在北平，魯迅住在上海，恐怕不容易再有那樣合作的機會，這一點稿子，也就很可珍貴了。」

1933年3月1日，魯迅在日記中寫道：「得靜農信並《初期白話詩稿》五本，半農所贈。……復靜農信。」在同一天致臺靜農信中，他也只是淡淡然表示說：「靜農兄：二月廿四信，講稿並白話詩五本，今日同時收到。」

到了6月18日，中國民權保障同盟總幹事楊銓（杏佛）在光天化日下被槍殺，對魯迅造成一種強刺激。6月21日，他在日記中寫道：「上午復語堂信。復榴花社信。下午為坪井先生之友通口良平君書一絕云：『豈有豪情似舊時，花開花落兩由之。何期淚滿江南雨，又為斯民哭健兒。』為西村真琴博士書一橫卷云：『奔霆飛焰殲人子，敗井頹垣剩餓鳩，偶值大心離火宅，終遺高塔念瀛州。精禽夢覺仍銜石，鬥士誠堅共抗流。度盡劫波兄弟在，相逢一笑泯恩仇。西村博士於上海戰後得喪家之鳩，持歸養之；初亦相安，而終化去。建塔以藏，且徵題詠，率成一律，聊答遐情云爾。一九三三年六月二十一日魯迅並記。』……夜三弟及蘊如來。」

「度盡劫波兄弟在，相逢一笑泯恩仇」的所指，並不限於「喪家之鳩」，在很大程度上是魯迅伸向同胞兄弟周作人的橄欖枝。魯迅在《新青年》雜誌的一舉成名，既得力於錢玄同、劉半農的一再催稿，更得力於周作人「代抄」文稿、詩稿的大力支持。

魯迅寄給林語堂的回信，落款時間是6月20日，信中寫道：「頃奉到來札並稿。前函令打油，至今未有，蓋打油亦須能有打油之心情，而今何如者。重重迫壓，令人已不能喘氣，除呻吟叫號而外，能有他乎？」

所謂「打油」即白話打油詩，傳說唐代張打油所作的詩常用俚俗話語故作詼諧，有時又暗含嘲諷，人稱打油詩。《新青年》同人所發表的白話詩中，有不少就是這樣的打油詩。由林語堂主編的《論語》、《人間世》，在魯迅拒絕供稿的背景下，卻因為周作人、劉半農、錢玄同等人的積極參與而轟動一時，從而引起魯迅的不滿。1933年12月27日，他在致臺靜農信中，再一次對錢玄同和劉半農進行攻擊：「《北平箋譜》竟能賣盡，殊出意外，……寫序之事，傳說與事實略有不符，鄭君來函問託天行或容某（忘其名，能作簡字），以誰為宜，我即答以不如託天行，因是相識之故。至於不得託金公執筆，亦誠有其事，但係指書簽，蓋此公誇而懶，又高自位置，託以小事，能託延至一年半載不報，而其字實俗媚入骨，無足觀，犯不著向慳吝人乞爛鉛錢也。關於國家博士，我似未曾提起，因我未能料及此公亦能為人作書，唯平日頗嗤其擺架子，或鄭君後來亦有所聞，因不復道耳。」

「鄭君」即與魯迅一起編印《北平箋譜》的鄭振鐸。「天行」即魏建功。「容某」即容庚。「國家博士」即劉半農。「金公」即被林紓影射為「金心異」的錢玄同。到了1934年4月12日，魯迅在致臺靜農信中寫道：「上海幽默已稍褪色，語堂轉而編小品，名曰《人間世》，頃見第一期，有半農國博〈柬天行〉云：『比得朝鮮美人圖一

幅，紙墨甚新而布局甚別致，想是俗工按舊時粉本繪成者。』紙墨一新，便是俗工，則生今日而欲雅，難矣，……」

同年6月18日，魯迅在致臺靜農信中再一次攻擊劉半農說：「文壇，則刊物雜出，大都屬於『小品』。此為林公語堂所提倡，蓋驟見宋人語錄，明人小品，所未前聞，遂以為寶，而其作品，則已遠不如前矣。如此下去，恐將與老舍半農，歸於一丘，其實，則真所謂『是亦不可以已乎』者也。」

就在魯迅寫下此信的第二天即6月19日，劉半農率助手白滌洲、沈仲章、周殿福及工友梅玉，從西直門火車站出發赴西北地區考察方音民俗，於7月8日感染回歸熱，返回北平後於7月14日病逝於協和醫院。消息傳來，李小峰約請魯迅寫紀念文章，魯迅在7月31日的回信中表示說：「關於半農，我可以寫幾句，不過不見得是好話，但也未必是壞話。唯來信云『請於本月內見惠』，而署的日子是『七月三十一日』，那麼，就是以今天為限，斷斷來不及的了。」

## 六、〈憶劉半農君〉及其他

〈憶劉半農君〉完成後，魯迅於8月12日寄給李小峰，由李小峰經手發表在上海《青年界》6卷3期，署名魯迅。關於《新青年》時代的劉半農，魯迅說的大多是「好話」：

> 《新青年》每出一期，就開一次編輯會，商定下一期的稿件。其時最惹我注意的是陳獨秀和胡適之。假如將韜略比作一間倉庫罷，獨秀先生的是外面豎一面大旗，大書道：「內

皆武器，來者小心！」但那門卻開著的，裏面有幾枝槍，幾把刀，一目了然，用不著提防。適之先生的是緊緊的關著門，門上粘一條小紙條道：「內無武器，請勿疑慮。」這自然可以是真的，但有些人——至少是我這樣的人——有時總不免要側著頭想一想。半農卻是令人不覺其有「武庫」的一個人，所以我佩服陳胡，卻親近半農。

所謂親近，不過是多談閒天，一多談，就露出了缺點。幾乎有一年多，他沒有消失掉從上海帶來的才子必有「紅袖添香夜讀書」的豔福的思想，好容易才給我們罵掉了。但他好像到處都這麼的亂說，使有些「學者」皺眉。有時候，連到《新青年》投稿都被排斥。他很勇於寫稿，但試去看舊報去，很有幾期是沒有他的。那些人們批評他的為人，是：淺。……

但這些背後的批評，大約是很傷了半農的心的，他的到法國留學，我疑心大半就為此。我最懶於通信，從此我們就疏遠起來了。他回來時，我才知道他在外國鈔古書，後來也要標點《何典》，我那時還以老朋友自居，在序文上說了幾句老實話，事後，才知道半農頗不高興了，「駟不及舌」，也沒有法子。另外還有一回關於《語絲》的彼此心照的不快活。五六年前，曾在上海的宴會上見過一回面，那時候，我們幾乎已經無話可談了。

事實上，化名魯迅和唐俟在《新青年》發表小說、詩歌、雜文的教育部僉事周樹人，並沒有正式參加過《新青年》的編輯會。魯迅所

懷疑的陳獨秀、胡適的所謂「武庫」，依然是他自己所說的「凡看一件事，雖然對方說是全都打開了，而我往往還以為必有什麼東西在手巾或袖子裏藏著」的「神經過敏」。關於劉半農的後半生，魯迅說出的基本上全是他自己所謂的「壞話」：

> 近幾年，半農漸漸的據了要津，我也漸漸的更將他忘卻；但從報章上看見他禁稱「蜜斯」之類，卻很起了反感：我以為這些事情是不必半農來做的。從去年來，又看見他不斷的做打油詩，弄爛古文，回想先前的交情，也往往不免長歎。我想，假如見面，而我還以老朋友自居，不給一個「今天天氣……哈哈哈」完事，那就也許會弄到衝突的罷。……我愛十年前的半農，而憎惡他的近幾年。這憎惡是朋友的憎惡，因為我希望他常是十年前的半農，他的為戰士，即使「淺」罷，卻於中國更為有益。我願以憤火照出他的戰績，免使一群陷沙鬼將他先前的光榮和死屍一同拖入爛泥的深淵。

「漸漸的據了要津」，主要是指劉半農於1930年4月28日被任命為國立北平大學女子文理學院院長。「禁稱『蜜斯』之類」，指的是劉半農1931年2月9日在女子文理學院發佈〈禁止女生入公共跳舞場的布告〉，隨後又在3月25日提倡改稱「密斯」為「姑娘」。劉半農在答記者問時解釋說：「布告禁止學生到舞場跳舞，蓋雅不欲今日中國之大學生，僅成其為一對對跳舞之所謂摩登青年也。至於家庭集會，偶一跳舞，余固並不反對。……余主張廢棄帶有奴性的『密

斯』稱呼，而以『姑娘』『小姐』『女士』等國語中固有之稱呼代之，……」註17

在劉半農生前的1933年10月16日，魯迅曾以「豐之餘」的署名發表〈「感舊」以後（下）〉，針對劉半農的打油詩迎頭痛擊道：

> 隨手舉一個例，就是登在《論語》二十六期上的劉半農先生
> 「自注自批」的《桐花芝豆堂詩集》這打油詩。北京大學招
> 考，他是閱卷官，從國文卷子上發見一個可笑的錯字，就來
> 做詩，那些人被挖苦得真是要鑽地洞，那些剛畢業的中學
> 生。自然，他是教授，凡所指摘，都不至於不對的，不過我
> 以為有些卻還可有磋商的餘地。集中有一個「自注」道──
> 「有寫『倡明文化』者，余曰：倡即『娼』字，凡文化發達
> 之處，娼妓必多，謂文化由娼妓而明，亦言之成理也。」
> 娼妓的娼，我們現在是不寫作「倡」的，但先前兩字通用，
> 大約劉先生引據的是古書。不過要引古書，我記得《詩經》
> 裏有一句「倡予和女」，好像至今還沒有人解作「自己也做
> 了婊子來應和別人」的意思。所以那一個錯字，錯而已矣，
> 可笑可鄙卻不屬於它的。還有一句是──「幸『萌科學思想
> 之芽』。」

劉半農拿中學生的錯別字寫打油詩，自然是過於刻薄了一些。魯迅在接下來的話語中，拿老朋友的打油詩上綱上線，也同樣有些苛刻：

五四運動時候,提倡(劉先生或者會解作「提起婊子」來的罷)
白話的人們,寫錯幾個字,用錯幾個古典,是不以為奇的,
但因為有些反對者說提倡白話者都是不知古書,信口胡說的
人,所以往往也做幾句古文,以塞他們的嘴。但自然,因為
從舊壘中來,積習太深,一時不能擺脫,因此帶著古文氣息
的作者,也不能說是沒有的。

當時的白話運動是勝利了,有些戰士,還因此爬了上去,但
也因為爬了上去,就不但不再為白話戰鬥,並且將它踏在腳
下,拿出古字來嘲笑後進的青年了。因為還正在用古書古字
來笑人,有些青年便又以看古書為必不可省的工夫,以常用
文言的作者為應該模仿的格式,不再從新的道路上去企圖發
展,打出新的局面來了。

劉半農去世之後,魯迅又於1934年8月15日以康伯度的署名,在
《申報・自由談》發表〈趨時和復古〉,以「拉車屁股向後」的罪名
批評劉半農晚年的「復古」和「沒落」:

古之青年,心目中有了劉半農三個字,原因並不在他擅長音
韻學,或是常做打油詩,是在他跳出鴛蝴派,罵倒王敬軒,
為一個「文學革命」陣中的戰鬥者。然而那時有一部分人,
卻毀之為「趨時」。時代到底好像有些前進,光陰流過去,
漸漸將這謚號洗掉了,自己爬上了一點,也就隨和一些,於
是終於成為乾乾淨淨的名人。但是,「人怕出名豬怕壯」,

他這時也要成為包起來作為醫治新的「趨時」病的藥料了。這並不是半農先生獨個的苦境，舊例著實有。……康有為永定為復辟的祖師，袁皇帝要嚴復勸進，孫傳芳大帥也來請太炎先生投壺了。原是拉車前進的好身手，腿肚大，臂膊也粗，這回還是請他拉，拉還是拉，然而是拉車屁股向後，這裏只好用古文，「嗚呼哀哉，尚饗」了。

　　魯迅所說的劉半農自認「沒落」，見於1934年6月5日發表在《人間世》第5期的〈半農雜文自序〉，其中既有反駁話語：「要是有人根據了我文章中的某某數點而斥我為『落伍』，為『沒落』，我是樂於承受的。」更有「留得一個我在」的正面闡述：「一個人的思想情感，是隨著時代變遷的，……所謂變遷，是說一個人受到了時代的影響所發生的自然的變化，並不是說抹殺了自己專門去追逐時代。」

　　正如魯迅此前在〈為半農題記《何典》後，作〉中所介紹的那樣，劉半農的「正業」是音韻學，而且他最終也是為了「正業」以身殉職的。在從事「正業」的同時，劉半農雖然沒有了《新青年》時代衝鋒陷陣的銳氣，卻並沒有完全喪失其戰鬥精神和人文追求。在他去世前不久的1934年5月13日，他還在南京《民生報》發表雜文〈南無阿彌陀佛戴傳賢〉，針對國民黨考試院長戴季陶「將令全國百姓心，不願為人願為鬼」的倒行逆施，給予揭露和批判。

　　關於劉半農的「正業」連同「正業」之外的諸多貢獻，「紹興蔡元培撰文、餘杭章炳麟篆額、吳興錢玄同書丹」的〈故國立北京大學教授劉君碑銘〉中介紹說：「二十年任北京大學文學院研究教授，君

於是創制劉氏音鼓甲乙兩種，乙二聲調推斷尺。四聲摹擬器，審音鑒古准，以助語音與樂律之實驗；作調查中國言音音標總表，以收蓄音庫之準備；仿漢日晷儀理意，制新日晷儀，草編纂『中國大字典』計劃；參加西北科學考察團，任整理在居延海發現之漢文簡牘。雖未能一一完成，然君盡瘁於科學之成績已昭然可睹，而君仍不懈於文藝之述造；如《半農雜文》及其它筆記調查錄等，所著凡數十冊。旁及書法，攝影術，無不粹美。可謂有兼人之才矣！」[註18]

蔡元培、章太炎（炳麟）是魯迅的前輩師長，錢玄同是魯迅的昔日的同學、同鄉和同事，以三個人的名義給予劉半農的蓋棺論定，可以說是證據確鑿。無論是「正業」還是「副業」，晚年劉半農都堪稱是具有建設性的「前驅」，而不完全是「拉車屁股向後」的落伍者。魯迅對於劉半農的相關評價，顯然包含著過度情緒化的個人恩怨。

劉半農逝世後，被安葬在北京西郊的香山玉皇頂大木坨。整個墓地由時任北京市務局長的汪申伯規劃設計，漢白玉墓塚的正面有劉半農的浮雕頭像，雕像下方是黃賓虹書寫的篆字「劉半農先生貌像」，左右側雕是劉半農生前創制的「聲調推斷尺」和仿西漢的「日晷」圖像。墓碑由蔡元培、章太炎、吳稚暉、錢玄同、沈兼士、周作人、魏建功、馬衡等人合作完成。

到了所謂史無前例的「文化大革命」期間，被魯迅認定為「拉車屁股向後」的劉半農，自然變成了歷史罪人，他的墓碑遭受破壞，直到1982年才得以重新修復。與被拋棄在新基碑不遠處的舊墓碑殘片相比，新墓碑永遠喪失了舊墓碑精雕細刻的韻味和魅力。

## 【註釋】

註1： 本文原載《長城》2006年第3期。1917年10月16日，劉半農在致錢玄同信中談到陷入停頓的《新青年》時寫道：「比如做戲，你，我、獨秀，適之，四人，當自認為『台柱』，另外再多請名角幫忙，方能『壓得住座』。」由此可知，陳獨秀、胡適、錢玄同、劉半農四個人，才是《新青年》同人團隊的核心人物。見《劉半農散文經典》第232頁，印刷工業出版社，2001年3月。

註2： 《周作人日記》上冊，鄭州：大象出版社，1996年，第695頁。

註3： 馬嘶：《學人往事》，北京：時事出版社，2000年6月，第58頁。

註4： 羅家倫：〈蔡元培時代的北京大學與五四運動〉，落款日期為1931年8月26日，原載台灣《傳記文學》第54卷第5期，1978年5月。

註5： 《魯迅全集》第14卷，北京：人民文學出版社，1981年，第306頁。

註6： 周作人著、止庵編《關於魯迅》，新疆人民出版社，1997年，第265頁。

註7： 《過去的工作》，河北教育出版社，2002年，第74頁。

註8： 《魯迅全集》第7卷，第297頁。

註9： 《魯迅全集》第3卷，第303頁。

註10： 《魯迅全集》第11卷，第559頁。

註11： 《周作人早年佚簡箋注》，成都：四川文藝出版社，1992年，第25頁。

註12： 《合肥晚報》，2002年9月5日。

註13： 胡適《丁文江的傳記》，台北：遠流出版公司，1986年重印本，第125頁。

註14： 《周作人早年佚簡箋注》，第405頁。

註15： 參見《魯迅全集》第4卷第174頁注釋11。高一涵的原話是：「我二十四分的希望一般文人收起互罵的法寶，……既不敢到天橋去，又不敢不罵人，所以專將法寶在無槍階級的頭上亂祭，那末，罵人誠然是罵人，卻是高傲也難乎其為高傲罷。」

註16：《魯迅全集》第12卷，第122頁。

註17：〈跳舞與密斯──劉對其主張之解釋〉，《世界日報》1931年4月1日。

註18：劉小蕙著《父親劉半農》，上海人民出版社，2000年9月。

## 魯迅筆下的孫中山

**孫中**山生前與《新青年》同人中的蔡元培、陳獨秀、胡適、李大釗，都有過直接交往與合作，他對於「託名」魯迅的《新青年》同人、教育部僉事周樹人，卻沒有留下任何印象。出現在魯迅筆下的孫中山，也與普通人的理解大不相同。

### 一、〈中山先生逝世後一周年〉

孫中山比魯迅大15歲，兩個人都是被奉為楷模的歷史人物。魯迅在孫中山生前，雖然站在國民黨一邊，直接參與了國民黨元老李石曾、吳稚暉、徐謙、易培基等人所發動的驅逐女師大校長楊蔭榆的學界風潮，卻從來沒有在作品中提到孫中山的名字。

魯迅第一次公開談到孫中山，是寫作於1926年3月10日的〈中山先生逝世後一周年〉。這是他應國民黨北京黨部的機關報《國民新報》的約稿，為「孫中山先生逝世周年紀念特刊」而寫的紀念文章。文章通過

對於「我們大多數的國民」的貶低否定，把孫中山抬高為整個中華民國的「第一人」：「凡是自承為民國的國民，誰有不記得創造民國的戰士，而且是第一人的？但我們大多數的國民實在特別沉靜，真是喜怒哀樂不形於色，而況吐露他們的熱力和熱情。因此就更應該紀念了；因此也更可見那時革命有怎樣的艱難，更足以加增這紀念的意義。」

接下來，魯迅把矛頭指向「幾個論客」：「記得去年逝世後不很久，甚至於就有幾個論客說些風涼話。是憎惡中華民國呢，是所謂『責備賢者』呢，是賣弄自己的聰明呢，我不得而知。但無論如何，中山先生的一生歷史俱在，站出世間來就是革命，失敗了還是革命；中華民國成立之後，也沒有滿足過，沒有安逸過，仍然繼續著進向近於完全的革命的工作。直到臨終之際，他說道：革命尚未成功，同志仍須努力！」

為了證明孫中山的「革命」精神，魯迅還專門引用了蘇聯共產黨領袖人物托洛茨基的觀點：「他是一個全體，永遠的革命者。無論所做的那一件，全都是革命。無論後人如何吹求他，冷落他，他終於全都是革命。為什麼呢？托洛斯基曾經說明過什麼是革命藝術。是：即使主題不談革命，而有從革命所發生的新事物藏在裏面的意識一貫著者是；否則，即使以革命為主題，也不是革命藝術。」

按照《魯迅全集》的注釋，所謂「幾個論客說些風涼話」，首先是1925年4月2日《晨報》所載署名「赤心」的文章〈中山……〉，其中寫道：「孫文死後，什麼『中山省』、『中山縣』、『中山公園』等等名稱，鬧得頭昏腦痛，……索性把『中華民國』改為『中山民

國』，……『亞細亞洲』改稱『中山洲』，……『國民黨』改稱『中山黨』，最乾脆，最切當。」其次是1925年3月13日《晨報》所載梁啟超的答記者問〈孫文之價值〉，「也誣衊孫中山先生一生『為目的而不擇手段』，『無從判斷他的真價值』。」[註1]

　　值得一提的是，當年的魯迅與孫中山一樣是主張「為目的而不擇手段」的一名「戰士」。他在寫給許廣平的原信中表白說：「倘人權尚無確實保障的時候，兩面的眾寡強弱，又極懸殊，則又作別論才是。……叫喊幾聲的人獨要硬負片面的責任，如孩子脫衣以入虎穴，豈非大愚麼？……我以為只要目的是正的——這所謂正不正，又只專憑自己判斷——即可用無論什麼手段，而況假名真名之小事也哉，……」[註2]

　　在寫於1933年12月28日的〈答楊邨人先生公開信的公開信〉中，魯迅面對來自郭沫若、成仿吾、李初梨、潘梓年、蔣光赤等「革命文學家」的政治圍剿，依然堅持這一觀點：「革命者為達目的，可用任何手段的話，我是以為不錯的，所以即使因為我罪孽深重，革命文學的第一步，必須拿我來開刀，我也敢於咬著牙關忍受。殺不掉，我就退進野草裏，自己舐盡了傷口的血痕，決不煩別人傅藥。」

## 二、〈中山大學開學致語〉

　　〈中山大學開學致語〉，是廣州中山大學教務長兼文科教授魯迅，專門為1927年3月出版的《國立中山大學開學紀念冊》寫作的表態文章，這也是他第二次公開提到孫中山的名字：「中山先生一生致力於國民革命的結果，留下來的極大的紀念，是：中華民國。但是，

孫中山與宋慶齡的合影。

『革命尚未成功』。為革命策源地的廣州，現今卻已在革命的後方了。設立在這裏，如校史所說，將『以貫徹孫總理革命的精神』的中山大學，從此要開始他的第一步。那使命是很重大的，然而在後方。中山先生卻常在革命的前線。……結末的祝詞是：我先只希望中山大學中人雖然坐著工作而永遠記得前線。」註3

中山大學「貫徹孫總理革命的精神」，其實就是中國教育史上頗為著名的「黨化教育」。在為中山大學專門負責「黨化教育」的政治訓育部所編印的《政治訓育》第7期「黃花節特號」而寫的〈黃花節的雜感〉中，魯迅再一次提到孫中山。

所謂「黃花節」，就是用來紀念1911年4月27日即陰曆3月29日在廣州起義中犧牲的黃花崗七十二烈士的節日。中華民國成立後，曾經把每年的西曆3月29日定為「黃花節」。魯迅在文章中寫道：「黃花節將近了，必須做一點所謂文章。但對於這一個題目的文

章，教我做起來，實在近於先前的在考場裏『對空策』。因為，──說出來自己也慚愧，──黃花節這三個字，我自然明白它是什麼意思的；然而戰死在黃花岡頭的戰士們呢，不但姓名，連人數也不知道。」[註4]

為了表示自己與國民黨當局在「黨化教育」方面立場一致，魯迅回憶說：「我還沒有親自遇見過黃花節的紀念，因為久在北方。不過，中山先生的紀念日卻遇見過了：在學校裏，晚上來看演劇的特別多，連凳子也踏破了幾條，非常熱鬧。用這例子來推斷，那麼，黃花節也一定該是極其熱鬧的罷。」

為了達到「訓育」的目的，魯迅特別談到孫中山的政治遺囑：「以上的所謂『革命成功』，是指暫時的事而言；其實是『革命尚未成功』的。革命無止境，倘使世上真有什麼『止於至善』，這人間世便同時變了凝固的東西了。不過，中國經了許多戰士的精神和血肉的培養，卻的確長出了一點先前所沒有的幸福的花果來，也還有逐漸生長的希望。倘若不像有，那是因為繼續培養的人們少，而賞玩，攀折這花，摘食這果實的人們倒是太多的緣故。」

查《魯迅日記》，1925年3月12日孫中山逝世當天的記錄是：「晴。上午寄趙其文信。復許廣平信。得梁生為信。午高歌來，……晚為馬理子付山本醫院入院費三十六元二角。晚呂蘊儒、向培良來，贈以《苦悶之象徵》各一本。」1926年3月12日孫中山逝世一周年時的記錄是：「晴，午後得寄野信，即復。晚紫佩來。」在1926年3月12日前後，《魯迅日記》中並沒有留下參加大型集會或觀看演劇的記錄。所謂「中山先生的紀念日卻遇見過」，在魯迅自己的《日記》中，並沒有留下確鑿的文本依據。

由於拒絕與《語絲》周刊同人、前廈門大學同事顧頡剛在中山大學共事，魯迅於1927年4月21日憤然辭職並且搬出中山大學。在他此後發表的文章中，再也沒有出現孫中山的名字。

## 三、孫中山的「足不履危地」

魯迅筆下最早出現孫中山的名字，是在1925年4月8日致許廣平的私信中：「改革最快的還是火與劍，孫中山奔波一世，而中國還是如此，最大原因還在他沒有黨軍，因此不能不遷就有武力的別人。」[註5]

魯迅筆下最後出現孫中山的名字，是在1935年2月24日致楊霽雲信中：「中山革命一世，雖只往來於外國或中國之通商口岸，足不履危地，但究竟是革命一世，至死無大變化，在中國總算是好人。假使活在此刻，大約必如來函所言，其實在那時，就已經給陳炯明的大炮擊過了。」

「足不履危地」，是魯迅對於孫中山最為真切的蓋棺定論。比起「只往來於外國或中國之通商口岸，足不履危地」的孫中山，黃興、陳炯明、趙聲、秋瑾、徐錫麟這些人，才稱得上是「常在革命的前線」衝鋒陷陣的革命鬥士。

長期居住在大上海的日本租界區的魯迅，之所以要指出孫中山的「足不履危地」，根源於他極為複雜的革命意識。1928年，他在江灣實驗中學演講時回憶說：「人家叫我去革命，我卻要問『你呢』，當我年青時，人家叫我去暗殺，暗殺之後怎麼樣呢，我想不出……」[註6]

另據增田涉介紹，魯迅晚年曾對他說過，「他在從事反清革命運動的時候，上級命令他去暗殺某要人，臨走時，他想，自己大概將被

捕或被殺吧，如果自己死了，剩下母親怎樣生活呢，他想明確知道這點，便向上級提出了，結果是説，那樣地記掛著身後的事情，是不行的，還是不要去吧。」然而，當增田涉把這段話寫入《魯迅傳》並請魯迅審定時，魯迅把它刪除了。[註7]

在此之前，魯迅也曾經向許廣平表白説：「革命者叫你去做，你只得遵命，不許問的，我卻要問，要估量這事的價值，所以我不能做革命者。」[註8]

當許廣平問到關於暗殺的意見時，魯迅回答説：「第一，這不是少數人所能做，而這類人現在不多，即或有之，更不該輕易用去；還有，是縱使有一二回類此的事件，實不足以震動國民，他們還很麻木，……第二，我的脾氣是如此的，自己沒有做的事，就不大贊成。」[註9]

在〈學界的三魂〉中，魯迅對於暴力革命另有解釋：「中國人的官癮實在深，……總而言之：那魂靈就在做官，——行官勢，擺官腔，打官話。頂著一個皇帝做傀儡，得罪了官就是得罪了皇帝，於是那些人就得了雅號曰『匪徒』。學界的打官話是始於去年，凡反對章士釗的都得了『土匪』，『學匪』，『學棍』的稱號，……然而國情不同，國魂也就兩樣。記得在日本留學時候，有些同學問我在中國最有大利的買賣是什麼，我答道：『造反。』他們便大駭怪。在萬世一系的國度裏，那時聽到皇帝可以一腳踢落，就如我們聽説父母可以一棒打殺一般。」

在隨後寫作的〈通信〉裏，魯迅又表白説：「我到中山大學的本意，原不過是教書。然而有些青年大開其歡迎會。我知道不妙，所以

首先第一回演説，就聲明我不是什麼『戰士』，『革命家』。倘若是的，就應該在北京，廈門奮鬥；但我躲到『革命後方』的廣州來了，這就是並非『戰士』的證據。不料主席的某先生——他那時是委員——接著演説，説這是我太謙虛，就我過去的事實看來，確是一個戰鬥者，革命者。於是禮堂上劈劈拍拍一陣拍手，我的『戰士』便做定了。拍手之後，大家都已走散，再向誰去推辭？我只好咬著牙關，背了『戰士』的招牌走進房裏去，想到敝同鄉秋瑾姑娘，就是被這種劈劈拍拍的拍手拍死的。我莫非也非『陣亡』不可麼？」註10

史沫特萊、蕭伯納、宋慶齡、蔡元培、伊羅生、林語堂、魯迅1933年合影。

由此可知，在魯迅的革命意識中，是充滿著行動上的拒絕與思想上的懷疑的，用他自己的話說：「凡做領導的人，一須勇猛，而我看事情太仔細，一仔細，即多疑慮，不易勇往直前，二須不惜用犧牲，而我最不願使別人做犧牲（這其實還是革命以前的種種事情刺激的結果），也就不能有大局面，……」註11

　　魯迅筆下的孫中山，只是他的一家之言。要評價孫中山在中國政治史上不可替代的歷史貢獻和歷史地位，應該依據他作為同盟會創始人和國民黨最高領袖的歷史事實，而不是「足不履危地」的片面事實，以及「在中國總算是好人」之類既不難以量化又難以操作的道德判斷。要評價魯迅在中國文學史上不可替代的歷史貢獻和歷史地位，也同樣不應該採用「足不履危地」的片面事實，以及「在中國總算是好人」之類的道德判斷，而應該依據他作為現代雜文和現代短篇小説的開拓者的歷史事實。

**【注釋】**

註1：《魯迅全集》第7卷，北京：人民文學出版社，1981年，第294頁。

註2：《兩地書》原信十九，1925年5月3日，《兩地書全編》，杭州：浙江文藝出版社，1998年，第398頁。

註3：《魯迅全集》第8卷，第159頁。

註4：《魯迅全集》第3卷，第409頁。

註5：《兩地書》原信十，1925年4月8日，《兩地書全編》，第411頁。

註6：辛曉徵著《國民性的締造者——魯迅》，湖北教育出版社，2000年，第35頁。

註7：增田涉作，卞立強譯〈魯迅與「光復會」〉（節譯），《魯迅研究資料》第2期，北京：文物出版社，1977年，第340頁。

註8：景宋：〈民元前的魯迅先生〉，引自王曉明《無法直面的人生——魯迅傳》，上海文藝出版社，2001年5月第2版，第34頁。「景宋」即許廣平。

註9：《兩地書》原信十二，1925年4月14日，《兩地書全編》，第415頁。

註10：《魯迅全集》第3卷，第446頁。

註11：《兩地書》原信八，1925年3月31日，《兩地書全編》，第406頁。

# 周作人對傅斯年的全盤否定

**在王**富仁、石興澤編選的《諤諤之士──名人筆下的傅斯年‧傅斯年筆下的名人》一書中，前半部分共收錄29位名人回憶傅斯年的38篇文章，其中只有周作人的〈新潮的泡沫〉、〈傅斯年〉兩篇文章對傅斯年採取了全盤否定的態度。正是這樣的兩篇文章，更加真切地展現了周作人與傅斯年的精神面貌。

## 一、周作人的「反復顛倒」

1949年，周作人在歷史拐點上以一篇〈關於紹興師爺〉，公開展示了自己在文壇鬥爭中戰無不勝的「刀筆的秘訣」：「筆記中說老幕友講刀筆的秘訣，反復顛倒無所不可，有云欲使原告勝者，曰彼如不真吃虧，何至來告狀；欲使被告勝，則斥原告曰：彼不告而汝來告狀，是汝健訟也。欲使老者勝，曰不敬老宜懲。欲使少者勝，則曰：年長而不慈幼，何也（彷彿是紀曉嵐所說，但查過閱微五記卻又不見）。」[註1]

把這段話翻譯成白話文，意思是總要躲藏在暗箱黑幕中操縱權力運作的紹興師爺，在處理各種案件時永遠正確的根本祕訣，就在於「反復顛倒無所不可」。紹興師爺想讓原告勝訴，他會說：「這個人要不是吃了虧，何必來告狀呢？」他想讓被告勝訴，就會斥責原告說：「人家被告不來告狀，你這個原告卻偏要告狀，肯定是你善於惹事生非打官司！」他要想讓老年人勝訴，就會對年輕人說：「你不尊敬老年人就應該受到懲罰！」他想讓年輕人勝訴，又會質問老年人說：「你那麼大年紀不知道愛護年輕人，是什麼道理呢？！」

一向理性平和卻偏偏被判定為「漢奸」的周作人之所以要寫作這樣一篇文章，並不是為了洗心革面、重新做人，而是為了承前啟後、與時俱進。他不久後相繼發表的〈新潮的泡沫〉和〈傅斯年〉，就是「反復顛倒無所不可」的最佳證據。他在〈新潮的泡沫〉中寫道：

> 在五四前一年，傅斯年、羅家倫回應《新青年》，發起《新潮》月刊，請學校幫助。羅是北大英文系學生，傅則是中文系，是黃季剛的高足之人，那時陳獨秀為文科學長，便很懷疑，曾對人說道，他們不會是來做間諜的麼？可是蔡子民、胡適之都是主張與人為善的，所以准許了印刷費暫由學校墊付，並代為發行。五四那年他們光榮地參加了運動，也光榮地畢了業，派往西洋留學，後來歸國之後因了新的舊的這些資格，立即飛黃騰達，各奔前程，傅羅的名字以後不再連在一起了。羅一起頭就鑽進了國民黨裏，做了蔣介石的幫閒，從北伐以來二十幾年中，要說他做過什麼好事情，也可以說

有一件，那便是北海門外橋上的高牆，據他自己說，是蔣還駐在長辛店火車裏那時，由他請其即下手諭拆除。羅雖是文化運動出身，可是很有點鄙陋，錢玄同見過他的西文名片，寫作羅斯福羅，每相見的時候，常要叫這個名字，開他的玩笑。……

羅家倫不失為真小人，比起傅斯年的偽君子來，還要好一點。羅是公開的國民黨，傅乃標榜無黨派，以「社會賢達」的頭銜出現，替蔣二禿子出力更為有效，所以羅只配稱作幫閒，而傅實在乃是幫兇了。傅是個外強中乾的人，個子很大，膽則甚小，又怕人家看出他懦弱卑劣的心事，表面上故意相反地顯示得大膽，動不動就叫囂，人家叫他傅大炮，這正中了他的詭計。可是事實勝於雄辯，有一回他做文章大罵宋子文，這本是狗咬狗的玩藝兒，後邊有人給他撐腰，原是有恃無恐，但是老蔣一泡尿撒下去，他的炮就不響了，預告要做四篇，只出了一篇即戛然中止，這是近三兩年中看報的人都還記得的事情。他始終打著北大、蔡孑民、胡適之的旗號，在文化文物上做特務的工作，近來的傑作是與朱家驊、王世杰勾結了，給蔣記盜運北京文物往美國，去年為郭沫若、馬衡等人所舉發，通電布告朱、王、傅三名為戰犯，那時他已逃往台灣，投靠陳誠去了。因為陳誠是他的至親，所以他做了台大校長，特別有力量，那邊的學生與知識份子很吃他的許多的虧，那是可以預期想得到的。自海南島與舟山相繼解放，台灣一隅岌岌可危，匪幫大小頭目已見動搖，各

思逃竄自找生路，據說傅某也在設法離台，這是很有意義的一個消息，傅是一個膽小敏感的人，他的急想逃命正是很好的證據，足見樹倒猢猻散之迫在眉睫了。[註2]

半年之後，周作人得知傅斯年因病去世，又在〈傅斯年〉中寫道：「傅大胖子最初以黃（侃）門弟子的資格參加《新青年》運動，摶得胡博士的信賴，雖然有陳獨秀懷疑他是來做偵探的，也阻擋他不住，終於由此起家，鑽進國民黨裏去。其實那時誰也不曉得他是假的，魯迅同他不曾見過，但在《新潮》時代頗為看重他。《時事新報》其時還在反對新文化運動。由沈泊塵畫過兩張小漫畫，第一張畫出一個侉相的傅斯年從屋裏扔出孔子牌位來，第二張則正捧著一個木牌走進去，上書易卜生夫子之神位，魯迅看了大不以為然，以後對於《學燈》也就一直很有意見。（他反對研究系及其流派，大概別是一部分理由。）」[註3]

為了證明傅斯年確實是一名「偽君子」，周作人進一步檢舉說：毛子水在德國時與傅斯年住在一起，經常聽到他痛罵秋水軒一派的文章，有一天在傅的枕頭下面看到一本為他所痛罵的《秋水軒尺牘》，覺得有些意外，「便替他宣傳了一番」。

1960年12月10日，周作人經曹聚仁介紹開始為香港《新晚報》寫作回憶性短文，這就是後來結集出版的《知堂回想錄》。其中關於傅斯年又有了新的說法：「《新潮》的主幹是傅斯年，羅家倫只是副手，才力也較差，……陳獨秀雖自己在編《新青年》，卻不自信有這樣的法力，在那時候曾經問過我，『他們可不是派來做細作的麼？』

我雖然教過他們這一班，但實在不知底
細，只好成人之美說些好話，說他們既
然有意學好，想是可靠的吧。結果仲甫
的懷疑到底是不錯的，他們並不是做細
作，卻實在是投機。『五四』以後羅家
倫在學生會辦事也頗出力，及至得到學
校的重視，資送出洋，便得到高飛的機
會了。」註4

　　關於這件事，周作人此前在1945
年的〈紅樓內外〉中另有介紹：「學生
中間所辦的新刊物則有《新潮》，是回
應《新青年》的文學革命運動而起來
的，由國文系傅某英文系羅某主持其
事。傅本是黃季剛派的重要學生，這時
來了一個兩直角的轉變，陳獨秀當時便
很有點懷疑，是不是那方面的第五縱隊
呢。……這中間的事只是得諸傳聞，大
概由於胡博士的保駕，學校對於傅羅的
計劃加以贊可，為之墊款印刷發行，前
後一共出了三期。」註5

　　同一件事出自同一個人的手筆，
15年間竟然由「得諸傳聞」的「胡博
士的保駕」，變而為「蔡孑民、胡適之

傅斯年的工作照。

都是主張與人為善」，再變而為周作人自己的「成人之美說些好話」。紹興師爺「反復顛倒無所不可」的刀筆手段，於此即可見出一斑。

## 二、《新青年》時代的傅斯年

傅斯年字孟真，山東聊城人，他的先祖是清代開國狀元，官至武英殿大學士、兵部尚書，傅氏家族因此成為聊城望族。傅斯年的祖父少負才名，博通經文及詩文書畫，年僅17歲便被選為拔貢，卻終生不肯參加廷試換取一官半職。傅斯年的父親傅旭安，中舉之後不肯入仕做官，甘心以教書為業，不幸在傅斯年9歲時英年早逝。

父親去世後，傅斯年得到父親的得意弟子侯雪舫的資助，於1909年考入天津府立中學堂，1913年考入北京大學預科，1916年升入本科國文門。到了1918年1月，正式改版為同人刊物的《新青年》4卷1號，專門為青年學生設立「讀者論壇」，第一次刊登的是傅斯年的〈文學革新申義〉和羅家倫的〈青年學生〉。

〈文學革新申義〉是對於胡適的〈文學改良芻議〉和陳獨秀的〈文學革命論〉的正面回應。傅斯年在文章中寫道：「中國文學之革新，醞釀已十餘年。去冬胡適之先生草具其旨，揭於《新青年》，而陳獨秀先生和之。時會所演，從風者多矣。……欲求新說之推行，自必於舊者之不合時宜處，重申詳繹，方可奏功。然則破壞一端，尚未完全過去。此篇所說，原無宏旨，不過反覆言之，期於共喻而已。」

按照胡適的回憶，這篇文章是經他編輯校閱後公開發表的。傅斯年是「最能瞭解當時新思潮新文化運動的人」，同時又是胡適在北大中國哲學系從事「思想造反」的「保駕人」：「那時候，孟真在學校

裏已經是一個力量。那些學生們就請他去聽聽我的課，看看是不是應該趕走。他聽了幾天以後，就告訴同學們説：『這個人書雖然讀得不多，但他走的這一條路是對的。你們不能鬧。』」[註6]

　　另據羅家倫回憶，自己與傅斯年走到一起，與胡適的提攜直接相關：「我和孟真是1917年開始在北京大學認識的。他經過三年標準很高的北大預科的訓練以後，升入文科本科，所以他的中國學問的基礎很好，而且瀏覽英文的能力很強。這是一件研究中國學問的人不容易兼有的條件。我是從上海直接考進文科本科的學生，當時讀的是外國文學，和他的中國文學雖然隔系，可是我們兩個在學問方面都有貪多務得的壞習慣，所以常常彼此越系選科，弄到同班的功課很多，就在哲學系方面，也同過三樣功課的班。我們開始有較深的瞭解，卻在胡適之先生家裏。那時我們常去，先則客客氣氣的請教受益，後來竟成為討論爭辯肆言無忌的地方。適之先生甚驚異孟真中國學問之博與精，和他一接受以科學方法整理舊學以後的創獲之多與深。適之先生常是很謙虛地説，他初進北大做教授的時候，常常提心吊膽，加倍用功，因為他發現許多學生的學問比他強。」[註7]

　　傅斯年對於《新青年》及新文化運動的參與是全方位的。關於最為重要也最具可操作性的白話文寫作，他先後發表過〈文言合一草議〉、〈怎樣做白話文〉、〈白話文與心理的改革〉等多篇文章加以鼓吹，從而贏得胡適的充分肯定：「直到《新潮》之後，傅斯年先生在他的〈怎樣做白話文〉裏，才提出兩條最重要的修正案。……近年白話文學的傾向是一面大膽的歐化，一面又大膽的方言化，就使白話文更豐富了。傅先生指出的兩個方向，可以説是都開始實現了。」[註8]

關於文字改革，傅斯年針對前輩學者吳稚暉「漢字決不能改用拼音文字」的極端觀點，在〈漢語改用拼音文字初步談〉一文中以同樣極端的話語聲援陳獨秀、胡適、錢玄同說：「1、漢字應當用拼音文字替代否？答：絕對的應當。2、漢字能用拼音文字表達否？答：絕對的可能。……我決不主張逕拼羅馬字母作為我們拼音文字的字母，因為羅馬字母不夠漢語用的。我更不主張僅僅拼音，我主張必須造全不含混的拼音字母。」他的這篇文章，後來被錢玄同稱讚為「『漢字革命軍』的第一篇檄文」。註9

關於傳統戲曲，傅斯年既不像北大同學張厚載那樣堅決捍衛，也不像老師輩的錢玄同、劉半農、魯迅、周作人那樣全盤否定，而是相對理性地表態說：「我們固不能說，凡是遺傳的都要不得；但是與其說歷史的產品，所以可貴，毋寧說歷史的產品，所以要改造。」註10

傅斯年對於新文化運動的最為重要的貢獻，是在北大學生中領銜創辦了《新青年》的姊妹刊物《新潮》。在《新潮》創刊號中刊登有三份社告，〈社告一〉明確宣布願投稿者應該注意的如下事項：1、須與本志有精神上之同情；主張可不必與社論一致。2、文詞須用明顯之文言，或國語，其古典主義之駢文與散文，概不登載。3、句讀須用西式。4、小說、詩、劇等文藝品，尤為歡迎；但均以白話新體為限。……8、同人皆青年求學者，愧無金錢之報酬，但能以本志奉贈。

在〈社告三〉中，以姓名筆畫的簡繁順序公布了創刊社員的名單：毛准（子水）、成平（舍我）、汪敬熙（緝齋）、吳康（敬軒）、俞平伯（平伯）、高元（永元）、徐彥之（子俊）、黃建中（離明）、張松年（申甫）、陳兆疇（穗庭）、陳嘉藹（杭甫）、康白情（白情）、傅

斯年（孟真）、楊振聲（金甫）、劉敵（名洋）、潘元耿（元耿）、潘家洵（介泉）、戴嶽（毓峰）、譚鳴謙（誠齋）、羅家倫（志希）、顧頡剛（頡剛）。其中編輯部由傅斯年（主任編輯）、羅家倫（編輯）、楊振聲（書記）組成。幹事部由徐彥之（主任幹事）、康白情（幹事）、俞平伯（書記）組成。

在傅斯年執筆的〈新潮發刊旨趣書〉中另有如下介紹文字：「《新潮》者，北京大學學生，集合同好，撰輯之月刊雜誌也。……本志主張，以為群眾不宜消滅個性；故同人意旨，盡不必一致；但挾同一之希望，遵差近之途徑，小節出入，所不能免者。若讀者以『自相矛盾』見責，則同人不特不諱言，且將引為榮幸。又本志以批評為精神，不取乎『庸德之行，庸言之謹。』若讀者以『不能持平』騰誚，則同人更所樂聞。……大學學生二千人，同人則不逾二十，略含私人集合之性質。所有言論，由作者負之，由社員共同負之。苟有急進之詞，自是社中主張，斷不可誤以大學通身當之。」

由於「五四運動」的爆發，《新潮》雜誌出版5期後停刊4個月，1919年9月又接著出版2卷1號。傅斯年在該期發表〈《新潮》之回顧與前瞻〉，較為翔實地介紹了該雜誌的創辦歷程：

> 民國六年的秋天，我和顧頡剛君住在同一宿舍同一號裏，徐彥之君是我們的近鄰。我們幾個人每天必要閒談的。有時說到北京大學的將來，我們抱很多的希望，覺得學生應該辦幾種雜誌；……頡剛的朋友潘介泉君，我的朋友羅志希君，常加入我們這閒談。……七年的秋天，子俊和我又談起

這層事；……子俊就和文科學長陳獨秀先生商量了一次，陳先生說，「只要你們有辦的決心，和長久支持的志願，經濟方面，可以由學校擔負。」這是我們初料不及的，就約集同人，商量組織法了。最先和羅志希、康白情兩位研究辦法，其後有十多位同學加入，對這事都很有興味。胡適之先生做我們的顧問，我們很受他些指導。10月13日，開第一次預備會，決定我們要辦甚麼樣的雜誌，……子俊要把英文的名字定做。同時，志希要定它的中文名字做《新潮》。兩個名字恰好可以互譯。11月19日，開第二次會，把職員舉妥，著手預備稿件。李守常先生把圖書館的一個房間撥給了新潮社用。李辛白先生幫助我們把印刷發行等事布置妥協。本年1月1日，第一號出世了。

這是關於《新潮》創刊最為原始也最為真實的說明，與周作人「反復顛倒無所不可」的刀筆回憶完全不是一回事。

## 三、傅斯年與周氏兄弟

1919年1月11日，錢玄同在日記中寫道：「午前10至12時在大學上課，九至十時也有課，因為起遲告假了。尹默來，知『整頓大學』之說已歸消滅。獨秀已照常辦事了。大學生所辦之《新潮雜誌》第一冊已出版，中以傅孟真、羅志希兩君之文為最有精神。傅評馬夷初之《莊子札記》，羅評林琴南之譯小說，都說的很對。獨秀說六卷一號之《新青年》中有叔雅譯的赫克爾〈精神之不可思議〉，約一萬多字，此外稿件已經很多，15日可以寄發。」註11

　　錢玄同所說的「整頓大學」，直接得之於教育部祕書徐森玉。據1919年1月5日《錢玄同日記》記載，他和沈士遠、沈尹默兄弟及徐森玉四個人在中興茶樓吃晚飯，徐森玉談到有人「為大學革新求徐世昌來干涉。……有改換學長整頓文科之說。」

　　1月12日，《錢玄同日記》中另有「訪豫才兄弟，半農亦在」的記錄。周作人也在日記中寫道：「半農來，旋去。晚玄同來談，十一時去。」[註12]

　　錢玄同在拜訪魯迅、周作人兄弟的過程中，應該談到了剛剛出版的《新潮》雜誌。於是，在第二天的《周作人日記》中出現了「購《新潮》一本，致《新青年》稿」的記錄。

　　1919年1月16日，魯迅在日記中寫道：「曇。上午寄家信並泉六十，為齊壽山作衣費及年莫雜用。寄王式乾信。寄許季市信並《新潮》一冊。寄張梓生《新潮》一冊，代二弟發。」[註13]

　　同一天，魯迅在致許壽裳信中介紹說：「主張用白話者，近來似亦日多，但敵亦群起，四面八方攻擊者眾，而應援者則甚少，……大學學生二千，大抵暮氣甚深，蔡先生來，略與改革，似亦無大效，唯近來出雜誌一種曰《新潮》，頗強人意，只是二十人左右之小集合所作，間亦雜教員著作，第一卷已出，日內當即郵寄奉上（其內以傅斯年作為上，羅家倫亦不弱，皆學生。僕年來仍事嬉遊，一無善狀，但思想似稍變遷。」

　　1919年4月16日，魯迅在日記中寫道：「上午得錢玄同信，附李守常信。下午得傅孟真信，半農轉。」第二天，他的日記中又出現了「寄傅孟真信」的記錄。

在當年5月出版的《新潮》1卷5號中，以〈對於《新潮》一部分的意見〉為標題，刊登了落款時間為4月16日的魯迅來信及傅斯年的回信。魯迅在來信中寫道：

《新潮》每本裏面有一二篇純粹科學文，也是好的。但我的意見，以為不要太多；而且最好是無論如何總要對中國的老病刺他幾針，譬如說天文忽而罵陰曆，講生理終於打醫生之類。現在的老先生聽人說「地球橢圓」、「元素七十七種」，是不反對的了。《新潮》裏滿了這些文章，他們或者暗地高興。（他們有許多很鼓吹少年專講科學、不要議論。《新潮》三期通信內有史志元先生的信，似乎也上了他們的當。）現在偏要發議論，而且講科學，講科學仍發議論，庶幾乎他們依然不得安穩，我們也可以無告罪於天下了。總而言之，從三皇五帝時代的眼光看來，講科學和發議論都是蛇，無非前者是青梢蛇，後者是蝮蛇罷了；一朝有了棍子，就要打死喲。既然如此，自然還是毒重的好。——但蛇自己不肯被打，自然也不消說得。

《新潮》裏的詩寫景敘事的多，抒情的少，所以有點單調。此後能多有幾樣作風很不同的詩就好了。翻譯外國的詩歌也是一種要事，可惜這事很不容易。

〈狂人日記〉很幼稚，而且太逼促，照藝術上說，是不應該的。來信說得好，大約是夜間的飛禽都歸巢睡覺，所以單見蝙蝠能幹了。我自己知道實在不是作家，現在的亂嚷，是想

鬧出幾個新的創作家來，——我想中國總該有天才，被社會
擠到在底下，——破破中國的寂寞。

《新潮》裏的〈雪夜〉，〈這也是一個好人〉，〈是愛情還
是苦痛？〉（起首有點小毛病），都是好的。上海的小說家
夢裏也沒想到過。這樣下去，創作很有點希望。〈扇誤〉譯
的很好，〈推霞〉實在不敢恭維。

傅斯年在回信中，幾乎全面接受了魯迅的指導性意見：「先生想
鬧出幾個新的創作家來，實在是我們《新潮》創立的目的了。平情而
論，我們正當求學的時代，知識才力都不充足，不去念書，而大叫特
叫，實在對不起自己。但是現在的中國是再寂寞沒有的，別人都不肯
叫，只好我們叫叫，……所以人家罵我們『膽大妄為』，正是我們的
長處。所謂『日月出而爝火息』，正是我們要求的命運——但是日月
一時不出，爝火總不令他一時息去。」

關於魯迅的小說，傅斯年讚美説：「〈狂人日記〉是真好的。先
生自己過謙了。我們同社某君看見先生這篇文章，和安得涅大的〈紅
笑〉，也做了一篇〈新婚前後七日記〉。據我看來，太鬆散了。」

傅斯年與不願意公開真實身份的魯迅直接通信的動因，就在於他
對於〈狂人日記〉的熱烈崇拜。在此之前的《新潮》1卷4號中，傅
斯年已經發表落款時間為1919年3月10日的〈一段瘋話〉，成為公開
肯定魯迅小說的第一人：「魯迅先生所作〈狂人日記〉的狂人，對於
人世的見解，真個透徹極了，但是世人總不能不説他是狂人。哼哼！
狂人！狂人！耶穌、蘇格拉底在古代，托爾斯泰、尼采在近代，世人

261

何嘗不稱他做狂人呢？但是過了些時，何以無數的非狂人跟著狂人走呢？文化的進步，都由於有若干狂人，不問能不能，不管大家願不願意，一個人去闢不經人迹的路。最初大家笑他，厭他，恨他，一會兒便要驚怪他，佩服他，終結還是愛他，像神明一般的待他。⋯⋯我們應當敬從的是瘋子，最當親愛的是孩子。瘋子是我們的老師，孩子是我們的朋友。我們帶著孩子，跟著瘋子走——走向光明去。」

　　傅斯年與同學康白情、俞平伯，此前曾經一起聽過周作人講授的《歐洲文學史》課程。在《新潮》1卷5號中，傅斯年對於周氏兄弟所表現出的是全方位的積極回應。他在〈白話文學與心理的改革〉一文中寫道：

> 《每周評論》的第十一號裏，有仲密先生的一篇〈思想革命〉，我看了很受感動，覺得他所說的都是我心裏的話。⋯⋯至於我所謂新舊未定家，就是唐俟先生所謂「理想經驗雙全家，理想經驗未定家」。這都是識時務的俊傑！他們既不會拼命發揮自己的主義，也決不會拼命反對別人的主義——只會看風使舵。⋯⋯由此看來，白話文介殼的發展，順著時勢的遷流，幾年以內總會有點小成績，可以無疑了。
> 然而白話文學內心的命運卻很有問題。白話文學的內心應當是，人生的深切而又著明的表現，向上生活的興奮劑（近來看見《新青年》五卷六號裏一篇文章，叫做〈人的文學〉，我真佩服到極點了。我所謂白話文學內心，就以他所說的人道主義為本）。這真難辦到！⋯⋯

現在大家所談的文學革命，當然不專就藝術一方面論——若
是就藝術一方面而論，原不必費此神力——當然更要注重主
義一方面。文學革命第一聲炮放去，其中就有一種聲浪說
道：滅信仰，造信仰；滅道德，造道德；滅生活，造生活。
所以據我看來，胡適之先生的〈易卜生主義〉、周啟孟先生
的〈人的文學〉和〈文學革命論〉、〈建設的文學革命論〉
等，同是文學革命的宣言書。……
總而言之，真正的中華民國必須建設在新思想的上面。新思
想必須放在新文學的裏面。……只取抬高人生的文學，凡抬
高人生以外的文學，都是應該排斥的文學。

這篇文章中的「仲密先生」和「周啟孟先生」，就是〈思想革
命〉、〈人的文學〉的作者周作人。「唐俟先生」就是魯迅。在這期
《新潮》中，傅斯年還把周作人發表在《每周評論》的新詩〈背槍的
人〉、〈京奉車中〉予以轉載，並且專門以「記者」名義寫下「附
記」：「我們應該製造主義和藝術一貫的詩，不宜常常在新體裁裏放
進舊靈魂……，所以現在把《每周評論》裏的這兩首詩選入，作個
榜樣。」
在同一期雜誌的〈隨感錄〉中，傅斯年還挺身而出替隱身化名從
事寫作活動的周氏兄弟衝鋒陷陣：

《新青年》裏有一位魯迅先生和一位唐俟先生是能做內涵的
文章的。我固不能說他們的文章就是逼真托爾斯泰、尼采的

調頭，北歐中歐式的文學，然而實在是《新青年》裏一位健者。至於有人不能領略他的意思和文辭，是當然不必怪。果然我今天在上海一家報的什麼「潑克」上，看見罵他的新教訓，說「他頭腦不清楚，可憐」！……

像這位署名「記者」的新教訓真是驢唇不對馬嘴：若是把他原來的兩次罵人畫，一次罵廢漢字的是狗心，一吹罵某君崇拜外國偶像，而且「輕佻」、「狂妄」……等等，和魯迅先生對他作進步的美術家的要求一則隨感錄（見《新青年》六卷一號）、唐俟先生批評他的一則隨感錄（見《新青年》六卷二號），再加上他這一段新教訓，就真好看了。只可惜我們《新潮》沒有這些閒錢。魯迅先生對他作進步的美術家的要求，碰了一鼻灰；唐俟先生對他那畫裏說的讀羅馬字時，全是外國狗叫不以為然，他就說「一個問題」、「又一個問題」……（可憐）。他這心理原好分析，一則是不願長進，不願作有思想的諷刺畫，只要作無理性的罵人畫；二則是——或者——維持他們貴「潑克」罵人的專利；三則是不肯服氣（就是他們貴報所說的「怙惡」）。但是負氣還有什麼效果呢？他既然沒有什麼道理說，我現在當然也沒有什麼道理駁——況且我是局外人。

然而我覺得唐、魯兩位先生也不免多事。……畫春宮的以為春宮是美術；打臉譜的以為臉譜是美術，由他以為美術去就是了。

「潑克」是英語Puck的音譯，是英國民間傳說中喜歡惡作劇的小妖精的名字。1919年1月5日，沈泊塵在《時事新報》的〈潑克〉星期圖畫增刊中，發表毒罵錢玄同的六幅諷刺畫，其中有這樣的文字說明：「某新學家主張廢棄漢字」；「然習羅馬文又苦於格格不入，乃叩諸醫生問焉」；「醫生請以羅馬犬心易其心」；「其新學家易心後試讀羅馬拼音，人聆之則居然羅馬犬吠也！」

針對沈泊塵的人身攻擊，署名「魯迅」的〈隨感錄四十三〉和署名唐俟的〈隨感錄四十六〉先後給予反擊。筆者在〈周氏兄弟與新青年〉一文中，專門就此事進行過考證，其結論是：署名「魯迅」的〈隨感錄四十三〉其實是周作人的作品。署名唐俟的〈隨感錄四十六〉才是魯迅即教育部僉事周樹人的作品。有趣的是，以「局外人」身份在《新潮》1卷5號中為周氏兄弟衝鋒陷陣的傅斯年，若干年後反而變成周作人筆下的一名小丑。

## 四、從新潮社到北新書局

1919年12月16日，傅斯年、俞平伯等人離開北京，經上海赴歐洲留學。隨後，羅家倫、徐彥之、張申府等人也先後離京或出國。從2卷1號起《新潮》再也沒有按月出版。繼傅斯年、羅家倫、徐彥之等人之後接手新潮社的正負資產的，是已經在《新青年》雜誌中功成名就的北大教授周作人。

1920年10月28日，周作人在日記中寫道：「下午往大學，四時至公園赴新潮社常會，六時散。得新刊月報一份。」在這極其平淡的一行字中，所潛藏的卻是周氏兄弟後半生的經濟命脈。

在隨後出版的《新潮》2卷5號中，刊登有孟壽椿以記者名義發表的〈本社紀事〉，其中介紹了這次「新潮社常會」的來龍去脈：

本社最初僅發行新潮雜誌一種，自經去年十一月十九日全體社員議決（見二卷二號紀事），即積極為擴充成一學會之預備。發行叢書，籌備基金，均有成效。於是在京全體社員於本年八月十五日，開會議決正式改成學會，並備函通知各地社員。……

自經八月裏的大會議決恢復編輯部幹事部舊制後，當即通函京內外社員，請即照章選舉主任編輯及主任幹事各一人。截至十月二十八日止，寄回的選舉票快都齊了；適值社員徐子俊、張申府兩君將有歐洲之行，周作人君新加入本社，於是在京全體社員假中央公園開會，歡送張、徐兩君，歡迎周君，並開選舉票。結果，周作人君當選為主任編輯，孟壽椿君當選為主任幹事。嗣由周君推定編輯四人，孟君推定幹事六人。並將全體職員姓名列左：

編輯部主任編輯　周作人

編輯　毛准　顧頡剛　陳達材　孫伏園

幹事部主任幹事　孟壽椿

幹事　王星漢　孫伏園　高尚德　宗錫均　李榮第　郭紹虞

這篇紀事的末尾，是「社務之經過及此後進行之方針」：「本社的雜誌已出兩卷、叢書已出了四種（第一種《科學方法論》，第二種

《迷信與心理》，第三種《點滴》，第四種《蔡孑民先生言行錄》）。以他們在社會上的影響及學術上的貢獻而論，也還有可觀。雜誌第一卷是已再版過的了；第一種叢書《科學方法論》，現正再版中。我們既受社會這樣的獎勵，當然要本著本社固定的旨趣，繼續奮鬥下去。我們今後進行的方針，說是：『注全力於社務之擴充及基金之籌備，以完成由雜誌改為學會之精神。』」

到了1935年3月2日，魯迅在〈《中國新文學大系》小說二集序〉中頗為憤慨地介紹了《新潮》社的最後結局：「『五四』事件一起，這運動的大營的北京大學負了盛名，但同時也遭了艱險。終於，《新青年》的編輯中樞不得不復歸上海，《新潮》群中的健將，則大抵遠遠的到歐美留學去了，《新潮》這雜誌，也以雖有大吹大擂的預告，卻至今還未出版的『名著紹介』收場；留給國內的社員的，是一萬部《孑民先生言行錄》和七千部《點滴》。創作衰歇了，為人生的文學自然也衰歇了。」[註14]

周作人20年代在八道灣。

查《新潮》目錄，1922年3月出版的最後一期即3卷2號是所謂的「一九二○年名著介紹特號」。由於蔡元培的《孑民先生言行錄》上下兩冊和周作人翻譯的外國短篇小說集《點滴》上下兩冊大量積壓，周作人接手編務的新潮社，在帳面上出現了負資產。然而，從長遠來看，正是由於這兩部書籍的大量積壓為周作人的兩名得力助手李榮弟（小峰）和孫伏園，通過處理積壓書籍展現經營才幹並實現原始積累，提供了絕佳機遇。據顧頡剛回憶，由李小峰、孫伏園聯合創辦的北新書局的第一筆資金，就來自於此：「我參加了《新潮》的發起和編輯工作。創刊時，主編是傅斯年。1919年底，傅斯年出國留學，由羅家倫主編。第二年，羅出國，由我接編。我辦了三期，因為北洋軍閥政府不發學校經費，學校便不能再給補貼，經費不足；再加上印了不少《新潮叢書》一時賣不出去，積壓了資金，才辦不下去，停了刊。先後參加過《新潮》編輯工作的還有孫伏園、俞平伯、周作人、康白情、何思源等。《新潮》停刊後，當時主管行政財務的幹事李小峰，把《新潮叢書》擺在家門口的地攤上賣，大概賣了不少錢。後來他開了一家書店，取北京大學和《新潮》雜誌的前一個字，叫『北新書店』」。註15

周作人主持新潮社的主要貢獻，是繼《新潮》雜誌停刊後選編的一套「文藝叢書」。其中的第一本是冰心的詩集《春水》。第二本是魯迅譯自盲詩人愛羅先訶的童話劇《桃色的雲》。第三本是魯迅的小說集《吶喊》。第四本是CF女士翻譯的法國童話集《紡輪的故事》。第五本是孫福熙的散文集《山野掇拾》。第六本是李小峰翻譯的丹麥童話集《兩條腿》。第七本是周作人譯的詩歌小品集《陀螺》。第八本是馮文炳的小說集《竹林的故事》。第九本是李金髮的詩集《微

雨》。這九本書後來都由北新書局經銷，日益壯大的北新書局也因此成為周氏兄弟版稅收入的主要來源。

傅斯年出國留學之前始終沒有與魯迅見過面。按照魯迅日記的記載，兩個人第一次見面的時間是1927年2月8日，也就是魯迅到廣州中山大學的第21天。傅斯年第一次拜訪魯迅之後的第三天即2月10日，魯迅「被任為文學系主任兼教務主任，開第一次教務會議」，學生輩的文學院院長兼哲學系主任傅斯年成了魯迅的直接上司。

魯迅與傅斯年的合作並不愉快。1927年3月1日，顧頡剛在日記談到傅斯年來信請他到中山大學辦中國東方語言歷史科學研究所，並且在信中表示說：「魯迅在彼為文科進行之障礙。」顧頡剛對此表現出的是各行其是、息事寧人的態度：「我性長於研究，他性長於創作，各適其適，不相過問可已。」註16

3月5日和13日，魯迅兩次邀傅斯年吃飯，兩個人的關係並沒有因此得到緩解。傅斯年在3月下旬致電顧頡剛：「彼已去阻，弟或亦去校，派兄去京坐辦書，月薪三百，函詳。」意思是說魯迅反對聘顧頡剛出任歷史系教授，傅斯年為此事提出辭職。由於郵局罷工，顧頡剛沒有及時收到這封信，只好於4月15日趕赴廣東。「孟真告魯迅後，魯迅立時辭職，其黨徒粘貼匿名揭貼，誣我為研究系，孟真亦辭職。紛亂一星期，尚未解決。幸魯迅黨徒不多，中大學生開會結果，主張三人皆留。」註17

魯迅日記中傅斯年與他最後一次聯絡的記載是1927年4月19日的「下午得孟真信」。堅持反對顧頡剛到中山大學任職的魯迅於4月21日辭職離校。關於此事的大致情況，魯迅在5月15日致章廷謙信中介

紹説：「我到此只三月，竟做了一個大傀儡。傅斯年我初見，先前竟想不到是這樣的人。……當紅鼻到此時，我便走了；而傅大寫其信，給我，説他已有補救辦法，即使鼻赴京買書，不在校；……現在他們還在挽留我，當然無效，我是不走回頭路的。」

幾個月後，魯迅在致章廷謙信中又談到孫伏園與李小峰合辦北新書局的事情：「伏園與小峰的事，我一向不分明。他們除作者版稅外，分用淨利，也是今天才知道的。但我就從來沒有收清過版稅。……譬如他們倆究竟何時合作，何時鬧開，我就毫不知道。所以是局外人，不能開口。但我所不滿足的，是合作時，將北新的缺點對我藏得太密，鬧開以後，將北新的壞處宣傳得太多。不過我要説一句話，我到上海後，看看各出版店，大抵是營利第一。小峰卻還有點傻氣。前兩三年，別家不肯出版的書，我一紹介，他便付印，這事我至今記得的。雖然我所紹介的作者，現在往往翻臉在罵我，但我仍不能不感激小峰的情面。情面者，面情之謂也，我之亦要錢而亦要管情面者以此。」註18

魯迅此時正在收集證據與李小峰打版權官司。值得注意的是，直到臨死之前還公開表示「讓他們怨恨去，我也一個都不寬恕」的魯迅，即使對簿公堂也依然對掌握自己經濟命脈的李小峰留有情面。他後半生的版稅收入大部分來自李小峰經營的北新書局。

明白了北大新潮社與北新書局之間的傳承關係，也許可以這樣説：任何人都可以全盤否定傅斯年與羅家倫，唯有周作人是不可以的。周作人之所以仇恨傅斯年，主要原因是傅斯年在抗日戰爭勝利後對於所謂「文化漢奸」的強硬態度。

抗日戰爭勝利後，國民黨政府派遣沈兼士、陳雪屏先期到北平接收教育機構。他們在處理「偽北大」教職員時態度較為和緩，後來還聯名呈文國民政府南京高等法院替周作人說情。代理北京大學校長的傅斯年對此大為不滿。1945年11月，遠在雲南昆明的傅斯年接連給沈兼士和朱家驊發來如下兩份電報：

其一、「沈特派員兼士轉朱教育部長：鐵密。今日報載中央社稿，偽校學生甄審辦法有動，無任惶駭，欲取得北大學籍之學生，無論來自何方，均勿由北大行政考試，教部不能以偽校之成績強來分發。究竟如何辦？祈示。乞慎重。」

其二、「沈兼士先生轉朱部長：鄭毅生兄等來信，知偽北大學生多所要求，弟意處理偽北大應與偽中大同，不宜遷就，必求一致。部令必須貫徹，部中對彼等宜多勸導，解釋多種辦法皆為結束偽局，重視學業之故。若彼等期正式入北大，先鬧學潮而有所得，以後學風不可復問，於是北大真亡矣！弟日抵渝，並聞。」註19

1945年11月28日，《大公報》刊登〈傅斯年談話北大不聘偽教職員〉。12月2日，北平各報紛紛刊登「十一月三十日重慶專電」：「北大代理校長傅斯年，已由昆明返渝，準備赴平，頃對記者談：『偽北大之教職員均系偽組織之公職人員，應在附逆之列，將來不可擔任教職；至於偽北大之學生，應以其學業為重，已開始補習，俟補習期滿，教育部發給證書後，可以轉入北京大學各系科相當年級，學校將予以收容。』周作人見報後，在當天日記中寫道：「見報載傅斯年談話，又聞巷內驢鳴，正是恰好，因記入文末。」註20

台灣大學校長傅斯年。

　　沒有辦法洗清所謂的「漢奸」罪名的周作人，用來反擊傅斯年的最好辦法，就是在政治問題上反咬一口，斥罵傅斯年「打著北大、蔡孑民、胡適之的旗號，在文化文物上做特務的工作，近來的傑作是與朱家驊、王世杰勾結了，給蔣記盜運北京文物往美國」。

　　尤其不堪的是，周作人在《知堂回想錄》中，對於呈文替自己說情的同鄉老友沈兼士也不肯放過，從而把自己「反覆顛倒無所不可」的刀筆手段，發揮到一種極致：「民六那一年我接受北大國史編纂處的聘書為纂譯員，共有兩個人，一個便是沈兼士，……（他）終於因同鄉朱家驊的關係，給國民黨做教育的特務工作，勝利以後匆遽死去。」註21

　　關於周作人所謂的「漢奸」問題，學術界一直存在爭議，此處不贅。不容否定的歷史事實是：國民黨當局對於淪陷區政、學、農、工、商等社會各界極不公平的歧視性政策和掠奪性侵害，造成了當年的人心相背，直接促成了國民黨政權的敗走台灣。

【注釋】

註1：周作人：〈關於紹興師爺〉，《自由論壇晚報》，1949年4月5日。

註2：上海《亦報》，1950年6月14日，引自王富仁、石興澤編《謔謔之士——名人筆下的傅斯年、傅斯年筆下的名人》，上海：東方出版中心，1999年，第27頁。

註3：上海《亦報》，1951年1月13日，引自《謔謔之士——名人筆下的傅斯年、傅斯年筆下的名人》，第30頁。

註4：周作人：《知堂回想錄》下冊，石家莊：河北教育出版社，2002年，第432頁。

註5：周作人：《知堂乙酉文編》，石家莊：河北教育出版社，2002年，第94頁。

註6：胡適：〈傅孟真先生的思想〉，1952年12月20日傅孟真先生逝世兩周年紀念會上講，引自《謔謔之士——名人筆下的傅斯年、傅斯年筆下的名人》，第5頁。

註7：羅家倫：〈元氣淋漓的傅孟真〉，引自《謔謔之士——名人筆下的傅斯年、傅斯年筆下的名人》，第12頁。

註8：胡適：《中國新文學大系·建設理論集導言》，上海良友圖書印刷公司，1935年10月。

註9：錢玄同：〈漢字革命〉，《國語月刊》1卷7號「漢字改革號」，1923年3月傅斯年：〈漢語改用拼音文字初步談〉，《新潮》1卷3號，1919年3月。

註10：傅斯年：〈再論戲劇改良〉，《新青年》5卷4號，1918年10月。

註11：《錢玄同日記》影印本第4卷，福州：福建教育出版社，2002年，第1724頁。

註12：《周作人日記》影印本中冊，鄭州：大象出版社1996年，第5頁。

註13：《魯迅全集》第14卷，北京：人民文學出版社，1981年，第345頁。

註14：《魯迅全集》第6卷，第241頁。

註15：顧頡剛：〈蔡元培先生與五四運動〉，《文史資料選編》第3輯，北京出版社，1979年。

註16：顧潮《歷劫終教志不灰──我的父親顧頡剛》之節錄〈南下的坎坷〉，引自陳漱渝編《魯迅風波》，北京：大眾文藝出版社，2001年，第406頁。

註17：顧頡剛致胡適信，1927年4月28日，《胡適來往書信選》上冊，北京：中華書局，1979年，第428、429頁。

註18：《魯迅全集》第11集，第605頁。

註19：〈致沈兼士、朱家驊電〉。歐陽哲生編《傅斯年全集》第7卷，長沙：湖南教育出版社，2003年，第298、299頁。

註20：張菊香、張鐵榮著《周作人年譜》，天津人民出版社，2000年，第703頁。

註21：周作人：《知堂回想錄》下冊，第416頁。

「**五**四」前後的周作人，由於加盟《新青年》同人團隊以及提倡「新村運動」而名噪一時。「新村運動」中的路徑迷失直接導致他意志消沉，以至於在抗日戰爭中半推半就地投靠了日本侵略當局。意志消沉以至於精神墮落的周作人，即使到了晚年也依然在《知堂回想錄》中採用「紹興師爺」的刀筆手段，從事著真假難辨的造謠說謊。

## 一、周作人的造謠說謊

1917年3月27日，在魯迅即教育部僉事周樹人的安排下，周作人告別故鄉，從紹興乘船至曹娥，從曹娥上岸後轉乘火車到寧波，再乘船由寧波到上海，然後在上海北站乘車沿滬寧路到南京下關，再渡船過江，從浦口沿津浦線到天津，最後改乘京奉鐵路到達北京。4月1日晚，周作人乘人力車來到魯迅居住的南半截胡同紹興縣館，兄弟二人一起寄

住在綠蔭滿院的槐樹書屋，隨後又先後加盟《新青年》同人團隊，成為新文化運動中的重要角色。

　　周作人在北京大學最初擔任的課程是「歐洲文學史」（每周三個學時）和「羅馬文學史」（每周三個學時）。一周六個小時的授課連同編寫講義，對於從來沒有到歐美各國專門學習過文學史的周作人來說，是十分繁難的一件事情。他把大部分的財力和精力花費在購置相關資料及編寫講義方面。一年之後，周作人把已經講授過的「希臘文學要略」、「羅馬文學」、「歐洲中古至18世紀文學」合成一本《歐洲文學史》，由商務印書館作為北京大學叢書之三出版發行。

　　由於缺乏口頭表達能力，周作人的授課並不成功。給他帶來文壇盛名的，是發表在《新青年》及《每周評論》的一系列文章。關於《新青年》，晚年周作人在《知堂回想錄》中回憶說：

> 即如《新青年》吧，它本來就有，叫作《青年雜誌》，也是普通的刊物罷了，雖是由陳獨秀編輯，看不出什麼特色來，後來有胡適之自美國寄稿，說到改革文體，美其名曰「文學革命」，可是說也可笑，自己所寫的文章還沒有用白話文。第三卷裏陳獨秀答胡適書中，儘管很強硬的說：「獨至改良中國文學當以白話文學正宗之說，其是非甚明，必不容反對者有討論之餘地，必以吾輩所主張者為絕對之是，而不容他人之匡正也。」可是說是這麼說，做卻還是做的古文，和反對者一般。（上邊的這一節話，是抄錄黎錦熙在《國語周刊》創刊號所說的。）我初來北京，魯迅曾以《新青年》數冊見示，並

且述許季市的話道，「這裏邊頗有些謬論，可以一駁。」大概許君是用了民報社時代的眼光去看它，所以這麼說的吧，但是我看了卻覺得沒有什麼謬，雖然也並不怎麼對，我那時也是寫古文的，增訂本《域外小說集》所收梭羅古勃的寓言數篇，便都是復辟前後這一時期所翻譯的。經過那一次事件的刺激，和以後的種種考慮，這才幡然改變過來，覺得中國很有「思想革命」之必要，光只是「文學革命」實在不夠，雖然表現的文字改革自然是連帶的應當做到的事，不過不是主要的目的罷了。[註1]

談到陳獨秀，周作人接著寫道：「其時他還沒有什麼急進的主張，不過是一個新派的名士而已，看早期的《青年雜誌》當可明瞭，及至雜誌改稱《新青年》，大概在民六這一年裏逐漸有新的發展，胡適之在美國，劉半農在上海，校內則有錢玄同，起而回應，由文體改革進而為對於舊思想之攻擊，便造成所謂文學革命運動。」

關於自己發表在《每周評論》的〈思想革命〉，周作人介紹說：「《思想革命》則是正面的主張，強調思想改革之必要，彷彿和那時正出風頭的『文學革命』即是文字改革故意立異，實在乃是補足它所缺少的一方面罷了。這主要所說固然是文學裏的思想，但實際包含著一切的封建的因襲道德，若是借了《大公報》的說法，那也就是『鏟倫常』的一種變相了。」[註2]

在周作人娓娓而談且貌似真誠的上述話語中，至少存在著似是而非的三大謊言：

1920年3月李大釗、胡適、
蔡元培、蔣夢麟合影。

其一，陳獨秀的本色並不是「新派的名士而已」，而是一個既致力於政治革命又致力於思想革命、同時又熱衷於嫖娼狎妓的半新半舊的革命家。《青年雜誌》創刊之初，就是一份致力於提倡「倫理道德革命」的高調刊物。陳獨秀在發刊詞〈敬告青年〉中提出的六項原則──「自主的而非奴隸的」；「進步的而非保守的」；「進取的而非退隱的」；「世界的而非鎖國的」；「實利的而非虛文的」；「科學的而非想像的」──以及由此而來的「國人而欲脫蒙昧時代，羞為淺化之民也，則急起直追，當以科學與人權並重」，更是所謂「思想革命」的題中之義。在〈吾人最後之覺悟〉中，陳獨秀甚至吶喊出登峰造極的「思想革命」之高調：「倫理的覺悟，為吾人最後覺悟之最後覺悟。」[註3]

在回應胡適〈文學改良芻議〉的〈文學革命論〉中，陳獨秀更加明確地表示說：「孔教問題，方喧呶於國中，此倫理道德革命之先聲也。文學革命之氣運，醞釀已非一日，其首舉義旗之急先鋒，則為吾友胡適。」

　　陳獨秀、易白沙、吳虞等人以反對孔門儒教為核心的「倫理道德革命」，本身就是被周作人認定為「『鑣倫常』的一種變相」的「思想革命」。相對於不具備可操作性的「倫理道德革命」或「思想革命」，胡適率先提出的以白話文替代文言文的「文學革命」，才真正為迷惘困頓的《新青年》雜誌找到了一個最具可操作性的突破口。換言之，以清算孔門儒教為核心內容的「倫理道德革命」即「思想革命」，是《新青年》啟動的新文化運動的第一步，只是由於它不具備足夠的可操作性，才沒有形成像「文學革命」那樣的巨大聲勢和深遠影響。借用傅斯年回答顧誠吾的話說：「你主張『改造思想』而輕視文學，這是不然的。思想不是憑空可以改造的，文學就是改造它的利器，……」註4

　　到了〈白話文學與心理的改革〉中，傅斯年一方面充分肯定周作人的理論貢獻：「《每周評論》的第十一號裏，有仲密先生的一篇〈思想革命〉，我看了很受感動，覺得他所說的都是我心裏的話。」與此同時，他又實事求是地介紹說，「思想革命」並不是周作人一個人在張勳復辟之後的思想覺悟和精神發現：「文學革命第一聲炮放去，其中就有一種聲浪說道：滅信仰，造信仰；滅道德，造道德；滅生活，造生活。所以據我看來，胡適之先生的〈易卜生主義〉、周啟孟先生的〈人的文學〉和〈文學革命論〉、〈建設的文學革命論〉等，同是文學革命的宣言書。」註5

　　其二、最早在《新青年》雜誌採用「思想革命」的並不是周作人，而是該刊的輪值編輯陶履恭（孟和）用文言文寫作的〈女子問題：新社會問題之一〉，其中有這樣一段話：「歐洲自宗教革新而

後，思想一變，而神學之權威殺。自法蘭西大革命後，思想又一變，而社會制度政治制度積久之權威摧。（思想之嬗變，必非一朝一夕之故，而為歷史的經過。肇源湮遠，積日持久，乃克成熟。吾茲取宗教革新及法之大革命為兩種思想革命之紀元，取便志思想潮流之變遷而已。）近世之思想，勿論關於科學宗教，政治經濟，繼乎兩種思想革命之後，常取懷疑之態度，含革命之趣味。歐洲女子固有之位置，乃千餘年來所演成之社會制度。耶教經典之所制限，各族法典之所規定，從來相率因襲，誰復敢起而抵抗非難者。今亦受革命的思想之磅薄，終將淪於淘汰之數。抗之者誰，難之者誰，女子之誕生於革新思想之世界者也。」[註6]

　　在周作人公開發表〈思想革命〉之前，陳獨秀、胡適的安徽老鄉高一涵，已經把「思想革命」提升為改造中國社會的一個根本性問題。1918年11月24日，徐世昌發布〈大總統令〉，其中充斥著「天地君親師」之類政教合一的神道觀念，高一涵在〈非君師主義〉中毫不含糊地批駁說：「我以為這種『天地君親師』的總統觀念，所以發生的原因有二：一是缺乏歷史進化的觀念；二是行制度革命而不行思想革命的壞處。」

　　高一涵的〈非君師主義〉刊登於1918年12月的《新青年》5卷6號。周作人署名「仲密」的〈思想革命〉，先是刊登於1919年3月2日的《每周評論》第11期，隨後又刊登於1919年4月的《新青年》6卷4號。這中間至少要相差兩個多月的時間。晚年周作人於不動聲色中搶佔或獨佔「思想革命」的發明權，是很不高尚的一種表現。

　　其三、周作人最初讀到《新青年》及其前身《青年雜誌》時，還在紹興老家而不是初來北京。在他筆下第一次出現《新青年》的

記錄，是寫於1917年1月24日的日記：「得北京十九日寄書一包，內
《教育公報》二本、《青年》十本。……晚閱《青年雜誌》，多可
讀。子谷有〈斷簪記〉頗佳。」[註7]

　　這10本雜誌是由魯迅從北京寄往紹興的。周作人之所以要刻意
捏造許壽裳反對《新青年》的謠言，可以在《知堂回想錄》中找到
答案：「一九二三年與魯迅失和的事件，……我一向沒有公開的說
過，過去如此，將來也是如此，在我的日記上七月十七日項下，用
剪刀剪去了原來所寫的字，大概有十個左右，……這裏我要說明，
徐是徐耀辰，張是張鳳舉，都是那時的北大教授，並不是什麼『外
賓』，如許季市所說的，許君是與徐張二君明白這事件的內容的
人，雖然人是比較『老實』，但也何至於造作謠言，和正人君子一
轍呢？」

　　「許季市所說」，指的是許壽裳在《亡友魯迅印象記》中提供的
說法：「作人的妻羽太信子是有歇斯底里症的。她對於魯迅，外貌恭
順，內懷伎忌。作人則心地糊塗，輕聽婦人之言，不加體察。我雖竭
力解釋開導，竟無效果。致魯迅不得已移居外客廳而他總不覺悟；魯
迅遣工役傳言來談，他又不出來；於是魯迅又搬出而至磚塔胡同了。
從此兩人不和，成為參商，一變從前『兄弟怡怡』的情態。這是作人
一生的大損失，倘使無此錯誤，始終得到慈兄的指導，何至於後來陷
入迷途，洗也洗不清呢？」[註8]

　　許壽裳把周氏兄弟之間的感情決裂完全歸咎於來自異國的弱女
子，並且無視周作人當年比魯迅更具影響力和號召力的歷史事實，把
與周作人雙向互動的魯迅單方面抬高為周作人的精神導師，確實有

「造作謠言」的嫌疑。然而，周作人利用似是而非的造謠說謊報復許壽裳的「造作謠言」，同樣是極不正當的一件事情！

## 二、忠實原著的「直譯的方法」

1918年4月19日，周作人在北京大學文科研究所小說組演講〈日本近三十年小說之發達〉，於介紹日本人通過引進模仿西方文化而提升再造自己的新文化的同時，尖銳批評了中國的文學界：

> 中國講新小說也二十多年了，算起來卻毫無成績，這是什麼理由呢？據我說來，就只在中國人不肯模仿，不會模仿。因為這個緣故，所以舊派小說還出幾種，新文學的小說就一本也沒有。……司各得小說之可譯可讀者，就因為他像《史》《漢》的緣故，正與將赫胥黎《天演論》比周秦諸子同一道理。大家都存著這樣一個心思，所以凡事都改革不完成，不肯自己去學別人，只願別人來像我，即使勉強去學，也仍是打定老主意，以「中學為體，西學為用」。學了一點，更上下古今扯作一團，來作他的傳奇主義的《聊齋》，自然主義的《子不語》，這是不肯模仿不會模仿的必然的結果了。註9

作為結論，周作人指出：「我們要想救這弊病，須得擺脫歷史的因襲思想，真心的先去模仿別人。隨後自能從模仿中蛻化出獨創的文學來，日本就是個榜樣。……目下切要辦法，也便是提倡翻譯及研究外國著作。」

　　這些觀點其實是《新青年》同人的基本共識。魯迅在〈看鏡有感〉中另有「放開度量，大膽地，無畏地，將新文化儘量地吸收」的說法。錢玄同、胡適更加明確地提出了「全盤西化」的極端口號。在此之前，周作人還在《古詩今譯》的「題記」中，正面闡述過自己的翻譯觀：「什法師說，譯書如嚼飯哺人，原是不錯。真要譯得好，只有不譯。若譯它時，總有兩件缺點，但我說，這卻正是翻譯的要素。一，不及原本，因為已經譯成中國語。如果還同原文一樣好，除非請諦阿克列多思學了中國文自己來做。二，不像漢文——有聲調好讀的文章——，因為原是外國著作。如果用漢文一般樣式，那就是我隨意亂改的糊塗文，算不了真翻譯。」註10

　　在發表於《新青年》5卷3號的〈隨感錄二十四〉中，周作人再一次把批判矛頭對準中國的翻譯界：「凡外國人著作被翻譯到中國的，多是不幸。其中第一不幸的，要算丹麥詩人『英國安德森』。」

　　安德森就是現在通譯的安徒生。周作人以安徒生童話〈十之九〉的中譯本為例，指責中文翻譯者把「最合兒童心理的『一二一二』」譯成了「大家的古文」，譯者依據教室裏的修身格言，刪改原作之處頗多，「把外國異教的著作，都變作班馬文章，孔孟道德」，致使安徒生童話中原有的「野蠻的思想」不見了，結果不過是「抱定老本領舊思想」而已。

　　到了5卷6號，周作人在標題為〈文學改良與孔教〉的通信中更加明確地表示說：「我以為此後譯本仍當雜入原文，要使中國文中有容得別國文的度量，不必多造怪字。又當竭力保存原作的『風氣習慣，語言條理』，最好是逐字譯，不得已也應逐句譯，寧可『中不像中，西不像西』，不必改頭換面。」

此前，錢玄同在標題為〈關於新文學的三件要事〉的通信中，充分肯定了周作人的翻譯成績，同時又全盤否定了前輩翻譯家嚴復和林紓的既有成果：「周啟明君翻譯外國小説，照原文直譯，不敢稍以己變更。他既不願用那『達詁』的辦法，借外國人學中國人説話的調子；尤不屑像那『清室舉人』的辦法，叫外國文人都變成蒲松齡的不通徒弟，我以為他在中國近年的翻譯界中，是開新紀元的。」註11

相對而言，胡適在〈五十年來中國之文學〉中給出的評價更加接近於歷史事實：「嚴復是介紹西洋近世思想的第一人，林紓是介紹西洋近世文學的第一人。……但古文究竟是已死的文字，無論你怎樣做得好，究竟只能夠供少數人的賞玩，不能行遠，不能普及。我且舉一個最明顯的例。十幾年前，周作人同他的哥哥也曾用古文譯小説。他們的古文工夫既是很高的，又都能直接瞭解西文，故他們譯的《域外小説集》比林譯的小説確是高的多。……但周氏兄弟辛辛苦苦譯的這部書，十年之中，只銷了二十一冊！」註12

在談到文學革命的建設性成就時，胡適認為主要體現在兩個方面，一是「白話詩的試驗」，二是「歐洲新文學的提倡」。後者以「周作人的成績最好。他用的是直譯的方法，嚴格的儘量保全原文的文法與口氣。這種譯法，近年來很有人仿效，是國語的歐化的一個起點。」

## 三、人道主義的新宗教

1920年4月19日，周作人在日記中寫道：「得志希函議印小説集《點滴》事。」

　　「志希」就是新潮社主持人羅家倫。《點滴》是周作人用白話文翻譯的小說集，其中的大部分小說已經在《新青年》、《新潮》發表過，並且產生了較大影響。在為《點滴》所寫的自序裏，周作人將此書的特點歸結為「直譯的文體」和「人道主義精神」。

　　在《新青年》同人提倡「全盤西化」的過程中，最大的盲區就是歐美現代社會的憲政民主制度，最大的亮點只是坐而論道並且常常會趨於極端的「倫理道德革命」及「思想革命」。這與其說是「全盤西化」，不如說是《新青年》同人在潛意識中對於西方現代文明的天然隔膜和對於孔門儒教「勞心者治人」的專制思維的天然認同。

　　《新青年》4卷4號刊載有周作人的譯作〈貞操論〉。這是繼陶孟和的〈女子問題：新社會問題之一〉之後，又一篇關於女權、婚姻及性道德的重要文章。關於男女婚姻，該文的主要觀點是：夫妻之間如果僅有「性交」的「接續」，精神上十分冷淡，又或肉體上也無關係，精神上又互相憎惡，這樣的婚姻關係就是不道德的。而「人心不能永久固定，戀愛也難免有解體的時候，就是用熱烈的愛情結合的夫婦，未必便能永久一致」，在這樣的夫妻關係中，結婚這一形式便毫無用處。愛情結合，結了協同關係。愛情分裂，只須離散。

　　在〈譯者前言〉中，周作人稱讚日文原作者與謝野晶子是「現今第一流女批評家，極進步，極自由，極真實，極平正的婦女」。作為翻譯者，他確信這篇文章「純是健全的思想」，是中國人所需要的「治病的藥」。

〈貞操論〉發表後，第一個站出來回應的是胡適。他在5卷1號發表〈貞操問題〉，讚揚〈貞操論〉的發表是東方文明史上極可賀的一件事。為擴大戰果，胡適揪住北京政府剛剛公布的〈中華民國褒揚條例〉不失時機地揭露說：「貞操問題中，第一無道理的，便是這個替未婚夫守節和殉烈的風俗。」

深受舊式婚姻毒害的魯迅，也在5卷2號跟進一篇〈我之節烈觀〉，正面提出了「自他兩利」的新式婚姻觀：「要除去於人生毫無意義的苦痛。要除去製造並賞玩別人痛苦的昏迷和強暴，……要人類都受正當的幸福！」

在5卷4號的〈隨感錄三十四〉中，周作人系統介紹了英國學者凱本德（Edward Carpenter）的學術專著《愛的成年》，認為婦女的解放「必須以女子經濟獨立為基礎，……女子的自由，到底須以社會的共產制度為基礎；只有那種制度，能在女子為母的時候，供給養她，免得去倚靠男子專制的意思過活。」

1919年初，周作人在翻譯契訶夫的短篇小說〈可愛的人〉的同時，專門介紹了發生在契訶夫與托爾斯泰之間的女權之爭：契訶夫在〈可愛的人〉中用嘲諷的語氣塑造了一個隻知道依賴丈夫而失去獨立性的婦女形象，稱之為「可愛的人」。小說發表後引起托爾斯泰的不滿，他認為小說女主人公恪守「愛男人，生兒育女」的本份，不應該受到指責。周作人明顯傾向於契訶夫一邊，他認為：婦女對於丈夫兒女是妻是母，但「對於人類是個人，對於自己是『唯一者所有』。我輩不能一筆抹殺了伊的『人』，伊的『我』，教伊做專心奉事別人的物品。」於此同時，周作人還描繪了他自己眼中的人道主義理想境

界：希望將來的女人「成為剛健獨立，知力發達，有人格，有自我的女人，能同男子一樣，做人類的事業，為自己及社會增進幸福」，必須到這地步才「真貫徹了人道主義」。註13

《新青年》時代的人道主義，主要體現在對於弱勢者自由平等的普世人權的初步發現，這其中包括婦女的發現、兒童的發現以及下層勞工的發現。這一切在周作人的筆下都有所表現。比起發表在《新青年》中的相關文章，周作人發表在《每周評論》中的文章更富於人道主義的思想光芒。

1918年11月27日，周作人在日記中寫道：「下午至學長室議創辦《每周評論》，12月14日出版，每月助刊資3元。」

《每周評論》的創刊，為周作人提供了一個更加快捷的言論陣地，在不到一個月的時間裏，他連續寫作〈人的文學〉、〈論黑幕〉、〈平民文學〉三篇重要論文。陳獨秀當即對〈人的文學〉給予充分肯定。到了事過境遷的1935年，胡適還在《中國新文學大系·建設理論集導言》中稱讚〈人的文學〉是「當時關於改革文學內容的一篇最重要的宣言」，中國新文學運動的　切理論都可以包括在「兩個中心思想」的裏面：「一個是我們要建立一個『活的文學』，一個是我們要建立一種『人的文學』。」註14

繼〈人的文學〉、〈論黑幕〉、〈平民文學〉之後，周作人又陸續發表〈思想革命〉、〈新文學的要求〉、〈聖書與中國文學〉等一系列文章，初步形成了自己的人道主義文學觀。他的人道主義思想主要體現在兩個方面。其一是「自然人性論」，其矛頭直指宋明理學「存天理，滅人欲」的絕對天理和神聖教條。其二是「個人主義的人

間本位主義」，其矛頭所向，是抹殺個人價值的家庭本位、鄉土本位、民族本位、階級本位、國家本位以及其他凌駕於個人之上的反人性、反人道的社會現象。

《新青年》時代的周作人，是帶著一種宗教情緒鼓吹人道主義的。1920年1月6日，他應邀為少年中國學會演講〈新文學的要求〉時公開宣稱：「這新時代的文學家是偶像破壞者，但他還有他的新宗教──人道主義的理想是他的信仰，人類的意志便是他的神。」

這篇演講在《晨報副刊》、《民國日報‧覺悟》、《時事新報‧學燈》等多家報刊重複發表，一度產生很大影響。關於文藝界存在的藝術派與人生派的分歧與論爭，周作人認為，新文學所要求的就是「個人以人類之一的資格，用藝術的方法表現個人的感情，代表人類的意志，有影響於人間生活幸福」的「人道主義的文學」，也就是「人生的文學」。

在〈聖書與中國文學〉中，周作人又專門討論了宗教與文學的關係，他認為神人合一、物我無間的「入神」、「忘我」境界，「是文學與宗教的共通點的所在」。他十分欣賞托爾斯泰的「藝術家的目的，是將他見了自然或人生的時候所經驗的感情，傳給別人」的觀點，而且一再引用安特來夫的話來表達自己高度宗教化和理想化的文藝觀：「我們的不幸，便是在大家對於別人的心靈、生命、苦痛、習慣、意向、願望，都很少理解，而且幾乎全無。我是治文學的，我之所以覺得文學的可尊，便因其最高上的事業，是在拭去一切的界限與距離。」

正是基於宗教化的極端情緒，周作人在反傳統方面所表現出的「少年的意氣」，有時甚至超出了以激烈著稱的錢玄同、劉半農、陳

獨秀等人。早在〈人的文學〉裏，周作人就一口氣列出10類「非人的文學」，斷言其「在主義上，一切都該排斥」。他所列出的應該予以排斥的書目，甚至包括《西遊記》、《聊齋志異》、《水滸》、《笑林廣記》等經典名著。

在《新青年》同人中，全盤否定中國傳統戲曲的主要是周作人、魯迅和錢玄同。在〈人的文學〉裏，周作人又把舊戲列為「非人的文學」的集大成者。在此之前，他還在與錢玄同的通信中公開主張「中國舊戲之應廢」。錢玄同隨後提出的要把傳統戲館「全數封閉」的極端話語，與周作人的通信直接相關。周作人在〈論黑幕〉、〈再論黑幕〉及〈中國小說裏的男女問題〉等文章中，對黑幕小說及鴛鴦蝴蝶派小說的尖銳批判，是他與《新青年》同人協同作戰的另一項紀錄。

正是由於周作人筆下所表現出的極端反傳統的「少年的意氣」，使他在心智還不健全的青年讀者中一度擁有極大的影響力和煽動力。北京大學的學生領袖傅斯年與同學康白情、俞平伯等人，一起聽過周作人講授的《歐洲文學史》。〈人的文學〉發表後，傅斯年立即在《新潮》發表文章，將其與胡適的〈易卜生主義〉、〈建設的文學革命論〉連同陳獨秀的〈文學革命論〉，並列為「文學革命的宣言書」。

若干年後，消極冷靜的周作人一再表示自己的追悔之情：「五四時代我正夢想著世界主義，講過許多迂遠的話。」[註15]「一個人在某一時期大抵要成為理想派，對於文藝與人生抱著一種什麼主義。」[註16]「我本來是無信仰的，不過以前還憑了少年的意氣，有時候要高談闊論地講話。」[註17]

周作人這種消極追悔的思想情緒，可以直接追溯到白話長詩〈小河〉中的劣敗心理。

## 四、〈小河〉中的劣勢心態

　　1919年2月5日，錢玄同在日記中寫道：「午後到大學去。無一人在。啟明留下一信，內有他做的四首詩，要登《新青年》六卷二號。他的詩做得比適之、半農都好。這四首中以〈小河〉一首長詩為尤佳。」[註18]

　　在錢玄同負責編輯的《新青年》6卷2號中，周作人的白話詩〈小河〉被放在了頭版頭條的位置，這樣的編排是《新青年》雜誌僅有的特例。〈小河〉所流露出的，正是面臨巨大壓力的《新青年》同人頗為普通的憂慮恐懼情緒。

　　〈小河〉的主人公是擬人化的「堰外田裏的稻」，它在「土堰坍了，水沖著堅固的石堰，還只是亂轉」的危難時刻，「皺著眉」吐露了自己的心聲：

> 我是一株稻，是一株可憐的小草，
> 我喜歡水來潤澤我，
> 卻怕他在我身上流過。
> ……
> 我願他能夠放出了石堰，
> 仍然穩穩的流著，
> 向我們微笑，

曲曲折折的儘量向前流著，

經過的兩面地方，都變成一片錦繡。

他本是我的好朋友，……

　　與周作人消極悲觀的憂患意識和劣勢心態形成鮮明對比的，是蔡元培一年後經胡適編輯處理的著名文章〈洪水與猛獸〉：

　　二千二百年前，中國有個哲學家孟軻，他說國家的歷史常是「一亂一治」的。他說第一次大亂是四千二百年前的洪水，第二次大亂是三千年前的猛獸，後來說到他那時候的大亂，是楊朱、墨翟的學說。他又把自己的距楊、墨比較禹的抑洪水，周公的驅猛獸。所以崇奉他的人，就說楊、墨之害，甚於洪水猛獸。後來一個學者，要是攻擊別種學說，總是襲用「甚於洪水猛獸」這句話。譬如唐、宋儒家，攻擊佛、老，用他；清朝程朱派，攻擊陸王派，也用他；現在舊派攻擊新派，也用他。我以為用洪水來比新思潮，很有幾分相像。他的來勢很勇猛，把舊日的習慣衝破了，總有一部分的人感受苦痛；彷彿水源太旺，舊有的河槽，不能容受他，就泛濫岸上，把田盧都掃蕩了。對付洪水，要是如鯀的用湮法，便愈湮愈決，不可收拾。所以禹改用導法，這些水歸了江河，不但無害，反有灌溉之利了。對付新思潮，也要捨湮法用導法，讓他自由發展，定是有利無害的。孟氏稱「禹之治水，行其所無事」，這正是舊派對付新派的好方法。[註19]

自稱「少年的意氣」的周作人，與同鄉前輩蔡元培的根本性區別就是在於他的眼界不廣和心胸狹隘。他以消極劣勢心態看待「洪水猛獸」，顯然不是蔡元培所說的「舊派對付新派的好方法」，而是「新派對付舊派」的壞方法。與蔡元培的大刀闊斧和相容並包相比較，周作人無論如何拼搏掙扎，終其一生都沒有走出以劣敗自居的怨婦情結和以理殺人的刀筆根性。

到了1944年，已經投降於日本侵略當局的周作人，依然在表白自己「憂生憫亂」的「人情之常」：

孔子曰，仁者不憂，勇者不懼。吾儕小人誠不足與語仁勇，唯憂生憫亂，正是人情之常。……大抵憂懼的分子在我的詩裏由來已久，最好的例子是那篇〈小河〉。……一句話就是那種古老的憂懼。這本是中國舊詩人的傳統，不過不幸

周作人1939年元旦遇刺後在苦雨齋門前留影。

他們多是事後的哀傷，我們還算好一點的是將來的憂慮。……鄙人是中國東南水鄉的人民，對於水很有情分，可是也十分知道水的利害，「小河」的題材即由此而出。古人云，民猶水也，水能載舟，亦能覆舟。法國路易十四云，朕等死之後有洪水來。其一戒懼如周公，其一放肆如隋煬，但二者的話其歸趨則一，是一樣的可怕。[註20]

由此看來，周作人的〈小河〉，其實是對於自己正面提倡的〈人的文學〉和〈平民文學〉的自我否定和自我顛覆。與周作人對於大多數的「民」的既關注又憂懼相印證，他的同胞兄長魯迅，對於被形容為「庸眾」和「看客」的廣大平民，曾經表現出根深蒂固的嫉恨心理。魯迅早年在〈文化偏至論〉中，以新式宗教「神思新宗」的名義公開提倡過「用庸眾為犧牲」的「個人主義……超人之說」，以及由此而來的「是非不可公於眾，公之則果不誠，政事不可公於眾，公之則治不郅。唯超人出，世乃太平」的超人救世觀。加盟《新青年》之後，尼采式超人依然是魯迅念念不忘的核心話題之一。到了晚年的〈拿來主義〉一文中，魯迅一針見血地戳穿了尼采式「個人主義……超人之說」內在本質：「尼采就自詡過他是太陽，光熱無窮，只是給與，不想取得。然而尼采究竟不是太陽，他發了瘋。」[註21]

## 五、天堂淨土的「新村」

「五四」運動爆發時，周作人正在東京探親，他於1919年5月18日趕回北京，親眼見證了6月3日規模更大的遊行示威活動。

1919年6月11日，陳獨秀在散發傳單時被捕。6月14日下午，周作人與李辛白、王撫五（星拱）等六人前往探監，遭到警方拒絕。7月2日，周作人從塘沽乘船去日本迎接妻子兒女，隨後在〈遊日本雜感〉中記錄了自己的所見所聞：

> 我的再到日本與第一次相隔九年，大略一看，已覺得情形改變了不少，第一件是思想界的革新。一直從前，本來也有先覺的議論家和實行家，只是居極少數，常在孤立的地位。現在的形勢，卻大抵出於民眾的覺醒，所以前途更有希望。我以為明治的維新，在日本實是一利一害。利的是因此成了戰勝的強國；但這強國的教育，又養成一種謬誤思想，很使別人受許多迷惑，在自己亦有害。這道理本極了然，近來各方面發起一種運動，便想免去這害。其實也不單為趨利避害起見，正是時代精神的潮流，誰也不能違抗。所以除了黎明會福田博士的日本主義之外，也頗有不再固執國家主義的人；大學生的新人會，尤有新進銳氣。日本思想家情形，似乎比中國希望更大：德謨克拉西的思想，比在「民主」的中國更能理解傳達，而且比我們也更能覺察自己的短處，這在日本都是好現象。

與當時頗為流行的「勞工神聖」的「平民文學」相對應，周作人還注意到了日本的勞工問題：「日本近來對於勞動問題也漸漸注意，但除了幾個公正明白的人（政府及資本家或以為是危險人物，也未可知）

以外，多還迷信著所謂溫情主義，想行點『仁政』，使他們感恩懷惠，不再胡鬧，這種過時的方案，恐怕沒有什麼功效。」

在日本期間，恰逢東京炮兵工廠的同盟罷工，周作人為此專門寫作白話詩〈東京炮兵工廠同盟罷工〉，與〈遊日本雜感〉一起發表在《新青年》6卷6號。

對於周作人來說，最令他心儀神往的是位於九州東南部宮崎縣日向兒湯郡的「新村」。1919年7月7日至7月11日，他專程訪問了「新村」所在地石河內村，並且住進了「新村」運動發起人武者小路實篤的家中。

所謂「新村」，是1918年由日本作家武者小路實篤等人發起的空想社會主義實驗區。武者小路是白樺派的代表作家，他深受俄國托爾斯泰、陀思妥也夫斯基的影響，尤其佩服托爾斯泰晚年的「躬耕」生活。從1910年4月開始，他和其他白樺派作家就自辦刊物提倡人生的文學，1918年又在日向購買田地建立第一個「新村」。周作人在赴日本以前已經與「新村」建立聯繫。《新青年》4卷5號刊登有他的〈讀武者小路君所作《一個青年的夢》〉，6卷3號還發表有他的〈日本的新村〉。在周作人完成於1919年7月29日的〈訪日本新村記〉中，更是充溢著天堂淨土、精神家園般的朝聖情緒：

> 我們常感著同胞之愛，卻多未感到同類之愛；這同類之愛的理論，在我雖也常常想到，至於經驗，卻是初次。新村的空氣中，便只充滿這愛，所以令人融醉，幾於忘返，這真可謂不奇的奇蹟了。……

我們平常專講自利，又抱著謬見，以為非損人不能利己，遇見別人，——別姓別縣別省的人都是如此，別國的人更無論了——若不是心中圖謀如何損害他，便猜忌怨恨，防自己被損。所以彼此都「劍拔弩張」，互相疾視。倘能明白人類共同存在的道理，獨樂與孤立是人間最大的不幸，以同類的互助與異類爭存，……才是正當的辦法，並耕合作，苦樂相共，無論那一處的人，即此便是鄰人，便是兄弟。……我在村中，雖然已沒有「敝國貴邦」的應酬，但終被當作客人，加以優待，這也就是歧視；若到田間工作，便覺如在故鄉園中掘地種花，他們也認我為村中一個工人，更無區別。這種渾融的感情，要非實驗不能知道；雖然還沒有達到「汝即我」的境地，但因這經驗，略得證明這理想的可能與實現的幸福，那又是我的極大喜悅與光榮了。

在這篇文章的結束語中，周作人總結說：「我此次旅行，雖不能說有什麼所得，但思想上因此稍稍掃除了陰暗的影，對於自己的理想增加若干勇氣，都是所受的利益。」

## 六、「新村」運動的路徑迷失

訪問「新村」的周作人，終於找到了自己理想中的人類大同的天堂淨土和精神家園。在此後的一段時間裏，他到處做報告、寫文章鼓吹新村運動，反覆強調「新村的理想，簡單的說一句話，是人的生活」；而所謂「人的生活」，就是個人與人類、物質與精神、「肉」

與「靈」的高度「調和」，以及「體力勞動」與「腦力勞動」的高度統一。在〈日本的新村〉中，周作人直言不諱地表示說：新村運動的好處在於既「順了必然的潮流」，又可免「將來的革命」。這種既向往「社會主義」又畏懼「社會革命」的自相矛盾，恰恰是半新半舊的中國文化人所面臨的最為嚴峻的人生悖論。

在《新青年》同人團隊中，周作人提倡的人類大同的「新村」運動，一度得到新文化運動的參與者的廣泛支持。1919年12月18日，周作人把武者小路實篤的來信〈與支那未知的友人〉翻譯成為中文，並且在〈譯者附記〉中介紹說：「武者小路先生的《一個青年的夢》的譯本，在《新青年》上面，從七卷二號起，分四次登載。我寫信給武者先生時，說及此事，並問他對於住在中國的一部分的人類，有什麼意見，可以說說。承他特地寫了這一篇寄來，實在很是感謝。本來我想請魯先生譯了，登在《青年的夢》的前面，但魯先生現在回南去了，要明年才得來京，所以便由我翻譯了。《一個青年的夢》的書名，武者先生曾說想改作《A與戰爭》，他這篇文裏也就用這個新名字；但因為我們譯的還是舊稱，所以我於譯文中也一律仍寫作《一個青年的夢》。」

這裏的「魯先生」，就是周作人的同胞兄弟、以隱身化名的方式在《新青年》雜誌發表作品的教育部僉事周樹人即魯迅。由魯迅翻譯的武者小路實篤的四幕反戰戲劇《一個青年的夢》正在《新青年》連載，魯迅本人於1919年12月1日啟程返回紹興老家，接母親魯瑞、妻子朱安及其他家人到北京定居。

1919年12月20日，蔡元培在閱讀〈與支那未知的友人〉之後，專門寫作了一則「附記」：「現在中國人與日本人的感情，是壞極了，這因為日本對中國的態度，的確很不好，武者先生也承認的。但我們並不是說：凡有住在日本的一部分的人類，都是想借了中日親善的口頭禪，來侵略中國的。武者先生與他的新村同志，都抱了人道主義，決沒有日本人與中國人的界限，是我們相信的。就是別種新思潮的團體，如黎明會新人會等等，我們也信他決不贊成侵略主義的。不但這一類的人，就是現在盲從了他們政府，贊成侵略主義的人，也一定有覺悟的一日，真心與中國人攜手，同兄弟一樣。」

　　1919年12月31日，《新青年》主編陳獨秀也在「附記」中寫道：「現在看見了武者先生底來信和詩，可見他們也有很覺悟的人；不但他自己覺悟，他還希望我們覺悟來敲我們的門了。……今天是一九一九年底最後一日，我希望全人類的姊妹弟兄們都把以前的舊夢打破，以前的污濁、罪惡、羞辱，都隨著舊歲同時消滅，從明年明日起，大家總要真心接觸，隨著新年面目一新，不再將手去染血，都流額上的汗，不再借金錢為力，都委身於真理，把從前用在互相猜忌的力量，用在互相幫助做人類有益的事！」

　　周作人的譯文和周作人、蔡元培、陳獨秀的「附記」，一起刊登在《新青年》7卷3號。到了1920年3月11日，已經南下上海的陳獨秀，又在致周作人信中諮詢說：「二月廿九日來信收到了。《青年夢》也收到了，先生譯的小說還沒有收到。……昨接新村支部底告白，不知只是一個通信機關，或有實際事業在北京左近，此事請你告訴。」

　　「新村支部底告白」，指的是周作人宣布成立新村北京支部的〈新村北京支部啟事〉。該啟事由陳獨秀經手刊登於《新青年》7卷4號，抄錄如下：「本支部已於本年二月成立，由周作人君主持一切，凡有關於新村的各種事務，均請直接通信接洽。又如有欲往日向實地考察村中情形者，本支部極願介紹，並代辦旅行的手續。支部地址及面會日期如下：北京西道門內八道灣十一號周作人宅。每星期五及星期日下午一時至五時。」

　　在《新青年》同人團隊中，李大釗是除蔡元培之外最為寬容平和也最能兼容並包的一位謙謙君子，他與蔡元培、周作人一樣曾經是克魯泡特金的無政府社會主義互助論的崇拜者。在由自己負責編輯的《新青年》6卷5號即「馬克思主義專號」中，李大釗發表了著名長文〈我的馬克思主義觀〉，其中最為重要的觀點就是要運用克魯泡特金的互助論「補充」馬克思的階級鬥爭學說。在同一期刊物中，另有周作人的翻譯文章〈俄國革命之哲學的基礎〉。正是基於思想觀念上的大致相同，蔡元培、陳獨秀、李大釗、周作人等人都是「工讀互助團」的發起人。與《新青年》雜誌的極端反傳統相比較，「新村」和「工讀互助團」已經開始承認中國傳統文化中的某些理想化的成份，借用周作人的話說：「新村」的理想世界，在很大程度上就是中國傳統的「大同社會」，而注重「道德改革」恰恰「是新村運動的一種特色與實效」。[註22]

　　查閱《周作人日記》，1920年1月23日有「工學互助團孟君持仲甫函來訪屬明日講演」的記錄。4月7日有「毛澤東君來訪」的記錄。4月18日有「蔡曉舟君持蔡先生片來訪談新村事」的記錄。4月28日又

有「訪守常，以新村紹介函交徐彥之君」的記錄。毛澤東在拜訪周作人之前，還專門起草過建設新村的計劃書。

1920年6月8日，正在與瞿秋白、耿匡（濟之）等人組織社會實進會的鄭振鐸，也在致周作人信中寫道：「我們對於新村運動，很有研究──實行的興味；我個人尤有想去實行的意思。《人道月刊》──《新社會旬刊》的後身──第二期──八月一號出版──擬特出一個『新村號』以研究這個個問題，我們都很熱心的希望你能夠幫助我們！……你是現時中國內極注意於新村問題的──也是實行新村組織的──一個人，很希望你更能介紹幾部重要的書籍，做一個『書報介紹』給我們，附在『新村號』的後邊。」[註23]

除了陳獨秀、李大釗、瞿秋白、毛澤東、徐彥之、鄭振鐸之外，當年對「新村」運動表現過較大興趣的還有蔡和森、惲代英、黃日葵等人，他們隨後大都一路前行變成了中國共產黨的創始人。率先提倡「新村」運動的周作人反而回過頭去逐步倒退到顧影自憐、孤芳自賞的「自己的園地」之中。

值得特別一提的是，「新村運動」在得到蔡元培、陳獨秀、李大釗等人熱烈贊助的同時，還遭受過魯迅和胡適的激烈批評。

## 七、《新青年》同人的路線圖

1919年8月2日，魯迅在周作人的影響和孫伏園的建議下開始翻譯《一個青年的夢》，並於當天完成〈《一個青年的夢》譯者序〉。通讀《魯迅全集》，這篇序言是他筆下最具人道主義大同理想的一篇文字：

《新青年》四卷五號裏面，周起明曾說起《一個青年的夢》，我因此便也搜求了一本，將它看完，很受些感動：覺得思想很透徹，信心很強固，聲音也很真。我對於「人人都是人類的相待，不是國家的相待，才得永久和平，但非從民眾覺醒不可」這意思，極以為然，而且也相信將來總要做到。現在國家這個東西，雖然依舊存在；但人的真性，卻一天比一天的流露：歐戰未完時候，在外國報紙上，時時可以看到兩軍在停戰中往來的美談，戰後相愛的至情。他們雖然蒙在國的鼓子裏，然而已經像競走一般，走時是競爭者，走了是朋友了。註24

比起魯迅所說的「兩軍在停戰中往來的美談，戰後相愛的至情」，歐美社會中更值得重視和借鑑的，還有憲政民主的制度安排和自由主義的寬容精神。早在1905年12月19日，由清政府的戶部左侍郎戴鴻慈、湖南巡撫端方帶隊的立憲考察團隊，由上海啟程前往美、德、義大利、奧地利等國。善於觀察的戴鴻慈在日記中明確肯定了美國的憲政民主制度：議院中的議員們「恆以正事抗論，裂眥抵掌，相持未下，及議畢出門，則執手歡然，無纖芥之嫌。蓋由其於公私之界限甚明，故不此患也。」關於英國的君主立憲制度，戴鴻慈的理解是：「議員分為政府黨與非政府黨兩派。政府黨與政府同意，非政府黨則每事指駁，務使折衷至當，而彼此不得爭執。誠所謂爭公理、不爭意氣者，亦法之可貴者也。」註25

留學日本的魯迅，從來沒有像10多年前的戴鴻慈以及《新青年》同人中的蔡元培、胡適、陶孟和那樣，直接體驗過歐美社會的商業文明和以人為本的憲政制度，反而在此前的〈文化偏至論〉、〈破惡論〉中，全盤否定了西方文明和憲政制度。沿著〈文化偏至論〉和〈破惡論〉的思路走下去，魯迅在1919年8月7日致錢玄同信中寫下了這樣一段話：「心異兄：仲密寄來〈訪新村記〉一篇，可以登入第六期內。但文內幾處，還須斟酌，所以應等他到京再說。他大約十日左右總可到，一定來得及也。特此先行通知。又此篇決不能倒填年月，登載時須想一點方法才好。」[註26]

1919年8月13日，周作人已經回京，依然不習慣使用新式標點符號的魯迅，在致錢玄同信中繼續替周作人安排〈訪日本新村記〉的發表事宜：「子秘已偕妻、子到京、現在住在山會邑館間壁曹宅裏面、門牌是第五號。關於〈新村〉的事、兩面都登也無聊、我想《新青年》上不登也罷、因為只是一點記事、不是什麼大文章、不必各處登載的。」

〈訪日本新村記〉隨後發表在羅家倫主編的《新潮》2卷1號。當年的重要文章是可以在不同報刊中重複發表的。由於被魯迅認定為「只是一點記事、不是什麼大文章」，〈訪日本新村記〉喪失了在《新青年》雜誌重複發表的機會。

1920年10月10日，魯迅的短篇小說〈頭髮的故事〉在上海《時事新報》的「學燈」副刊發表，不久前還在〈隨感錄六十二〉中嘲笑「恨恨而死」的「恨人」，並且在〈《一個青年的夢》譯者序〉中熱情謳歌過人道大同的魯迅，偏偏借著「恨人」N先生之口，吶喊出了徹底否定「黃金時代」的另一種聲音：

現在你們這些理想家，又在那裏嚷什麼女子剪髮了，又要造
出許多毫無所得而痛苦的人！

現在不是已經有剪掉頭髮的女人，因此考不進學校去，或者
被學校除了名麼？

改革麼，武器在那裏？工讀麼，工廠在那裏？

仍然留起，嫁給人家做媳婦去：忘卻了一切還是幸福，倘使
伊記著些平等自由的話，便要苦痛一生世！

我要借了阿爾志跋綏夫的話問你們：你們將黃金時代的出現豫
約給這些人們的子孫了，但有什麼給這些人們自己呢？

在此後的一段歲月裏，阿爾志跋綏夫筆下的「工人綏惠略夫」的
「要救群眾，而反被群眾所迫害，終至於成了單身，忿激之餘，一轉
而仇視一切，無論對誰都開槍，自己也歸於毀滅」[註27]的復仇意識，幾
乎成為魯迅直面社會現實的主旋律。直到晚年，他還專門在遺囑式文
章〈死〉裏面，憤然寫下這樣一句話：「讓他們怨恨去，我也一個都
不寬恕。」

與直面現實的魯迅相比，對於「新村」運動和工讀互助團更加有
力也更具有前瞻性的反對者，是與蔡元培、陳獨秀並駕齊驅的新文化
運動領袖人物胡適。他在標題為〈非個人主義的新生活〉的演講中，
針對周作人積極推動的「新村」運動批評說：

從根本性質上看來，新村的運動都是對於現社會不滿意的表示。……周作人先生說，「新村的理想，要將歷來非暴力不能做到的事，用和平方法得來。」（《新青年》七，二，一三四）這個和平方法就是離開現社會，去做一種模範的生活。「只要萬人真希望這種的世界，這世界便能實現。」（《新青年》同上）這句話不但是獨善主義的精義，簡直全是淨土宗的口氣了！所以我把新村來比山林隱逸，不算冤枉他；就是把他來比淨土天國的宗教運動，也不算玷辱他。不過他們的「淨土」是在日向，不在西天罷了。

……我不是說武者先生一班人沒有奮鬥的精神。他們在日本能提倡反對暴力的論調，——如《一個青年的夢》——自然是有奮鬥精神的。但是他們的新村計劃想避開現社會裏「奮鬥的生活」，去尋那現社會外「生活的奮鬥」，這便是一大讓步。武者先生的《一個青年的夢》裏的主人翁最後有幾句話，很可玩味。他說：「……請寬恕我的無力。——寬恕我的話的無力。但我心裏所有的對於美麗的國的仰慕，卻要請諸君體察的。」（《新青年》七，二，一○二）我們對於日向的新村應該作如此觀察。註28

作為在美國親身體驗並且直接參與過憲政民主活動的中國留學生，胡適在文章中正面介紹了「英美近二三十年來」的「貧民區域居留地」（Social Settlements）運動。這種社會改良運動由一些大學畢業生主動發起，他們在最落後的貧民區裏買一塊地皮，造一所房屋，專門

用來為周邊的窮人提供全方位的教育普及和公共服務。胡適由此得出的結論是：「這種生活是我所說的『非個人主義的新生活』！是我所說的『變舊社會為新社會，變舊村為新村』的生活！這也不是用『暴力』去得來的！我希望中國的青年要做這一類的新生活，不要去模仿那跳出現社會的獨善生活。我們的新村就在我們自己的舊村裏！我們所要的新村是要我們自己的舊村變成的新村！」

胡適所說的「非個人主義」是並不準確的一個概念，他此後再沒有使用這一概念。他所說的「非個人主義」其實是〈易卜生主義〉中所介紹過的「健全的個人主義」，也就是杜威所介紹的「真的個人主義」：在相對合理的制度框架及相對和諧的社會環境中，既要主宰自己的命運、承擔自己的責任又要為別人及全社會謀福利、求發展的個人主義。借用胡適的原話，就是「改造社會的下手方法在於改良那些造成社會的種種勢力，──制度，習慣，思想，教育，等等。那些勢力改良了，人也改良了。」

胡適的批評意見揭示了他與周作人及其他《新青年》同人在路徑選擇上的原則性區別。在周作人極其短暫的狂飆激進的亢奮態度背後，恰恰是他不明白歐美現代社會通過限制公共權力來保護個體人權特別是私有產權的最大盲區。在尋找不到既切實可行又行之有效的制度性出路的情況下，周作人與錢玄同、劉半農等人很快走上了遠離政治鬥爭的較為純粹的學術道路。陳獨秀、李大釗、高一涵等人所選擇的是積極介入社會鬥爭的政治道路。胡適、陶孟和、傅斯年等人選擇的是既批評監督政治卻不直接參與政治操作的另一條道路。對於《新青年》同人不久之後便分道揚鑣的路線圖，魯迅曾經有過較為經典的

胡適主編的《新青年》易卜生號。

敘述:「後來《新青年》的團體散掉了,有的高升,有的退隱,有的前進,我又經驗了一回同一戰陣中的夥伴還是會這麼變化,並且落得一個『作家』的頭銜,依然在沙漠中走來走去,不過已經逃不出在散漫的刊物上做文字,叫作隨便談談。」註29

單就周作人來說,正是因為他在路徑選擇方面的根本迷失,他在回應文章〈新村運動的解說——對於胡適之先生的演說〉中所辯解的古代隱士的「歸隱、躬耕只是他們消極的消遣」,而新村運動則是「積極的實行他們泛勞動的主義」,就顯得既強詞奪理又空洞乏力。註30

到了《知堂回想錄》中,晚年周作人對於「新村」運動的解釋依然蒼白空洞:「我們無妨總結的斷一句說,這『新村』的理想裏面確實包含著宗教的分子,不過所信奉的不是任何一派的上帝,而是所謂人類,反正是空虛的一個概念,與神也相差無幾了。普通空想的共產主義多是根據托爾斯泰的無抵抗主義,相信人性本善,到頭終有覺悟的一

天，這裏武者小路更稱共產主義的生活乃是人類的意志，雖然還是有點渺茫，但總比說是神意要好得多。」

隨著「反正是空虛的一個概念，與神也相差無幾」的「新村」理想，像五彩繽紛的肥皂泡一樣消失破滅，消極冷靜的周作人回過頭去選擇了中國傳統名士的歸隱之路。1937年之後，在無處歸隱的情況下與日本侵略當局的政治合作便成為周作人的唯一抉擇。

## 【注释】

註1： 《知堂回想錄》下冊，石家莊：河北教育出版社，2002年，第383頁。

註2： 《知堂回想錄》下冊，第433頁。這裏的《大公報》應該是《公言報》的誤寫。

註3： 《青年雜誌》1卷6號，1916年2月。

註4： 〈傅斯年答顧誠吾〉，《新潮》1卷4號，1919年4月。

註5： 傅斯年：〈白話文學與心理的改革〉，《新潮》1卷5號，1919年5月。

註6： 陶履恭：〈女子問題：新社會問題之一〉，《新青年》4卷1期，1918年1月。

註7： 《周作人日記》影印本上冊，鄭州：大象出版社，1996年，第651頁。

註8： 許壽裳：《摯友的懷念‧許壽裳憶魯迅》，石家莊：河北教育出版社，2001年，第35頁。

註9： 連載於《北京大學日刊》第141至152號，1918年5月20日至6月1日，重複發表於《新青年》5卷1號。

註10： 《新青年》4卷2號，1918年2月。

註11： 《新青年》6卷6號，1919年12月。

註12： 歐陽哲生編《胡適文集》第3冊，北京大學出版社，1998年，第216頁。

註13： 〈可愛的人〉，《新青年》6卷2號，1919年2月。

註14： 胡適：《中國新文學大系‧建設理論集導言》，上海良友圖書印刷公司，1935年10月。

註15： 〈元旦試筆〉，《語絲》第9期，1925年1月2日。

註16： 《藝術與生活‧自序一》，上海群益書社，1931年2月。

註17： 《藝術與生活‧自序二》。

註18： 《錢玄同日記》第4卷，福州：福建教育出版社，2002年，第1762頁。

註19： 蔡元培：〈洪水猛獸〉，《新青年》7卷5號，1920年4月。

註20： 周作人：〈苦茶庵打油詩‧後記〉，《雜誌》第14卷第1期，1944年10月。

註21：《魯迅全集》第6卷，北京：人民文學出版社，1981年，第38頁。

註22：〈新村的精神〉，《民國日報》「覺悟」副刊，1919年11月23日。

註23：鄭振鐸致周作人信，《中國現代文藝資料叢刊》第5輯，上海文藝出版社，1980年，第347頁。

註24：《魯迅全集》第10卷，第192頁。

註25：戴鴻慈：《出使九國日記》，長沙：湖南人民出版社，1982年，第85、111頁。

註26：魯迅致錢玄同信，《魯迅全集》第11卷，第366頁。按照原定計劃，由沈尹默負責編輯的《新青年》6卷6號應該於1919年6月出版，這期刊物實際上是由錢玄同代替沈尹默組稿編輯的，直到8月6日還沒有截稿。在不能按時出版的情況下，《新青年》雜誌一直採用倒填日期的辦法來應付讀者。周作人在日本探親訪問的日期是不能夠改寫的，倒填日期的辦法自然不適合於〈訪日本新村記〉。

註27：魯迅致許廣平信，《兩地書》原信四，1925年3月18日。《兩地書全編》，杭州：浙江文藝出版社，1998年，第398頁。

註28：上海《時事新報》，1920年1月15日。

註29：魯迅：〈《自選集》自序〉，《魯迅全集》第4卷，第456頁。

註30：北京《晨報》第7版，1920年1月24日。

# 《兩地書》中的高長虹

**19**26年12月，魯迅在〈奔月〉中借著後羿與逢蒙的師徒打鬥，針對既不是自己的正式學生更不是自己的真實情敵的高長虹影射說：「你真是白來了一百多回。難道連我的『齧簇法』都沒有知道麼？這怎麼行。你鬧這些小玩藝兒是不行的，偷去的拳頭打不死本人，要自己練練才好。」[註1]

「齧簇法」的出典，源於《太平禦覽》引自《列子》的一段文字：「飛衛學射於甘蠅，諸法並善，唯齧法不教。衛密將矢以射蠅，蠅齧得鏃矢射衛，衛繞樹而走，矢亦繞樹而射。」比起甘蠅因為祕不傳人而出奇制勝的「齧簇法」，魯迅用來對付高長虹的「齧簇法」更加高深莫測。關於這種為高長虹「偷」不去的「齧簇法」，直到1998年才公開出版的《兩地書》原信，倒是於隱約中透露了些許天機。

# 一、「不問成敗而要戰鬥的人」

1925年4月11日，是魯迅負責編輯的《莽原》周刊正式籌備的日子，他在日記中寫道：「晴。上午得趙其文信，午復。寄三弟信。欽文來。午後俞芬、吳曙天、章衣萍來，下午同母親遊阜成門外釣魚臺。夜買酒並邀長虹、培良、有麟共飲，大醉。得許廣平信。得三弟信，八日發。」

在此之前的3月23日，魯迅在致許廣平信中表白說：「這種漆黑的染缸不打破，中國即無希望，但正在準備破壞者，目下也彷彿有人，只可惜數目太少。然而既然已有，即可望多起來，一多，就好玩了，——但是這自然還在將來；現在呢，就是準備。」[註2]

3月26日，許廣平在回信中迫不及待地宣誓效忠：「吾師來書既云『正在準備破壞者，目下也彷彿有人』，先生吾師，這是真的嗎？我喜極欲狂矣！不知他——準備破壞者——如何結合法，是否即吾師所稱的『做土匪去』呢？我不自量度，才淺力薄，不足與言大事，但願作個誓死不二的『馬前卒』忠於一種我以為對的主義之下，不管這團體是直接間接，成立與未？總之建設與努力，學生是十分仰望於先生……」

3月31日，魯迅答覆說：「我總還想對於根深蒂固的所謂舊文明，施行襲擊，令其動搖，冀於將來有萬一之希望。而且留心看看，居然也有幾個不問成敗而要戰鬥的人，雖然意見和我並不盡同，但這是前幾年所沒有遇到的。我所謂『正在準備破壞者目下也彷彿有人』的人，不過這麼一回事，要成聯合戰線，還在將來。……我現在還要找尋生力軍，加多破壞論者。」

所謂「前幾年所沒有遇到」的「不
問成敗而要戰鬥的人」，指的是高長
虹、向培良等狂飆社成員，他們不久前
剛剛在〈狂飆宣言〉中公開宣稱「我們
要作強者，打倒障礙或者被障礙壓倒。
我們並不懼怯，也不躲避。」[註3]在魯迅
的心目中，這些人比陳獨秀、胡適、
錢玄同、劉半農等文化先驅要更加難能
可貴！

事實上，「意見和我並不盡同」
的高長虹等人雖然被魯迅稱為「生力
軍」，卻並不是真正意義上的「破壞論
者」。公開聲稱要「做土匪去」的魯迅
和許廣平，才是真正的「破壞論者」。
換言之，魯迅的「找尋生力軍，加多破
壞論者」，對於許廣平來說注定是要成
功的；對於高長虹等人來說，從一開始
就找錯了對象。

1925年4月12日，也就是魯迅「買
酒並邀長虹、培良、有麟共飲」的第二
天，許廣平和同學林卓鳳來到位於北京
宮門口西三條胡同21號的魯迅家中進行
「探險」。魯迅對許廣平的感情由此發

1925年的魯迅。

生根本性轉機:「我的脾氣是如此的,自己沒有做,就不大贊成。我有時也能辣手評文,也常煽動青年冒險,但有相識的人,我就不能評他的文章,怕見他的冒險,明知道這是自相矛盾的,也就是做不出什麼事情來的死症,然而終於無法改良,奈何不得,我不願意,由他去罷。」

「自己沒有做,就不大贊成」是典型的自我中心主義,也就是英語中的egoism,而不是歐美現代文明所提倡的既要為自己承擔責任更要為社會承擔責任的個人本位主義即individualism。對於「無法改良」也「不願意」改良「我的脾氣」卻偏偏要堅持改造別人身上的國民劣根性的魯迅來說,無論是已經「相識」的許廣平、高長虹、向培良、荊有麟,還是並不相識的更加廣大的青年讀者,都是他「煽動青年冒險」的目標對象。

## 二、「我之以《莽原》起鬨」

1925年4月21日,是《莽原》第1期正式組稿的日子,魯迅在日記中寫道:「目寒來並交譯稿二篇。寄三弟信。下午得許廣平信。收《東方雜誌》一本。得紫佩信。夜有麟來。長虹來。……得常燕生信。」第二天,魯迅接著寫道:「晴,上午得呂琦信,附高歌及培良箋,十八日開封發。欽文來。下午訪衣萍。晚衣萍、曙天來。夜雨。編《莽原》第一期稿。」

當天深夜,魯迅在編稿之餘給許廣平寫信,把自己的「辣手評文」和「煽動青年冒險」,提升到了新的高度:「我總覺得還該耐心挑撥煽動,使一部分有些生氣才好。去年我在西安夏期講演,我以為可悲的,而聽眾木然,我以為可笑的,而聽眾也木然,都無動,和我

的動作全不生關係。當群眾的心中並無可以燃燒的東西時，投火之無聊至於如此。別的事也一樣的。」

在談到歐陽蘭署名琴心的罵人文章時，魯迅表示説：「向培良（也是我的學生），則識力比他堅實得多，……但培良已往河南去辦報，不會有答復的了，這實在可惜，使我們少看見許多痛快的議論。」

4月22日，《莽原》第1期隨《京報》出版發行，其中共有7篇作品，依次為：〈馬賽曲〉（譯文），李霽野翻譯。〈棉袍裏的世界〉，高長虹作。〈春末雜談〉，冥昭即魯迅作。〈門檻〉，韋素園翻譯。〈檳榔集〉，向培良作。〈走向十字街頭〉，荊有麟作。〈雜語〉，魯迅作。

當天下午，魯迅給許廣平寄去一份《莽原》，許廣平在4月25日的回信中寫道：「在〈棉袍裏的世界〉文中，他揪了朋友來開始審判，取了他『思想』，『友誼』……甚至於『想把我當做一件機器來供你們使用』。我當時十分慚愧，反省，我是否亦是『多方面掠奪』者之一？唉！雖則我不敢當是朋友，然而學生而『掠奪』先生，那還了得！」

4月28日，魯迅在回信中表示説：「《莽原》第一期的作者和性質，都如來信所言，但長虹不是我，乃是我今年新認識的。意見也有一部分和我相合，而是安那其主義者。他很能做文章，但大約因為受了尼采的作品的影響之故罷，常有太晦澀難解處；第二期登出的署著C.H.的，也是他的作品。至於〈棉袍裏的世界〉所説的『掠奪』問題，則敢請少爺不必多心，我輩赴貴校教書，每月明明寫定『致送修金十三元五角正』。既有『十三元五角』而且『正』，則又何『掠

奪』之有也歟哉！中國現今文壇（？）的狀態，實在不佳，但究竟做詩及小說者尚有人，最缺少的是『文明批評』和『社會批評』，我之以《莽原》起鬨，大半也就為得想引出些新的這樣的批評者來，雖在割去敝舌之後，也還有人說話，繼續撕去舊社會的假面。可惜現在所收的稿子，也還是小說多。」

「安那其主義者」即無政府主義者，魯迅、高長虹與當年的幾代文化人，都接受過「安那其主義」的影響；但是，這並不等於說高長虹或魯迅就是「安那其主義者」。高長虹其實是一個具有獨立個性而又「很能做文章」的文學青年，終其一生都沒有能夠形成自己的明確理念。「何『掠奪』之有」云云，則是魯迅對於自己與青年學生之間正常交往的正面評價。不久之後，他就把這種正常交往改寫成了利用與被利用、掠奪與被掠奪的敵對關係。

這裏所說的「文明批評」和「社會批評」，只是魯迅偶然採用的「文明」用語，以「起鬨」的方式「撕去舊社會的假面」，實際上是很難「文明」的。在〈春末雜談〉中，魯迅針對中國連同外國幾乎所有的文明成就，所發出的「起鬨」式吶喊──「鬨人的天下一時總怕難得太平的了」──是很難用「文明」二字來予以概括的。

在〈雜語〉中，魯迅的開篇第一段話，就是對於整個人類社會加以妖魔化的全盤否定：「稱為神的和稱為魔的戰鬥了，並非爭奪天國，而在要得地獄的統治權。所以無論誰勝，地獄至今也還是照樣的地獄。」然而，他並沒有明確指出，他自己的「戰鬥」究竟是站在「神」的一邊，還是站在「魔」的一邊呢？他自己的目標是要「爭奪天國」還是「要得地獄的統治權」呢？！

　　關於這個問題，《新青年》時代的魯迅，曾經在〈《一個青年的夢》譯者序〉中表白說：「《新青年》四卷五號裏面，周起明曾說起《一個青年的夢》，我因此便也搜求了一本，將他看完，很受些感動：覺得思想很透徹，信心很強固，聲音也很真。我對於『人人都是人類的相待，不是國家的相待，才得永久和平，但非從民眾覺醒不可』這意思，極以為然，而且也相信將來總要做到。現在國家這個東西，雖然依舊存在；但人的真性，卻一天比一天的流露：歐戰未完時候，在外國報紙上，時時可以看到兩軍在停戰中往來的美談，戰後相愛的至情。他們雖然蒙在國的鼓子裏，然而已經像競走一般，走時是競爭者，走了是朋友了。」

　　1933年2月7日，胡適在〈民權的保障〉一文中，給出了更加切實可行的答案：「只有法治是永久而普遍的民權保障。離開了法律來談民權的保障，就成了『公說公的道理，婆說婆的道理』，永遠成了個纏夾二先生，永遠沒有出路。」註4

　　換言之，要化解這種動不動就要勢不兩立並且要你死我活的敵對邏輯和鬥爭意識，唯　的辦法就是出於「費厄潑賴（fair play）」的公正之心，站在相對超然和相對獨立的中間立場上，依據既以人為本又人人平等的制度安排和法律程序來評判是非並調和矛盾；也就是像體育比賽中的裁判和現代法庭上的法官那樣，基於明確規定的制度、公理、規則、程式，給當事雙方一個相對合理的勝負裁決和是非判斷；而不是通過把一方絕對神聖化為「神」，把另一方極端妖魔化為「魔」，從而把人世間的相互鬥爭極端抽象化為超人間的「稱為神的和稱為魔的戰鬥」。

沿著「稱為神的和稱為魔的戰鬥」的極端邏輯走下去，「以《莽原》起鬨」的魯迅，在第2期中發表了〈燈下漫筆〉，其中另有更加激烈的「投火」：「『時日曷喪，予及汝偕亡！』憤言而已，決心實行的不多見。……掃蕩這些食人者，掀掉這筵席，毀壞這廚房，則是現在青年的使命。」

與魯迅的「破壞論」形成鮮明對比的，是高長虹發表在同一期中的〈讚美與攻擊〉：「讚美是生命力停頓的誘惑，是死的說教者，是一個詛咒。它說：『你是好的了，你可以死了。』攻擊便是這樣：它常遺棄了你的較好的，而說出你的較壞的，它常給你指出一條更遠的路。」

由此可知，高長虹對於「攻擊」的「讚美」，所指向的並不是為破壞而破壞的「破壞論」，而是充滿理想的「一條更遠的路」。應該說，涉世不深的高長虹，在精神上更接近於《新青年》時代的魯迅，而不是「以《莽原》起鬨」的中年魯迅。

## 三、「將有許多罵人的嘴張開來」

比起在自己編輯的《莽原》週刊中發表的「起鬨」言論，魯迅此前在1925年4月23日分別寫給自己在北京世界語學校任教時的學生呂蘊儒（呂琦）、向培良、高歌的公開信，就表現得更加火爆也更極端。

呂蘊儒、向培良、高歌當時正在河南開封編輯《豫報》副刊。魯迅在寫給呂蘊儒的回信中表示：「我極快慰於開封將有許多罵人的嘴張開來，並且祝你們『打將前去』的勝利。我想，罵人是中國極普通的事，可惜大家只知道罵而沒有知道何以該罵，誰該罵，所以不行。

現在我們須得指出其可罵之道，而又繼之以罵。那麼，就很有意思了，於是就可以由罵而生出罵以上的事情來的罷。」

在寫給高歌的信中，魯迅宣揚的是用別人的壞處來證明自己壞得不夠和壞得有理的極端邏輯：「『以為自己搶人是好的，搶我就有點不樂意』，你以為這是變壞了的性質麼？我想這是不好不壞，平平常常。所以你終於還不能證明自己是壞人。看看許多中國人罷，反對搶人，說自己願意施捨；我們也毫不見他去搶，而他家裏有許許多多別人的東西。」

既然「毫不見他去搶」，又何以證明「他家裏有許許多多別人的東西」呢？這其中的奧妙，就是中國傳統宗教神道「存天理，滅人欲」的以理殺人，也就是傳統刀筆吏「欲加其罪，何患無辭」的有罪推定。這種「莫須有」地進行有罪推定的誅心之術，正是中華民族「勞心者治人」的精神癌症。對於這種精神癌症，高長虹等人連最低限度的警惕性和免疫力都不具備，直到10多年之後，從歐洲回國直接參加抗日戰爭的高長虹，還對自己當年的罵人有理津津樂道：「那時加入國民黨的人很多，成了一時期的風氣。我問魯迅為什麼不加入國民黨？他說他想罵的人不一定是國民黨要罵的人，國民黨要罵的人他不一定想罵，所以他不加入國民黨。這話在現在看來好像是很奇怪的，在那時卻十分平常。那時在我們的談話裏把罵人看得像現在的抗敵一樣光榮。我那時寫罵人的文字也不少了，魯迅還時常表示不滿，說一個人不可以像上帝一樣面目有時像一個無賴。」[註5]

「以《莽原》起閧」的魯迅，對於自己所欣賞的高長虹、向培良等人，也時常會表現出既親切又誠懇的另一面，正如他在寫給向培

良的公開信中所表現的那樣：「我們的《莽原》於明天出版，統觀全稿，殊覺未能滿足，但我也不知道是真不佳呢，還是我的希望太奢。……我想你一定很忙，但仍極希望你常常有作品寄來。」

「我們的《莽原》」，是平生第一次掌握編輯權力的魯迅，對於《莽原》周刊是幾個人共同擁有的同人刊物，而不是某一個人的私有財產的明確定性。而導致高長虹、向培良、高歌等人與魯迅徹底決裂的根本原因，就在於後期的《莽原》，已經不再是「我們的《莽原》」了。

以上三封信分別以〈通訊〉為標題發表在《豫報副刊》1925年5月6日和8日。在1925年5月8日，也就是北京學生舉行大規模示威遊行並且非法搗毀教育總長章士釗住宅的第二天，魯迅在寫給呂蘊儒、向培良的《北京通信》中所提倡的，依然是「由罵而生出罵以上的事情」：「昨天鬧了一個小亂子，許多學生被打傷了；聽說還有死的，我不知道確否。其實，只要聽他們開會，結果不過是開會而已，因為加了強力的迫壓，遂鬧出開會以上的事來。俄國的革命，不就是從這樣的路徑出發的麼？」

## 四、「我所相信的誠實的朋友」

1925年4月20日，北京《晨報》報導了駐紮在河南開封的馮玉祥國民軍，在鐵塔中強姦四名女學生並導致二人自殺的消息。幾天前剛剛到達開封的向培良給魯迅寫信，認為這是「《晨報》造謠生事」。4月27日，魯迅根據來信寫成一篇〈通訊〉寄給《京報副刊》編輯孫伏園。第二天高長虹、尚鉞來訪，認為「也許並非謠言」。5月2日，

荊有麟通知魯迅「那確乎是事實」。魯
迅沒有及時糾正自己的錯誤，而是等
到〈通訊〉在5月4日《京報副刊》公
開發表後才寫作一篇〈啟事〉，對自
己「所續得的矛盾的消息」加以「聲
明」，其中有「這四位都是我所相信的
誠實的朋友」的説法。這是他對於向培
良、高長虹、尚鉞、荊有麟四個人最為
明確的正面評價。

現代詩人高長虹。

　　然而，魯迅在主持編輯「我們的
《莽原》」的過程中，從來沒有對「我
所相信的誠實的朋友」公開過經濟帳。
一年之後，除自動脱離《莽原》的荊有
麟之外，向培良、高長虹、尚鉞三個
人，都變成了他的仇敵。

　　據董大中統計，在32期《莽原》
周刊中，「僅高長虹、向培良、常燕
生、高沐鴻、尚鉞5人，就發表作品74
篇，占到將近三分之一。再從個人發表
數量看，排在第一位的是高長虹，其次
是尚鉞，魯迅占第三位，高沐鴻位居第
四，比位居第五的荊有麟（12篇）還多
三篇。就是説，在刊發數量最多的5人

中，除了編輯者魯迅和在籌辦這個刊物上功勞最大的荊有麟以外，另三位都是狂飆社成員，而且名次占了第一、二、四位。」註6

在接下來的《莽原》半月刊前18期中，一共發表狂飆社7名成員的16篇作品，最後兩篇是發表在第17期的高歌的〈母親〉和發表在第18期的沸聲（段復生）的〈燃燒的生命〉。這些稿件基本上都是沒有稿費的無償奉獻，由此換來的，是他們在同人刊物中自由發表個人言論的同人權利。當這種同人權利得不到保障和尊重的時候，同人之間必然要發生激烈衝突。

1927年10月17日，高長虹在自己主編的上海版《狂飆》周刊第2期發表公開信〈給魯迅先生〉和〈給韋素園先生〉，一方面在〈給韋素園先生〉中向經辦退稿事宜的韋素園提出抗議：「《莽原》須不是你家的！林沖對王倫說過：『你也無大量大材，做不得山寨之主！』謹先為先生或先生等誦之。」一方面希望魯迅就此事發表意見並繼續合作：「新生的《狂飆》周刊已由書局直接寄你，閱後感想如何？這次發刊，我們決意想群策群力開創一新的時代。但只是冒險，實無把握，成績如何，俟之他日。或者中途死滅，亦意中事。但如能得到你的助力時，我們竭誠地歡喜。」

而在實際上，韋素園只是退稿事件的經手人，遠在廈門的魯迅才是退稿事件的決策者。假如高長虹是個明白人，他應該把「《莽原》須不是你家的！」這句話，直截了當地向魯迅提出來，而不是居高臨下且欺軟怕硬地衝著韋素園發洩怨氣！

## 五、「長虹和韋素園又鬧起來了」

對於魯迅來說，正在熱戀的許廣平自然是他披肝瀝膽吐訴衷情的第一選擇。然而，他寫在《兩地書》中的話語，並不完全是事實真相和真實情感。

高長虹的兩封公開信發表後，魯迅並沒有公開表態，而是在1926年10月23日致許廣平信中表白說：「長虹和韋素園又鬧起來了，在上海出版的《狂飆》上大罵，又登了一封給我的信，要我說幾句話。他們真是吃得閒空，然而我卻不願意陪著玩了，先前也陪得夠苦了，所以擬置之不理。（鬧的原因是因為《莽原》上不登培良的一篇劇本。）」

接下來，魯迅還介紹說：「明天是星期，夜間大約要看電影，是林肯一生的故事。大家集資招來的，共六十元，我出了一元，可坐特別座。林肯之類的事，我是不大要看，但在這裏，能有好的影片看麼？大家所知道而以為好看的，至多也不過是林肯的一生之類罷了。」

林肯在憲政民主的框架內，通過並不持久的南北戰爭解放了成千上萬的黑奴，這在美國歷史和人類歷史上，無論如何都是不可磨滅的偉大貢獻。魯迅把「林肯的一生」連同「以為好看」的「大家」全盤否定，所表現出的恰恰是他自己的另有所求和另有所好：「我的脾氣是如此的，自己沒有做，就不大贊成。」

魯迅之所以在「鬧起來」前面加上一個「又」字，是因為他此前在10月4日致許廣平信中，已經對於包括高長虹在內的文壇之「鬧」表現過特殊的興趣：「開明書店想我有書給他印，我還沒有。對於北新，則我還未將《華蓋集續篇》整理給他，因為沒有工夫。長虹和這

兩店，鬧起來了，因為要錢的事。沉鐘社和創造社，也鬧起來了，現已以文章口角。創造社夥計內部，也鬧起來了，已將柯仲平逐走，原因我不知道。」

46歲的魯迅所說的「開明書店想我有書給他印」，是他在向28歲的情人炫耀自己的特殊身價和特殊實力，這是戀愛中人無可厚非的人之常情。只是在抬高自己的同時又採用「鬧起來了」之類的抹黑話語全盤否定整個文壇，就顯得不夠寬容和厚道。至於「長虹和這兩店，鬧起來了，因為要錢的事」，也分明是他對於事實真相的歪曲改寫。

在〈給魯迅先生〉中，高長虹是這樣介紹自己與魯迅的最後會面的：「憶月前在上海相遇，我曾以《莽原》編輯為問，你說叢蕪生病，霽野回家，目前大概由素園維持，將來則屬之霽野。霽野眼明中正，公私雙關，總算一個最合適的人物。」十多年後，高長虹在〈一點回憶──關於魯迅和我〉中，依然充滿善意地回憶說：「1926年的夏天，我從北京到了上海。我的此行，他不十分贊成，但也沒有反對。對於在上海出版《狂飆》的事，他當然應允贊助。……過了些時候魯迅任了廈門大學的教職，從北京到了上海。我同章錫琛一道去旅館看他，也許因為旅行關係，他的感情很不平靜。談話多關於北京的情形，因為那時的北京，完全在反動勢力的支配下面……這是我們最後一次的見面，在這次談話裏，仍然是像很深知的朋友。那時，已經同章錫琛講好出版《狂飆》季刊，已經就到交創刊號的稿子的時候了。不料次日看見章錫琛的時候，他留難起來，讓先出版一期看看。這天魯迅已經走了，我當時感情很激越的，就把《狂飆》季刊出版的計劃停止了。」

　　高長虹是憑記憶寫出「一點回憶」的，假如他認真通讀了已經出版的《魯迅全集》，他的回憶應該是截然不同的另一種態度。原因很簡單，退掉他寄給魯迅的「關於郭沫若和周作人的批評文字」連同向培良、高歌的稿件的，是魯迅而不是韋素園，韋素園不過是執行魯迅指令的具體經辦人，這是其一。其二是高長虹「已經同章錫琛講好出版《狂飆》季刊」並且已經在開明書店《新女性》月刊登出廣告的合作事項，確實是因為魯迅「說了壞話」而「遭開明拒絕」的。

　　關於這件事背後的暗箱操作，魯迅在1926年12月5日致韋素園信中介紹說：「長虹的罵我，據上海來信，說是除投稿的糾葛之外，還因為他與開明書店商量，要出期刊，遭開明拒絕，疑我說了壞話之故。我以為這是不對的，由我看來，是別有兩種原因。一，我曾在上海對人說，長虹不該擅登廣告，將《烏合》《未名》都拉入什麼『狂飆運動』去，我不能將這些作者都暗暗賣給他。大約後來傳到他耳朵裏去了。二，我推測得極奇怪，但未能決定，已在調查，……」

　　所謂「我推測得極奇怪」，是魯迅對於高長虹暗戀許廣平的懷疑。所謂的「我曾在上海對人說」，更是魯迅確實「說了壞話」的確鑿證據。高長虹的廣告是公開發表的，魯迅不向高長虹當面表達「不該擅登廣告」的意見，反而背著高長虹運用「暗暗」的「壞話」斷送和封殺《狂飆》季刊，無論如何都是說不過去的。事實證明，魯迅的「疑我說了壞話之故」是他自己對於高長虹的懷疑，而不是高長虹對於他自己的懷疑。

　　查閱魯迅日記，他與高長虹最後一次見面是1926年8月31日：「曇。午後廣平來。長虹、雪村來。李志雲來並贈糖三合，酒四瓶。

下午雨，晚霽。夜同三弟閱市，……雪村、梓生來。」在此前的8月29日，魯迅寫道：「夜同三弟至北新書局訪李志雲。至開明書店訪章錫箴。」在8月30日，魯迅又寫道：「午後雪箴來。……晚至消閒別墅夜飯，座中有……章雪村……。夜……雪村來寓談。」

章錫箴、雪箴和雪村，就是魯迅的紹興同鄉、商務印書館前職員、開明書店老闆章錫琛。張梓生也是浙江紹興人，與章錫琛、周建人同為商務印書館的老同事。魯迅的「我曾在上海對人說」當然不只一次，直接導致高長虹與章錫琛「鬧起來」的，應該是31日晚上魯迅對章錫琛、周建人、張梓生所說的「壞話」。

## 六、「我並不希罕『莽原』這兩個字」

1926年10月28日，魯迅在寫給許廣平的情書中依然在談論高長虹：「我這幾年來，常想給別人出一點力，所以在北京時，拼命地做，不吃飯，不睡覺，吃了藥校對，作文。誰料結出來的，都是苦果子。一群人將我做廣告自利，不必說了；便是小小的《莽原》，我一走也就鬧架。長虹因為他們壓下（壓下而已）了投稿，和我理論，而他們則時時來信，說沒有稿子，催我作文。我才知道犧牲一部分給人，是不夠的，總非將你磨消完結，不肯放手。我實在有些憤怒了，我想至二十四期止，便將《莽原》停刊，沒有了刊物，看他們再爭奪什麼。」「我的講義也編得很慢，而且少爺們來催我做文章時，大抵置之不理，做事沒有上半年那麼急進了，這似乎是退步，但從別一面看，倒是進步也難說。」

　　與這封信中對於「鬧架」雙方各打五十大板的「置之不理」截然相反，魯迅在第二天即10月29日寫給李霽野的信中，旗幟鮮明地站到了李霽野、韋素園一邊：「為《莽原》，我本月中又寄了三篇稿子，想已收到。……稿子既然這樣少，長虹又在搗亂（見上海出版的《狂飆》），我想：不如至廿四期止，就停刊，未名社就專印書籍。一點廣告，大約《語絲》還不至於拒絕罷。據長虹說，似乎《莽原》便是《狂飆》的化身，這事我卻到他說後才知道。我並不希罕『莽原』這兩個字，此後就廢棄它。《墳》也不要稱《莽原叢刊》之一了。」

　　「並不希罕『莽原』這兩個字」的魯迅，在四年前的1921年1月22日，曾經在《新青年》「移到北京編輯」的表決信中，以自己連同正在生病的周作人的名義寫道：「《新青年》的趨勢是傾於分裂的，不容易勉強調和統一，」也「不必爭《新青年》這一個名目」。[註7]而在實際上，他之所以要「改名另出」，顯然不是「不希罕『莽原』這兩個字」，而是他實在無法迴避這兩個字背後所蘊含的高長虹、向培良、高歌等狂飆社成員的正當權利。魯迅在這封信的末尾還有「此信不要發表」的特別叮囑，充分證明「常想給別人出一點力」的他自己，已經喪失創刊初期公開聲明「我們的《莽原》」的公正之心。

## 七、「他們不知在玩什麼圈套」

　　1926年11月9日，魯迅在寫給韋素園的回信中為了給退稿事件製造理由，不惜對既成事實進行改寫虛構：「他們不知在玩什麼圈套。今年夏天就有一件事，是尚鉞的小說稿，原說要印入《烏合叢書》的。一天高歌忽來取，就尚鉞來信，要拿回去整理一番。我便交給他

了。後來長虹從上海來信，説『高歌來信説你將尚鉞的稿交還了他，不知何故？』我不復。一天，高歌來，抽了這信來看，見了這話，問道，『那麼，拿一半來，如何？』我答：『不必了。』你想，這奇怪不奇怪？然而我不但不寫公開信，並且沒有向人説過。」

一個月後，魯迅在12月14日致許廣平信中，又把「今年夏天就有一件事」改寫成為「現在」的一件事：「狂飆社中人，一面罵我，一面又要用我了。培良要我尋地方，尚鉞要將小説印入《烏合叢書》。」

到了1933年4月由上海青光書局出版的《兩地書》中，所謂「今年夏天就有一件事」被再次改寫：「狂飆中人一面罵我，一面又要用我了。培良要我在廈門或廣州尋地方，尚鉞要將小説編入《烏合叢書》去，並謂前係誤罵，後當停止，附寄未發表的罵我之文稿，請看畢燒掉云。」

董大中在《魯迅與高長虹》一書中，專門對此事進行了考證：「查《魯迅日記》，高歌從1925年8月18日到1926年5月8日，有8個多月，既未到過魯迅寓（因為他不在北京），也沒有通過信，即中斷了一切交往。可見在1926年2月尚鉞寄『信並稿』以前由高歌來取《斧背》小説集，是不可能的。至於『今年夏天』，高長虹在杭州時，給魯迅寄第二次稿，確實附有一封信，魯迅於7月14日收到（信從杭州發，魯過記成上海，是不奇怪的），魯迅收到這封信的前前後後，高歌都曾來過，有把稿取走和説『拿一半來』的可能。但這跟尚鉞的説法相矛盾，同時，從魯迅的《日記》和他當時留下的文字中找不到任何記載予以證明。……而且據向培良〈為什麼和魯迅鬧得這樣凶〉，高

歌取過兩篇稿，是高自己的，不是尚鉞的，更不是『小說集』。這究竟是怎麼一回事？筆者既無資料，又無破解的能力，只好把它當作一個懸案。」

像高長虹一樣，習慣於梁山好漢式的替天行道的董大中，並沒有走出反貪官不反皇帝的精神誤區，他在整部書中欺軟怕硬地揪住韋素園不肯放鬆，卻不願正視由魯迅決定退稿卻又不願意承擔責任的確鑿證據。

# 八、「寧我負人，毋人負我」

在沒有得到魯迅和韋素園任何答覆的情況下，高長虹在上海版《狂飆》週刊第5期公開發表長文〈1925年，北京出版界形勢指掌圖〉，其中有相當大的篇幅涉及自己與所謂「世故老人」魯迅的交往。

1925年11月15日，魯迅於第一時間給許廣平寫信，再一次採用「置之不理」的字眼表現自己根本不可能「置之不理」的自相矛盾：「對於姪子的幫助，你的話是對的。我憤激的話多，有時幾乎說：『寧我負人，毋人負我。』然而自己也覺得太過，做起事來或者且正與所說的相反。人也不能將別人都作壞人看，能幫也還是幫，不過最好是『量力』，不要拼命就是了。」「長虹在《狂飆》第五期已盡力攻擊，自稱見過我不下百回，知道得很清楚，並捏造了許多會話（如說我罵郭沫若之類）。其意蓋在推倒《莽原》，一方面則推廣《狂飆》銷路，其實還是利用，不過方法不同。他們專想利用我，我是知道的，但不料他看出活著他不能吸血了，就要殺了煮吃，有如此惡毒。我現在擬置之不理，看看他伎倆發揮如何。現

在看來，山西人究竟是山西人，還是要吸血的。」

這段話中的「寧我負人，毋人負我」，其實是魯迅在高長虹刺激下的深刻反省。然而，其中的道理說起來明白，一旦接觸實際問題，他依然要採取「寧我負人，毋人負我」的「憤激」態度。1926年11月20日，終於不能「置之不理」的魯迅，奮筆寫下〈所謂「思想界先驅者」魯迅啟事〉，並於當天寄給韋素園：「我作了一個啟事，給開一個小玩笑，今附上，請登入《莽原》。又登《語絲》者一封，請即叫人送去為託。」

在同一天寫給許廣平的長信中，魯迅卻另有解釋：「你的話並不錯的；但我之所以憤慨，卻並非因為他們以平常待我，而在他日日吮血，一覺到我不肯給他們吮了，便想一棒打殺，還將肉作罐頭賣以獲利。……於是作一啟事，將他利用我的名字，而對於別人用我名字的事，則加笑罵等情狀，揭露出來，比他的長文要刻毒些。且毫不客氣，刀鋒

魯迅不喜歡的朱安女士

正對著他們的所謂『狂飆社』，即送登《語絲》，《莽原》，《新女性》，《北新》四種刊物。我已決定不再彷徨，拳來拳對，所以心裏也舒服了。」

「你的話並不錯的」，指的是許廣平為高長虹等人所說的公平話：「你的弊病，就是對一些人太過深惡痛絕，簡直不願同在一地呼吸，而對一些人則期望太殷，於是不惜赴湯蹈火，一旦人家不以此種為殊遇而淡漠處之，或以尋常人者對你，則你感覺天鵝絨了。這原因，是由於你的感覺太銳敏太熱情，其實世界上你所深惡痛絕的和期望太殷的，走到十字街頭，還不是一樣嗎，而你把十字街頭的牛鬼蛇神硬搬到『象牙之塔』『藝術之宮』，這不能不說是小說家，取材失策，如果明瞭凡有小說材料，都是空中樓閣，自然心平氣和了。你說因為長虹輩的批評而氣短嗎？別人的批評你就不顧，而只任一面之辭而信託嗎？……你敢說天下間就沒有一個人矢忠盡誠對你嗎？有一個人，你就可以自慰了，你也可以由一個人而推及二三以至無窮了，那你何必天鵝絨呢，……」

用無中生有的「小說材料」和「小說家」筆法，把相關人等人為劃分成勢不兩立的敵對陣營，正是魯迅奉行「寧我負人，毋人負我」的極端思維的必然結果。此時此刻，他在〈所謂「思想界先驅者」魯迅啟事〉中所提供的相關說明，依然是在運用「取材失策」的「小說家」筆法。

12月12日，魯迅在致許廣平的下一封情書中寫道：「至於寄給《語絲》的那篇文章，因由未名社轉寄，被他們截留了，登在《莽原》第廿三期上，其中倒沒有什麼未盡之處。」

12月14日，他的説法又有變化：「《語絲》兩期，我之發牢騷文，即登在內，蓋先被未名社截留，到底又被小峰奪過去了，所以終於還在《語絲》上。」

　　一件並不複雜的寄稿事件經過魯迅的一再改寫，半個月後就平添了「先被未名社截留，到底又被小峰奪過去了」的戲劇化情節。他採用各種各樣的筆名所發表的公開文本的真實性，可想而知。

## 九、「我又成了中心」

　　1929年12月29日，魯迅收到韋素園20日寄出的來信，信中報告了北京有關高長虹的「月亮詩」的流言。當天夜裏，他在致許廣平信中寫道：「北京似乎也有流言，和在上海所聞者相似，且説長虹之攻擊我，乃為此。」

　　在接下來的幾天裏，魯迅充分發揮自己作為小説家的特殊才華，全身心地投入「油滑」小説〈奔月〉的寫作之中。

　　1927年1月4日，魯迅把〈奔月〉寄給韋素園。1月11日，他在寫給許廣平的情書中，頗為詳細地介紹了北京流言的來龍去脈：「那流言，最初是韋漱園通知我的，説是沉鐘社中人所説，《狂飆》上有一首詩，太陽是自比，我是夜，月是她。今天打聽川島，才知此種流言早已有之，傳播的是品青，伏園，衣萍，小峰，二太太……他們又説我將她帶在廈門了，這大約伏園不在內，而是送我上車的人們所流布的。黃堅從北京接家眷來此，又將這流言帶到廈門，為攻擊我起見，廣布於人，説我之不肯留，乃為月亮不在之故。在送別會上，陳萬里且故意説出，意圖中傷。不料完全無效，風潮並不稍減。我則十分坦然，因

為此次風潮，根株甚深，並非由我一人
而起。況且如果是『夜』，當然要有月
亮，倘以此為錯，是逆天而行也。」

　　值得注意的是，在《兩地書》公
開出版的時候，魯迅一方面把信中的人
名全部改寫，同時又特意在這段話後面
追加了一句話：「那時就做了一篇小
說，和他開了一些小玩笑，寄到未名
社去了。」

　　正是在這封信中，魯迅寫道：「我
就是這樣，橫豎種種謹慎，……但現在
之所以只透一點消息於人間者，（一）
為己，是還念及生計問題；（二）為
人，是可以暫以我為偶像，而作改革運
動。……這回廈大風潮，我又成了中
心，正如去年之女師大一樣。」

　　把自己當成「偶像」和「中心」的
魯迅，到了許廣平已經懷孕的1929年
5月22日，依然忘不了趁著到北平（北
京）探親的機會去打探高長虹的倒楣情
事：「長虹寫給冰心的情書，已越三
年，成一大捆。今年冰心結婚後，將該
捆交給她的男人，他於旅行時，隨看隨
拋入海中，數日而畢云。」

魯迅1933年50壽辰與許廣平、
周海嬰合影。

與此相印證，魯迅在專門討論「明清以來訟師的老手段」的《華蓋集‧補白（二）》中，曾經為自己的「齮齕法」提供過一些文獻資料：「往日看《鬼谷子》，覺得其中的謀略也沒有什麼出奇，獨有〈飛箝〉中的『可箝而從，可箝而橫，……可引而反，可引而覆。雖覆能復，不失其度』這一段裏的一句『雖覆能復』很有些可怕。但這一種手段，我們在社會上是時常遇見的。」

　　關於魯迅所説的「雖覆能復」的「齮齕法」，周作人在〈關於紹興師爺〉一文中另有説明：「筆記中説老幕友講刀筆的秘訣，反復顛倒無所不可，有云欲使原告勝者，曰彼如不真吃虧，何至來告狀；欲使被告勝，則斥原告曰：彼不告而汝來告狀，是汝健訟也。欲使老者勝，曰不敬老宜懲。欲使少者勝，則曰：年長而不慈幼，何也（彷彿是紀曉嵐所説，但查過閱微五記卻又不見）。」註8

　　在魯迅與高長虹的矛盾衝突中，韋素園所充當的最不光彩的角色，就是向魯迅傳達了關於高長虹暗戀許廣平的謠言，致使魯迅把高長虹當作情敵寫進〈奔月〉之中。到了1932年4月30日，已經成為左聯盟主的魯迅，還在〈《二心集》序言〉中頗為真誠地反省和清算了自己前半生的「壞脾氣」：「我時時説些自己的事情，怎樣地在『碰壁』，怎樣地在做蝸牛，好像全世界的苦惱，萃於一身，在替大眾受罪似的：也正是中產的智識階級分子的壞脾氣。只是原先是憎惡這熟識的本階級，毫不可惜它的潰滅，後來又由於事實的教訓，以為唯新興的無產者才有將來是的確的。」

**【注釋】**

註1：文載《長城》2005年第1期。〈奔月〉見《魯迅全集》第2卷第363頁，人民文學出版社，1981年。本文所引用魯迅著作如無特別說明，均出自該《魯迅全集》，不再另行加注。

註2：《兩地書》原信六，1925年3月23日，《兩地書全編》第402頁，浙江文藝出版社1998年出版。本文所引用的魯迅與許廣平通信，如無特別說明，均出自《兩地書全編》中的原始文本，不再另行加注。

註3：魯迅在〈《中國新文學大系》小說二集序〉中引用了〈狂飆宣言〉的全文，說是「那〈宣言〉，又曾在一九二五年三月間的《京報副刊》上發表……」。見《魯迅全集》第6卷第251頁。

註4：《獨立評論》周刊第38號，1933年2月19日。另見《胡適文集》第11冊第294頁，北京大學出版社，1998年。

註5：高長虹：〈一點回憶——關於魯迅和我〉，1940年8月25日、9月1日重慶《國民公報・星期增刊》。關於高長虹與魯迅之間的親密關係，陳學昭在〈魯迅先生回憶〉中寫道：「記得有一次，我正在魯迅先生家裏，一個穿著布長衫的矮小個子的男子，來訪魯迅，這人的頭髮式樣，走路姿勢，說話神氣，學得都那麼地像魯迅先生，使我十分吃驚。不知的人還要以為那是他的弟弟了。魯迅先生馬上立起來去招待這個貴客。後來，人家告訴我這個人就是長虹。」上海《國聞周報》第14輯第26期，1937年7月5日。

註6：董大中著《魯迅與高長虹》第74頁，河北人民出版社，1999年。

註7：《胡適來往書信選》第116頁，北京中華書局，1980年8月。

註8：周作人：〈關於紹興師爺〉，《自由論壇晚報》，1949年4月5日。

# 後記

## ——政學兩界的路徑選擇

「**勞**心者治人」，是孟子所謂的「天下之通義」，也就是孔門儒教所奉行的「存天理，滅人欲」的絕對「天理」。然而，一旦撇開孔門儒教並不遠大的「天下」怪圈去放眼世界，就不難發現歐美社會另有一種更加文明、更加普世、更加先進也更加具有可操作性的憲政民主理論和憲政民主制度；它與「勞心者治人」的根本差異，就在於以人為本的治官安民，換言之就是「勞心者治官」。

### 一、「勞心者治人」的強詞奪理

「勞心者治人」的原典出自《孟子·滕·文公上》中孟子與陳相的對話：「然則治天下獨可耕且為與？有大人之事，有小人之事。且一人之身，而百工之所為備，如必自為而後用之，是率天下而路也。故曰，或勞心，或勞力；勞心者治人，勞力者治於人；治於人者食人，治人者食於人；天下之通義也。」

這段話的意思是說：治理天下就可以一邊耕種一邊治理嗎？有大人物的事情，有小人物的事情。何況每一個人所需要的生活用品都要依靠各種工匠的供應。如果必須親手製作才能使用，那就是率領天下人疲於奔命。所以說，有的人從事腦力勞動，有的人從事體力勞動；從事腦力勞動的人統治別人，從事體力勞動的人被別人統治；被統治者供養別人，統治者靠別人供養：這是通行天下的規則。

與這段話相對應，《孟子‧滕文公上》中另有「無君子莫治野人，無野人莫養君子」的說法。在人類社會的共同體已經發展到擁有「百工」即上百種社會分工的情況下，孟子依然要把腦力勞動與體力勞動的大分工兩極分化為「君子」與「野人」、「大人」與「小人」、「勞心者」與「勞力者」或者說是統治者與被統治者、官與民的身份歧視與身份鴻溝，然後站在官本位的專制強權一邊，為專制君王提供唯我獨尊、唯我正確的理論支持和道德辯護，所表現出的其實是病理學上習慣於單向思維的精神偏執狂的典型症狀。

為了進一步證明「勞心者治人」的正當性，「道性善，言必稱堯舜」的孟子接下來又講述了堯、舜、禹的故事：「人之有道也，飽食、暖衣、逸居而無教，則近於禽獸。聖人有憂之，使契為司徒，教以人倫：父子有親，君臣有義，夫婦有別，長幼有敘，朋友有信。……堯以不得舜為己憂，舜以不得禹、皋陶為己憂。夫以百畝之不易為己憂者，農夫也。」

這段話的意思是說：人之為人，吃飽了，穿暖了，住得安逸了，如果沒有教養，那就和禽獸差不多。聖人堯帝為此擔憂，便派契做司徒，把綱常倫理教給勞力者：父子之間有骨肉之親，君臣之間有禮義

之道，夫妻之間有內外之別，老少之間有尊卑之序，朋友之間有誠信之德。堯為得不到舜這樣的人才而憂慮，舜為得不到禹和陶這樣的人才而憂慮。那些憂慮耕種不好百畝田地的人只不過是農夫而已。

事實上，稍有獨立思考能力的個人都不難明白，人與禽獸及其他一切低級生命的根本區別就在於人本身是具備了精神創造能力的精神生命體。每一個正常人都擁有從事腦力勞動和體力勞動的既「勞心」又「勞力」的雙重本能，偏重於腦力勞動的精神創造與偏重於體力勞動的物質創造，只是大同人類中大同小異的一種大分工。孟子把存在於人與禽獸之間的「勞心」與「勞力」的根本區別，強加給大同人類中同為精神生命體的大同小異或者説是略有差別的人本身，所犯下的分明是最為強詞奪理也最為野蠻邪惡的反人類罪。至於他所謂的「天下之通義」，事實上只限於當時極其狹隘的中原地區。在孟子眼裏，中原之外的中國人就已經不再是同類而是異類，中原地區與周邊地區略有差別的相互交流也被他極其片面地歪曲為「吾聞用夏變夷者，未聞變於夷者也」的單向壓倒。

兩千多年來，正是傳統儒學特別是孔門儒教的狹隘偏執嚴重毒化了中國人的正常人性、敗壞了中國人的正當人權，從而造就了中國人阿Q式的老大自尊、自欺欺人的國民劣根性。

## 二、從「喪家狗」到「寵物狗」的末世路徑

在《孟子·滕文公上》中，孟子還提出兩個非常重要的議題，其一是君王「為民父母」；其二是出身貧賤卻又勤奮學習的「勞心者」可以「為王者師」。實際上，自以為可以與「為民父母」的君王站在

一起專門從事「勞心者治人」的孟子，非但沒有成為「王者師」，反而給包括滕文公在內的諸侯君王留下「迂遠而闊於事情」的書呆子印象。他一生的結局與他的祖師爺孔子一樣，只是一條總也找不到雇主的「喪家之狗」。

「喪家之狗」的典故，出自司馬遷的《史記‧孔子世家》。大概的意思是在西元前492年，60歲的孔子在鄭國與弟子們走散，一個人失魂落魄地守候在外城的東門。擅長相面的鄭國人姑布子卿告訴子貢說：東門有個人額頭像唐堯、脖子像皋陶、肩膀像鄭子產，只是腰部以下比大禹短三寸，一副狼狽不堪的樣子，真像是一條喪家之狗。子貢隨後把這番話轉告給孔子，孔子笑笑說：他描述的相貌不一定對，他說我像喪家之狗還是準確的。

北京大學教授李零就是依據這個典故，出版了一本新書《喪家狗——我讀「論語」》，其中寫道：「孔子不是聖，只是人，一個出身卑賤，『學而不厭、誨人不倦』的人；一個傳遞古代文化，教人閱讀經典的人；一個有道德學問卻無權無勢，敢於批評當世權貴的人；一個四處遊說，替統治者操心，與虎謀皮，拼命勸他們改邪歸正的人；一個空懷周公之夢，夢想恢復西周盛世，安定天下百姓的人。他很執著，唇焦口燥，顛沛流離，像個無家可歸的流浪狗。這才是真相。」

在筆者看來，出身貧寒卻又不甘心充當庶民百姓的先秦儒士的最高理想，就是通過讀書識字的「勞心」充當給專制君王為虎作倀的「看家狗」。一心想充當「看家狗」的孔子、孟子，在現實生活中卻偏偏墮落成為可憐兮兮四處碰壁的「喪家狗」。孔孟之後的儒教徒，所走出的更是連充當「看家狗」和「喪家狗」的骨氣和膽量都不

具備的「寵物狗」即「叭兒狗」的末世路徑。孟子所謂的「勞心者治人」，直接源於《論語·泰伯》中的孔子語錄「民可使由之，不可使知之」，這種愚民理論把人與人之間包括體力、智力、性別、年齡、出身、財富、權勢、品質等諸多方面事實上的不一致或不平等絕對神聖化，從而為專制君王「普天之下，莫非王土；率土之濱，莫非王臣」（《詩經·小雅·北山》）的領土掠奪與人身奴役，提供了奉天承運、替天行道的絕對理由。

比起先秦儒學特別是孔門儒教的執迷不悟、固步自封，法家表現出的卻是與時俱進、不擇手段的極端進取。與孔門儒教注重血緣親情的性善論不同，法家崇拜的是以性惡為前提的國家主義的絕對專制和絕對強權。強權專制所要利用的就是每一個人自私自利的人性本能。你怕死我就可以威脅你，你貪財我就可以利用你。為了維護專制君王獨佔天下的極權統治，法家可以殺爹、殺娘，可以出賣老師，可以六親不認，可以從事在儒家看來大逆不道的事情。《韓非子》中甚至認為所有的人都是不可信的，根本就沒有親情這一回事。假如一個人超越了人性弱點既不圖富貴又不怕殺頭，就存在造反革命的危險性。

在秦朝統一前後，中國出現了持續400多年的法家化過程，其主要表現是一方面瓦解社會共同體；一方面揚忠抑孝，鼓勵大義滅親。秦朝是大力提倡告密的時代，按照秦代法律犯了罪要抄家沒產。但是，假如是妻子告發了丈夫，妻子的財產就可以不被沒收，只沒收丈夫的一份財產；假如是丈夫告發了妻子，妻子的財產還可以用來獎賞丈夫。秦朝的暴政統治最後搞得天怒人怨，秦朝滅亡之後，法家那一套赤裸裸的性惡理論逐漸消失，道家一度成為漢朝主要的思想資源，

從而形成道家的犬儒主義與法家的強權主義相互補充的局面：統治者越是採用法家的殘酷鎮壓，被統治者就越容易走向道家的出世逃避。用王夫之的話說就是「其上申韓者，其下必佛老」。

孔門儒教所設想的君君、臣臣、父父、子子的親情倫理，在秦朝大一統的陌生人社會裏已經失去用武之地。漢景帝「食肉不食馬肝不為不知味；言學者無言湯武受命不為愚」的金口玉言，又剝奪了儒教徒公開談論奉天承運、造反革命的話語權。在這種情況下，董仲舒繼承先秦儒學不放心君權的傳統，以道學即原始道教的天人感應嚇唬君王說：如果君王不行善政，上天就要通過儒士進行示警。這樣一來，便造成了孔門儒教與原始道教的初步合流。然而，董仲舒設計的這條邪教路徑並不具備立竿見影的可操作性，他自己反而被弟子告發差一點丟掉性命。

無論是主張性善的儒家還是主張性惡的法家，在「勞心者治人」也就是站在皇權專制一邊為虎作倀、愚民治民的政治立場都是基本一致的。正是基於政治立場的一致性，隨著孔門儒教的理想色彩逐步退化，儒教徒們便逐漸走入儒表法裏的末世路徑。他們打著孔門儒教天理仁義的神聖旗號，實施的卻是法家冷血絕情的殘酷暴政。先秦儒學曾經有過的權責對應的思想也被儒教徒無條件地效忠於君王的奴化思想所替代。就這樣，儒教徒們逐漸演變成為專門依附於官本位專制體系的「皮之不存，毛將焉附」的無根之「毛」。到了宋明兩代儒、釋、道三教合流的程朱理學那裏，孔子、孟子雖然被神聖化為聖人、亞聖，儒教徒反而更加徹底地墮落為一邊為皇權專制充當「寵物狗」，一邊利用「民可使由之，不可使知之」、「勞心者治人」的老

手段誘騙蠢人女子充當「存天理，滅人欲」的「忠臣烈女」的「假道學」。迄今為止依然在興高采烈甚至於理直氣壯地妄想充當「王者師」的新儒家，所要發揚光大的就是孔孟之道及宋明理學的這種欺世盜名的末世路徑和看家本領。

## 三、政學兩界的路徑選擇

黑格爾在《美學》中談到中國戲劇與西方戲劇時指出，西方戲劇從古希臘時期就一直在表現「自由的個人的動作的實現」，而中國社會從來沒有出現過「自由的個人」，自然談不上表現「自由的個人的動作的實現」的真正意義上的戲劇作品。黑格爾所談論的雖然是戲劇，卻一語道破了中西文明的根本差異。

自從中國傳統的孔門儒教強詞奪理地鼓吹「勞心者治人，勞力者治於人」的身份歧視和身份鴻溝之後，中國人在很大程度上被強制性地分割為只允許發展上半身的「勞心者」和只允許發展下半身的「勞力者」的兩個極端。在這種情況下，「四體不勤，五穀不分」的「勞心者」，只能自覺自願地充當製造謊言「教化」民眾的安流氓騙蠢貨的專制幫兇。用自己既「勞心」又「勞力」的勞動成果供養專制皇帝和儒教幫兇的「勞力者」，卻因此喪失了讀書識字和自由言論的基本人權。於是，中國的古文越來越難懂，中國的古字越來越難寫，其目的就是要把勞苦大眾永遠排斥在文化教育之外。最能夠發展既「勞心」又「勞力」的健全人格的科技工作者和工商業者，更被自以為重義輕利的孔孟之徒抹黑壓倒為不務正業賺取不義之財的勢利小人。按照「普天之下，莫非王土；率土之濱，莫非王臣」的文化慣性走下來，迄

今為止的中國社會，依然是也只能是身居高位的都市「勞心者」製造謊言假話、背井離鄉的鄉村「勞力者」製造偽劣商品的決決大國。

與孔門儒教「勞心者治人」的路徑選擇恰恰相反，封建時代的英國世襲貴族及精神貴族，所表現出的卻是「勞心者治官」或者說是依法限制最高權力的路徑選擇。

1215年，英國國王約翰在內政外交方面剛愎自用、窮兵黷武，嚴重侵犯了貴族及平民的權利，致使當時的貴族忍無可忍。於是大家團結起來拒絕執行他的命令，並且在主教朗登（Langdon）的領導下起草了包含序言和63個條款的《大憲章》（Magna Charta），迫使英王約翰當眾宣誓遵守憲章，並於1215年6月15日在憲章上加蓋英國國璽。貴族會議選出25位代表監視國王，若有違反憲章之事就向他宣戰。隨後又經過反反覆覆的曲折抗爭，英國於1265年召開人民代表大會，由每縣或每市選派兩名議員出席，在人類歷史上初步確立了議會制度。1295年，愛德華一世成為國王，國會隨之成為英國政治生活中的經常性制度，人類歷史上較為完善的憲政民主的制度體系由此實現。

英國《大憲章》所要保障的不僅是世襲貴族及精神貴族的身份特權，而是正式承認了大同人類中每一位個體都擁有的不可剝奪的基本人權。人類社會「從身份到契約」的現代文明，就是從這份《大憲章》正式啟動的。

1918年6月，胡適的長篇白話文論文〈易卜生主義〉在《新青年》4卷6號正式發表，標誌著中國社會的「自由的個人」正式出場。在這篇文章中，胡適正面總結了他所理解的易卜生的人生觀：「第一，須使個人有自由意志。第二，須使個人擔干係、負責任。」

　　到了1930年11月27日，胡適在〈介紹我自己的思想〉中又把「易卜生主義」概括為「健全的個人主義」，他所堅持的「健全的個人主義」的路徑選擇和價值取向，其實就是既獨立自主又人人平等的治官安民即「勞心者治官」。

　　1929年4月，國民黨政府頒布了一道保障人權的命令，聲稱「無論個人或團體均不得以非法行為侵害他人身體，自由，及財產」。胡適在《新月》雜誌2卷2號發表的〈人權與約法〉中，公開提出了質疑和抗辯：「命令所禁止的只是『個人或團體』，而不曾提及政府機關。個人或團體固然不得以非法行為侵害他人身體自由及財產，但今日我們最感覺痛苦的是種種政府機關或假借政府與黨部的機關侵害人民的身體自由及財產。……無論什麼人，只須貼上『反動分子』、『土豪劣紳』、『反革命』、『共黨嫌疑』等等招牌，便都沒有人權的保障。身體可以受侮辱，自由可以完全被剝奪，財產可以任意宰割，都不是『非法行為』了。無論什麼書報，只須貼上『反動刊物』的字樣，都在禁止之列，都不算侵害自由了。無論什麼學校，外國人辦的只須貼上『文化侵略』字樣，中國人辦的只須貼上『學閥』、『反動勢力』等等字樣，也就都可以封禁沒收，都不算非法侵害了。……我們今日需要一個約法，需要中山先生說的『規定人民之權利義務與革命政府之統治權』的一個約法。我們要一個約法來規定政府的許可權：過此許可權，便是『非法行為』。我們要一個約法來規定人民的『身體，自由，及財產』的保障：有侵犯這法定的人權的，無論是一百五十二旅的連長或國民政府主席，人民都可以控告，都得受法律的制裁。」

接下來，胡適又在〈我們什麼時候才可有憲法？——對於建國大綱的疑問〉中表白說：程度幼稚的民族，人民固然需要訓練，政府也需要訓練；人民需要「入塾讀書」，蔣介石、馮玉祥諸公也需要「入塾讀書」：「人民需要的訓練是憲法之下的公民生活。政府與黨部諸公需要的訓練是法治之下的政治生活。『先知先覺』的政府諸公必須自己先用憲法來訓練自己，裁制自己，然後可以希望訓練國民走上共和的大路。不然，則口口聲聲說『訓政』，而自己所行所為皆不足為訓，小民雖愚，豈易欺哉？」

1929年底，胡適把自己連同羅隆基、梁實秋發表在《新月》雜誌中的相關文章編輯整理，出版了一本《人權論集》。他在該書〈序言〉中光明磊落地介紹說：「這幾篇文章討論的是中國今日人人應該討論的一個問題，——人權問題。前三篇討論人權與憲法。第四篇討論我們要的是什麼人權。第五六篇討論人權中的一個重要部分，——思想和言論的自由。第七篇討論國民黨中的反動思想，希望國民黨的反省。第八篇討論孫中山的知難行易說。這兩篇只是『思想言論自由』的實例：因為我們所要建立的是批評國民黨的自由和孫中山的自由。上帝我們尚可以批評，何況國民黨與孫中山？」

在這篇序言的末尾，胡適轉述周櫟園（亮工）在《書影》中講述的鸚鵡救火的典故來表達自己的心聲：面對直接掌握國家機器的國民黨，他深感一己力量的弱小無力。然而，作為一名負責任的「中國人」，他不能不像鸚鵡救火一樣貢獻出自己的綿薄之力：「今天正是大火的時候，我們骨頭燒成灰終究是中國人，實在不忍袖手旁觀。我

們明知小小的翅膀上滴下的水點未必能救人，我們不過盡我們的一點微弱的力量，減少良心上的一點譴責而已。」

到了1951年5月31日，遠在美國的胡適給蔣介石寫下一封長信，對國民黨進行尖銳批評，明確建議蔣介石辭去國民黨總裁的職務，並且把國民黨分化為相對獨立的多個政黨。這是拼命維護「勞心者治人」的身份特權的孔孟之徒，無論如何也想像不到的路徑選擇和政治訴求。也是從來沒有體驗過也沒有認真研究過憲政民主制度下的文明生活的半新半舊、亦新亦舊的魯迅、周作人之流，無論如何也不敢信仰的路徑選擇和政治訴求。

應該說，隨著白話文的推廣使用、文化教育的日益普及以及自由民主、平等博愛觀念的深入人心，「勞心」與「勞力」或者說是偏重於腦力勞動與偏重於體力勞動的社會大分工，已經變得越來越模糊也越來越不重要。然而，在以人為本建設寬容和諧新生活的當下中國社會裏，政學兩界偏重於腦力勞動及精神創造並且擁有更多社會文化資源的「勞心者」，依然肩負著像當年的胡適那樣以普通公民身份率先致力於治官安民的理論建設和制度設計的公共責任。

2007年9月30日於北京家中

# 《魯迅與周作人》圖片來源

## 周氏兄弟的政學傳奇

1922 年 5 月 23 日，周氏兄弟與俄國盲詩人愛羅先訶等人在北京世界語學會合影。

《周作人研究二十一講》，錢理群著，北京：中華書局，2004 年

魯迅 1934 年的自傳手稿。

《魯迅全集》，北京：人民文學出版社，1981 年。

魯迅在八道灣的寓所。

《魯迅全集》

居住在北京西三條的晚年魯瑞。

《周作人研究二十一講》，錢理群著

## 周福清的科舉大案

周福清的欽點翰林匾額。

《魯迅家庭家庭和當年紹興民俗》，周冠五（觀魚）著，上海文化出版社，2006 年

周作人與紹興家人合影。

《周作人研究二十一講》，錢理群著

## 魯迅筆下的「衍太太」

魯迅的父親周伯宜。

《魯迅家庭家庭和當年紹興民俗》，周冠五（觀魚）著

魯瑞和幼子周建人合影。

《周作人研究二十一講》，錢理群著

## 紹興周氏的實業與科舉

紹興周氏新老台門所在的東昌坊口。　　　《魯迅全集》

周伯宜抵押田契的借約。　　　　　　　　《魯迅家庭家庭和當年紹興民
　　　　　　　　　　　　　　　　　　　　俗》，周冠五（觀魚）著

紹興周氏的絕賣屋契。　　　　　　　　　《魯迅家庭家庭和當年紹興民
　　　　　　　　　　　　　　　　　　　　俗》，周冠五（觀魚）著

## 周氏兄弟的科舉與洋務

三味書屋，魯迅 12 歲起在這裏讀書。　　《魯迅全集》

周作人日記 1901 年 3 月 15 日。　　　　　掃描複製自《周作人日記》影
　　　　　　　　　　　　　　　　　　　　印本，鄭州：大象出版社，
　　　　　　　　　　　　　　　　　　　　1996 年。

魯迅 1904 年與在日本留學的紹興同鄉合影。　《魯迅全集》

## 魯迅早年的「神思新宗」

魯迅 1904 在弘文學院的畢業照片。　　　《魯迅全集》

魯迅發表在《浙江潮》中的《斯巴達之魂》。《魯迅全集》

仙台醫專的滕野先生。　　　　　　　　　《魯迅全集》

《域外小說選》書影。　　　　　　　　　《魯迅全集》

魯迅、許壽裳、蔣抑卮 1909 年合影。　　《魯迅全集》

## 周氏兄弟與《新青年》

北大教授周作人。　　　　　　　　　　　《周作人研究二十一講》，錢理
　　　　　　　　　　　　　　　　　　　　群著

魯迅 1918 年照片。　　　　　　　　　　《魯迅全集》

《新青年》2 卷 1 號。　　　　　　　　原刊掃描複製，國家圖書館。

周氏兄弟居住的紹興縣館。　　　　　　《魯迅全集》

周氏兄弟從事寫作的紹興縣館補樹書屋。　《魯迅全集》


## 魯迅筆下的陳獨秀

1918 年 6 月北京大學文科國文門畢業照，前排左一馬敍倫左二錢玄同左三蔡元

培左四陳獨秀。　　　　　　　　　　　《錢玄同文集》，中國人民大學

　　　　　　　　　　　　　　　　　　出版社，1999 年

1925 年胡適與陳獨秀在上海合影。　　《胡適日記全編》，曹伯言整理，

　　　　　　　　　　　　　　　　　　安徽教育出版社，2001 年

1937 年陳獨秀在南京監獄。　　　　　《北大百年老照片》，北研、樹

　　　　　　　　　　　　　　　　　　人主編，國家行政學院出版社，

　　　　　　　　　　　　　　　　　　1998 年

1925 年胡適與陳獨秀在上海合影。　　《胡適影集》，孫郁撰文，山東

　　　　　　　　　　　　　　　　　　畫報出版社，1999 年


## 魯迅筆下的劉半農

北大教授、《新青年》編輯劉半農。　　《父親劉半農》，劉小蕙著，上

　　　　　　　　　　　　　　　　　　海人民出版社，2000 年。

《語絲》周刊封面。　　　　　　　　　原刊掃描複製，國家圖書館

周作人在八道灣的苦雨齋中招待朋友，站在最高處者　劉半農。

　　　　　　　　　　　　　　　　　　《周作人研究二十一講》，錢理

　　　　　　　　　　　　　　　　　　群著

## 魯迅筆下的孫中山

孫中山與宋慶齡的合影。 　　　　　　《宋慶齡年譜》，盛永華主編，
　　　　　　　　　　　　　　　　　廣東人民出版社，2006 年
史沫特萊、蕭伯納、宋慶齡、蔡元培、伊羅生、林語堂、魯迅 1933 年合影。
　　　　　　　　　　　　　　　　　《魯迅全集》

## 周作人對傅斯年的全盤否定

傅斯年的工作照。 　　　　　　　　《傅斯年學術思想評傳》，李泉著，
　　　　　　　　　　　　　　　　　北京圖書館出版社，2000 年
周作人 20 年代在八道灣。 　　　　《周作人研究二十一講》，錢理
　　　　　　　　　　　　　　　　　群著
臺灣大學校長傅斯年。 　　　　　　《胡適影集》，孫郁撰文，山東
　　　　　　　　　　　　　　　　　畫報出版社，1999 年

## 周作人的精神追求與路徑迷失

1920 年 3 月李大釗、胡適、蔡元培、蔣夢麟合影。
　　　　　　　　　　　　　　　　　《胡適影集》，孫郁撰文，山東
　　　　　　　　　　　　　　　　　畫報出版社，1999 年
胡適主編的《新青年》易卜生號。 　原刊掃描複製，國家圖書館
周作人 1939 年元旦遇刺後在苦雨齋門前留影。
　　　　　　　　　　　　　　　　　《周作人研究二十一講》，錢理
　　　　　　　　　　　　　　　　　群著

## 《兩地書》中的高長虹

| | |
|---|---|
| 1925 年的魯迅。 | 《魯迅全集》 |
| 魯迅的原配妻子朱安女士。 | 《魯迅家庭家庭和當年紹興民俗》，周冠五（觀魚）著 |
| 現代詩人高長虹。 | 《高魯衝突：魯迅與高長虹論爭始末》，董大中著，北京：工人出版社，2007 年 |
| 魯迅 1933 年 50 壽辰與許廣平周海嬰合影。 | 《魯迅全集》 |

# 世紀映像叢書

# 世紀映像叢書

國家圖書館出版品預行編目

魯迅與周作人 / 張耀杰著.--一版.
--臺北市：秀威資訊科技, 2008.01
　　面；　公分.--（史地傳記；PC0043）

ISBN　978-986-6732-77-5(平裝)

1.周樹人　2.周作人　3.傳記

782.886　　　　　　　　　　　　　97001854

 史地傳記　PC0043

# 魯迅與周作人

作　　者 / 張耀杰
主　　編 / 蔡登山
發 行 人 / 宋政坤
執行編輯 / 黃姣潔
圖文排版 / 陳湘陵
封面設計 / 蔣緒慧
數位轉譯 / 徐真玉、沈裕閔
圖書銷售 / 林怡君
法律顧問 / 毛國樑　律師
出版印製 / 秀威資訊科技股份有限公司
　　　　　台北市內湖區瑞光路583巷25號1樓
　　　　　電話：02-2657-9211　傳真：02-2657-9106
　　　　　E-mail：service@showwe.com.tw
經 銷 商 / 紅螞蟻圖書有限公司
　　　　　台北市內湖區舊宗路二段121巷28、32號4樓
　　　　　電話：02-2795-3656　傳真：02-2795-4100
　　　　　http://www.e-redant.com

2008 年 1 月　BOD 一版
定價：420 元

—

# 讀 者 回 函 卡

感謝您購買本書，為提升服務品質，煩請填寫以下問卷，收到您的寶貴意見後，我們會仔細收藏記錄並回贈紀念品，謝謝！

1. 您購買的書名：_____

2. 您從何得知本書的消息？

　　□網路書店　□部落格　□資料庫搜尋　□書訊　□電子報　□書店

　　□平面媒體　□ 朋友推薦　□網站推薦 □其他_____

3. 您對本書的評價：(請填代號　1.非常滿意 2.滿意 3.尚可 4.再改進)

　　封面設計____　版面編排____　內容____　文/譯筆____　價格____

4. 讀完書後您覺得：

　　□很有收獲　□有收獲　□收獲不多　□沒收獲

5. 您會推薦本書給朋友嗎？

　　□會　□不會，為什麼？_____

6. 其他寶貴的意見：_____

_____

_____

_____


## 讀者基本資料

姓名：_____　年齡：_____　性別：□女 □男

聯絡電話：_____　E-mail：_____

地址：_____

學歷：□高中(含)以下　　□高中　　□專科學校　　□大學

　　　□研究所(含)以上 □其他_____

職業：□製造業 □金融業 □資訊業 □軍警 □傳播業 □自由業

　　　□服務業 □公務員 □教職　□學生 □其他_____

To：114

台北市內湖區瑞光路 583 巷 25 號 1 樓

秀威資訊科技股份有限公司　　　收

寄件人姓名：

寄件人地址：□□□

------------------------------------------------

（請沿線對摺寄回,謝謝!）

## 秀威與 BOD

BOD（Books On Demand）是數位出版的大趨勢，秀威資訊率先運用 POD 數位印刷設備來生產書籍，並提供作者全程數位出版服務，致使書籍產銷零庫存，知識傳承不絕版，目前已開闢以下書系：

一、BOD 學術著作—專業論述的閱讀延伸
二、BOD 個人著作—分享生命的心路歷程
三、BOD 旅遊著作—個人深度旅遊文學創作
四、BOD 大陸學者—大陸專業學者學術出版
五、POD 獨家經銷—數位產製的代發行書籍

BOD 秀威網路書店：www.showwe.com.tw
政府出版品網路書店：www.govbooks.com.tw

永不絕版的故事・自己寫・永不休止的音符・自己唱